隆里所村志

LOCAL RECORDS OF LONGLISUO

贵州省锦屏县隆里乡隆里所村志编纂委员会　编

图书在版编目（CIP）数据

隆里所村志 / 贵州省锦屏县隆里乡隆里所村志编纂委员会编 . -- 北京：方志出版社，2018.11

（中国名村志丛书）

ISBN 978-7-5144-3243-5

Ⅰ. ①隆… Ⅱ. ①贵… Ⅲ. ①村史—锦屏县 Ⅳ. ① K297.35

中国版本图书馆 CIP 数据核字（2018）第 210039 号

·中国名村志丛书·

隆里所村志

编　　者： 贵州省锦屏县隆里乡隆里所村志编纂委员会
责任编辑： 丛　珺

出 版 人： 冀祥德
出 版 者： 方志出版社
地址　北京市朝阳区潘家园东里 9 号（国家方志馆 4 层）
邮编　100021
网址　http://www.fzph.org
发　　行： 方志出版社图书经销中心
电话　（010）67110500
经　　销： 各地新华书店
排　　版： 北京纺印图文设计制作有限公司
印　　刷： 北京中科印刷有限公司

开　　本： 787 × 1092　1/16
印　　张： 18.25
字　　数： 342 千字
版　　次： 2018 年 11 月第 1 版　2018 年 11 月第 1 次印刷

ISBN 978-7-5144-3243-5　**定价：** 146.00 元

◉ 序一

中共十九大报告明确提出："坚定文化自信，推动社会主义文化繁荣兴盛。""没有高度的文化自信，没有文化的繁荣兴盛，就没有中华民族伟大复兴。要坚持中国特色社会主义文化发展道路，激发全民族文化创新创造活力，建设社会主义文化强国。"编修地方志是中华民族千百年来的固有传统，留下了浩如烟海的历史文献，承担着传承中华文明、发掘历史智慧的重任，发挥着存史、育人、资政的作用。

在习近平新时代中国特色社会主义思想指引下，在增强文化自信、推动传统文化创造性转化、创新性发展背景下，全国地方志事业迎来了开拓创新与转型升级的重要机遇期。中国地方志指导小组及其办公室组织实施的中国名村志文化工程，用中国独有的文化载体——地方志，来记录乡村的"名"和"特"，记录乡村全面建成小康社会的进程和取得的成就，是地方志围绕以人民为中心开拓创新的具体举措，是传承乡土文化、坚定文化自信、加快建设社会主义文化强国的内在要求，是服务乡村振兴战略、加快全面建成小康社会、推进社会主义现代化建设、实现中华民族伟大复兴中国梦的应有之义。

实施中国名村志文化工程，是方志人贯彻落实习近平总书记"农村要留得住绿水青山，系得住乡愁"重要讲话精神的重要举措。"望得见山、看得见水、记得住乡愁……"习近平总书记用诗意的语言为中国的新农村建设指明了方向。开展新农村建设、美丽乡村建设，一定要把绿水青山保留下来，尽可能在原有村庄形态上改善农民生活条件，不盲目拆旧，也不盲目造新，让家乡的每一条河、每一棵树、每一口井，都能永远成为我们的乡愁。这是我们弘扬传统、面向未来的底气所在。那么，如何留住乡音、乡风、乡思，继承传统文化菁华，挖掘历史智慧，成为极其重要的工作。实施中国名村志文化工程，保护抢救、传承保存、开发利用宝贵的村落文化，重新唤起人们记忆中古老村落的青山绿水、小河大树、轶事掌故，打造完整记录乡村发展嬗变和现代化农村经济社会运行模式的系列中国名村志丛书，让乡土文化回归并为困惑的当代人提供精神家园，让农耕文化的优秀菁华成为建构农村文明的底色，无疑具有重要的现实意义和深远的历史意义。

实施中国名村志文化工程，是方志人贯彻落实党中央乡村振兴战略的鲜活实践。中共十八大以来，以习近平同志为核心的党中央高度重视农业、农村、农民工作，提出了许多新理念、新思想、新战略，特别是中共十九大报告作出实施乡村振兴战略的重大部署。2018 年 9 月 26 日，中共中央、国务院印发《乡村振兴战略规划（2018—2022 年）》，明确提出“鼓励乡村史志修编”。深入推进中国名村志文化工程，有利于全面翔实记录乡村振兴进程，客观记载地理环境、历史沿革、姓氏源流、人口、民族、方言、民居、宗祠、风俗习惯、家谱族谱、家规族规、宗教信仰、文物遗址、掌故传说、历史事件、人物等，完整保留乡土文化的原貌。所有这些工作，可以为延伸地方志工作触角，充分发挥志书存史、育人、资政功能提供借鉴；可以为社会各界和华人华侨、港澳台同胞寻根问祖、反哺桑梓、泽被乡里提供帮助。依托中国名村志文化工程的重要平台与载体，乡村振兴战略下的现代乡村将进一步挖掘自身独特内涵，彰显其新时代的作用及意义。

中国名村志文化工程从新时代中国特色社会主义的新需求出发，创新体例，立足实际，内容既严谨又通俗，展示了不同地区自然和社会风貌，在坚持志体基础上运用专题报告、回忆录、人物访谈、新闻资料等多种手法，重点介绍农村地区在转型发展方面的探索、示范、引领意义，对于不断提高地方志事业围绕中心服务大局的能力，为乡村改革发展贡献历史智慧，讲好中国故事，彰显中国软实力，增强“四个自信”等方面具有积极意义。

两年来，在借鉴中国名镇志丛书及各地乡镇（村）志宝贵编纂经验的基础上，中国名村志丛书编修不断取得丰硕成果，产生了良好的社会效益，新一批中国名村志的申报数量、覆盖范围延续强劲增长态势，充分体现出强大的内生动力。下一步，要总结经验、把握规律，为服务国家城镇化建设和乡村振兴战略打造更多优秀文明成果，推动中华优秀传统文化创造性转化和创新性发展，从中提炼出适合新时代、新形势、新变化、新要求的文化精髓，展现中国方志的当代价值和世界意义。

是为序。

中国社会科学院院长
中国地方志指导小组组长　谢伏瞻

◉序二

连绵不断地编修地方志是中国独有的优秀文化传统，承担着赓续文明、传承文化的重任。保存至今的8000余种、10万余卷历代方志，蕴含着传统文化基因和海量文化信息，既是中华优秀传统文化的重要组成部分，又是传承、彰显中华优秀传统文化的重要载体。

在各种类型的地方志编纂中，村志编纂古已有之，但从未进入国家层面的地方志编纂序列。新中国成立以来，党中央、国务院高度重视包括村志编纂在内的地方志工作，出台了重要文件。中央领导发表了重要讲话、作出了重要批示。习近平总书记高度重视包括村志编纂在内的地方志工作。2004年10月，他在担任浙江省委书记时到江山市凤林镇白沙村考察，看到村民编纂的《白沙村志》，鼓励村民把村志继续编纂下去。2014年4月，刘延东副总理在与第五次全国地方志工作会议部分会议代表座谈时指出："要结合发展的新形势，加强对地方志包括部门志、行业志、专题志、乡镇村志编纂的业务指导和服务。"2015年8月，国务院办公厅印发的《全国地方志事业发展规划纲要（2015—2020年）》，正式将中国名村志文化工程列为主要任务之一。2017年5月，中共中央办公厅、国务院办公厅印发的《国家"十三五"时期文化发展改革规划纲要》指出："完成省、市、县三级地方志书出版工作。开展旧志整理和部分有条件的镇志、村志编纂。"可以说，村志编纂迎来了历史上的最好时期。

农业、农村、农民"三农"问题，是数千年来影响中国社会发展最核心的问题。中共中央高度重视"三农"工作，从2004年起，连续13年，每年的中央1号文件都聚焦"三农"。中共十九大报告更是提出"农业农村农民问题是关系国计民生的根本性问题，必须始终把解决好'三农'问题作为全党工作重中之重"，特别是提出了"乡村振兴战略"，这是中国共产党在中国特色社会主义进入新时代后，对农村发展问题所做出的准确把握和与时俱进的战略应对，是建设中国特色社会主义强国战略的重要组成部分。改革开放近40年来，在党中央、国务院高度重视社会主义新农村建设的新形势下，各地涌现出一大批历史文化名村、经济强村、新农村建设示范（试点）村、美丽乡村和特色村，成为先进生产力和先进文化的代表。客观记录中国农村全面建成小康社会的进程，向后人展示在中国共产党领导下农村千年未有的巨变，是地方志工作者肩负的光荣而重大的历史使命。编纂中国名村志丛书，是记载当代中国农村发展变革的重要途径。

文化寻根，寻的是其发展的源头和根基。村落是中国传统文化的根基所在。农村的生产生活方式、社会规范、宗族文化、宗教文化、民风习俗、传统节日、民间艺术等，无不镌刻着中国人独特的民族性格，这就是家国情怀、文脉绵延、精神归属。在快速城镇化进程的冲击和开发性破坏下，大量传统村落面临消亡的危机，村落蕴含的历史文化信息也流失殆尽，抢救性保护刻不容缓。编纂中国名村志丛书，是保存村落历史文化信息，抢救、保护村落文化最好的方式。

一方水土养一方人。家乡的山水草木、村间小巷、乡俗民情会在每个人心头留下深刻的烙印，这就是故土情结。而村落的形成与发展离不开人的活动。编纂中国名村志丛书，通过记述村落建筑、名门望族来追溯村落的历史；通过记述村落规模、布局、人口、物产等反映人口来源、宗族兴衰、生活习惯、文化背景、宗教信仰、经济发展等，体现环境与人相互影响、相互作用、相互发展的既矛盾又统一的关系；通过记述戏剧、音乐、舞蹈、美术、文学、手工技艺等文化形式，展示百姓在长期的生产生活实践中摸索和总结出的智慧结晶，强化人们沟通感情的纽带。编纂中国名村志丛书，是传承乡俗、诉说乡音、记住乡愁、纾解乡思，激活历史传统、唤起共同文化记忆、塑造共同心灵认同的重要文化工程。

中国名村志文化工程以践行文化自信、传承中华文脉、彰显时代发展为己任，以打造全国地方志系统的重要品牌为目标，在体裁运用、篇目设置、资料选择等方面进行大量的创新，突出“名”和“特”，拣选各个名村中最值得记述、最具有代表性的人、事、物，予以浓墨重彩的描画，从而形成系列的、高质量的、可读性强、雅俗共赏的地方志读本，让地方志紧接地气、贴近百姓，让地方志成果进入寻常百姓家，让人民群众共享地方志成果，让越来越多的人从地方志中感知传统、历史和记忆，成为传统村落和传统文化的守护者，成为中华优秀文化的传承者。

是为序。

中国社会科学院原院长
中国地方志指导小组原组长　王伟光

◉ 序三

习近平总书记指出："让居民望得见山，看得见水，记得住乡愁。"这句富有诗意的重要论述不仅唤醒了中国人城镇化建设过程中对于人和自然关系、人和历史关系的思考，同时也引发了学界对"乡愁"进一步进行文化意义解读的兴趣。从本质上看，乡愁是一种源自主体体验的情感，隐含了一种人们带着乡愁追寻自我生存与生命意义、追寻诗意栖居的精神家园的美学思辨。同时，这种追寻自我生存的主体逐渐转向大众群体，乡愁也由传统单一的"文化乡愁""爱国情怀"演变为对于"理想家园"的精神追求。

中国有近 60 万个村庄，约有 5000 个古村落，被住房城乡建设部和国家文物局界定的传统村落就有 1561 个。随着中国城镇化步伐的加快，乡村的版图日渐凋敝，大批农村青壮年劳动力走进城镇，融入了新的生活。然而，每逢传统佳节，那种挥之不去的离愁别绪挟裹着亿万农民工，又融入了返乡的滚滚洪流。这是乡愁的情愫牵动着他们，是故乡的山、故乡的水、故乡的老屋、故乡的小吃在牵动着他们，是故乡家家户户的楹联和口口相传的故事，以及只有在隆重的传统佳节才有的古老的民风习俗在牵动着他们。

文化可以体现一个民族、一个国家、一个社会的重量与体温，这是文化的力量之所在，而村落是传统中国的根脉所系，乡土社会是最能够体现中国传统文化特征的地方。梁漱溟曾指出："中国文化是以乡村为本，以乡村为重，所以中国文化的根就是乡村。"我曾在《建设社会主义新农村的理论与实践》一书中指出，在新农村建设的过程中，必须"保护和发展有地方和民族特色的优秀传统文化，创新农村文化生活的载体和手段，满足农民群众多层次、多方面的精神文化需求"，而编纂村志尤其是实施中国名村志文化工程就是一个重要举措。实施中国名村志文化工程，编纂中国名村志丛书，以最基层的村落为研究对象，寻根传统村落的历史，梳理村落的发展脉络，以唤起人们的归属感和认同感，探索新型城镇化和社会主义新农村建设过程中，如何留住乡音、乡风、乡思，继承传统文化精华，挖掘丰富历史智慧，是贯彻落实中央城镇化工作会议精神和中共十九大提出的“乡村振兴战略”的重要举措，是当前和今后一个时期全国地方志工作者的重要工作。

虽然村落文化正在日益远离当下生活，但我们可以抓住诸如基本村情、文物胜迹、古村保护、特色文化、旅游名胜、村域经济、风土民情、村民生活、新农村建设、艺文杂记、名人与名村等关键内容，通过志书的手法来诠释乡村文化的精华。我们如实记录着村落里的人和事，以及青山绿水、小河大树、袅袅炊烟，力争以最完整、最原真的方式呈现村落的前世今生。我们要为“迷失”的人留住乡村文化的根脉，让人们难以割舍的乡愁得以慰藉和释放。

中国名村志文化工程将触角伸向那些极具代表性的村落，它们有的历史悠久、名人辈出，有的经济腾飞、重获新生，有的风景秀丽、景观独特，有的地处边陲、神秘莫测……我们挖掘中国不同类型村落的发展之路，为探索新型城镇化和社会主义新农村建设的发展经验、发展模式、前进道路提供历史智慧和现实借鉴。因此，打造以重在表现乡村嬗变为主旨的中国名村志丛书十分必要和迫切，这是一项功在当代、利在千秋的文化工程。

近年来，随着中国经济社会的发展和国际地位的提高，越来越多的人想要认识中国、了解中国、研究中国。在这样的形势下，乡村是不可或缺的一环，我们要集中讲好发生在乡村的故事，向世界呈现一个多元的、立体的中国。乡村历经岁月变迁的风雨，见证着改革开放的步伐，寄托着数代中国人的情感。发生在乡村的故事无疑是血肉丰满的、震撼人心的、引起共鸣的。我们应该有这个自信能够讲好乡村故事，讲好中国故事，描绘出中国的底色，“让每一个中国人都能在地方志中找到自己的位置”。

可喜的是，越来越多的有识之士认识到了这一点，加入到保护、传承、发展村落文化的队伍中来。仅就编纂中国名村志丛书来看，第一批的申报范围就涵盖包括香港特别行政区在内的32个地区，申报数量高达70余部。“直笔著信史，彰善引风气，为当代提供资政辅治之参考，为后世留下堪存堪鉴之记述”，这是我们的初心和使命。希望中国名村志文化工程的实施，能够带动更多的人关注中国乡村文化，为社会主义文化强国建设作出更大的贡献。也希望越来越多的名村都来融入继承中华文化传统、颂扬中华传统文化的活动中，让正能量更多地润泽温暖人们的心灵，让更多的人“记得住乡愁”！

是为序。

中国社会科学院副院长
中国地方志指导小组常务副组长

◉ 中国名村志文化工程专家委员会

◉ 中国名村志文化工程学术委员会

◉ 中国名村志丛书编纂委员会

◉ 中国名村志丛书编纂委员会办公室

◉ 贵州省锦屏县隆里乡隆里所村志编纂委员会

主　任　刘明波

副主任　范烈梅

成　员　陈元瑞　王宗勋　林世彬　杨秀廷　吴小勇　吴高树　龙东林　王长姣　王　涛　江化远　张　凯

主　编　王宗勋　龙道炽

图　片　江滋根　杨胜屏　彭泽良　王宗勋　杨秀廷　谭元勇　吴展先等

隆里古城全貌（2016 年）　　杨胜屏　摄

◉ 中国名村志丛书凡例

一、以马克思列宁主义、毛泽东思想、邓小平理论、“三个代表”重要思想、科学发展观、习近平新时代中国特色社会主义思想为指导，坚持辩证唯物主义和历史唯物主义的立场、观点和方法，存真求实，全面、客观、系统记述中国名村村落发展变化进程和改革开放成果，传承和抢救乡土历史文化，激发爱国爱乡情怀，留住乡愁，为探索中国特色新型城镇化建设、服务乡村振兴战略提供历史智慧和现实借鉴。

二、为全面反映入志事物发展脉络，各志上限尽量追溯至事物发端，下限一般断至各村志启动编修年份，个别重大事项可延至搁笔。详今明古，着重反映时代特色和地方特点，重点体现各村的“名”与“特”。

三、记述地域范围以下限年份的行政辖区为主。为体现名村在更大区域内的意义，可以从更开阔的区域视野记述与该村相关的内容。

四、统一采用纲目体，设类目、分目、条目三个层次。横排门类，纵述史实，述而不论。

五、综合运用述、记、志、传、图、表、录等各种体裁，以志体为主。体裁运用适当创新，篇目设置不求面面俱到，一般意义上的村级内容略去不载。

六、除引用文字和附录文献资料外，统一使用规范的现代语体文记述，行文力求朴实、严谨、简洁、流畅、优美，具有较强可读性。

七、人物部类遵循“生不立传”原则，人物传主按生年排序，只选录对本村发展有重大影响的人物，不面面俱到。

八、各项数据一般采用国家统计部门数据。数据缺乏的，采用主管部门或主办单位正式提供的数据。

九、数字用法、标点符号、计量单位分别执行国家标准《出版物上数字用法》

（GB/T 15835—2011）、《标点符号用法》（GB/T 15834—2011）、《国际单位制及其应用》（GB 3100—1993）和《有关量、单位、符号的一般原则》（GB 3101—1993）。历史上使用的计量单位，如斗、石、里、尺、磅、华氏度等，在引文时可照录。考虑到社会使用习惯，全书中亩不统一换算。

十、中华民国成立前的纪年，使用朝代年号纪年，括注公元年份；中华民国成立后的纪年，均使用公元纪年。志中所称“解放前（后）”，以该村解放日为界；“新中国成立前（后）”，以中华人民共和国成立日 1949 年 10 月 1 日为界；“改革开放前（后）”，以 1978 年 12 月中共十一届三中全会召开为界。本志“××年代”，凡未加世纪者，均指 20 世纪。

十一、为节省篇幅，避免重复，本志采用条目互见法。参见条目的表示形式为：参见本志“××类目·××分目·××条目”。

十二、对旧志、古籍中的繁体字、冷僻字一般用简化字或通用字替换，易引起误解的则保留。

十三、记述各个历史时期的党派、机构、职务、地名等，均以当时的名称为准。对频繁使用的名称，首次用全称并括注简称，其后用简称。

十四、各村志需要单独说明的事项，均在各自编纂始末中记述。

隆里所村在中国的位置

黑龙江省
哈尔滨
吉林省
长春
沈阳
辽宁省
内蒙古自治区
呼和浩特
北京
天津
北京市
天津市
河北省
石家庄
太原
山西省
济南
山东省
黄海
渤海
新疆维吾尔自治区
乌鲁木齐
甘肃省
银川
宁夏回族自治区
西宁
青海省
兰州
陕西省
西安
郑州
河南省
江苏省
安徽省
合肥
南京
上海
上海市
西藏自治区
拉萨
四川省
成都
重庆
重庆市
湖北省
武汉
杭州
浙江省
东海
南昌
江西省
长沙
湖南省
贵州省
贵阳
锦屏
隆里所村
福建省
福州
钓鱼岛
赤尾屿
台北
台湾省
台湾岛
昆明
云南省
广西壮族自治区
南宁
广东省
广州
香港
澳门
东沙群岛
海口
海南省
海南岛
西沙群岛
永兴岛
中沙群岛
黄岩岛
南海
南沙群岛
曾母暗沙
图例
北京 首都
天津 省级行政中心
未定 国界
省、自治区、直辖市界
特别行政区界
名村所在县级区域
名村
1：32 000 000
审图号：GS（2018）2667号

隆里所村在贵州省的位置

图 例

符号	说明
贵阳	省级行政中心
凯里	自治州行政中心
◎ 铜仁	地级市行政中心
⊙ 绵屏	县级行政中心
—·—·—	省界
········	地级界
●	名村所在县级区域
●	名村所在乡镇
●	名村

1：3 600 000

审图号：GS（2018）2667 号

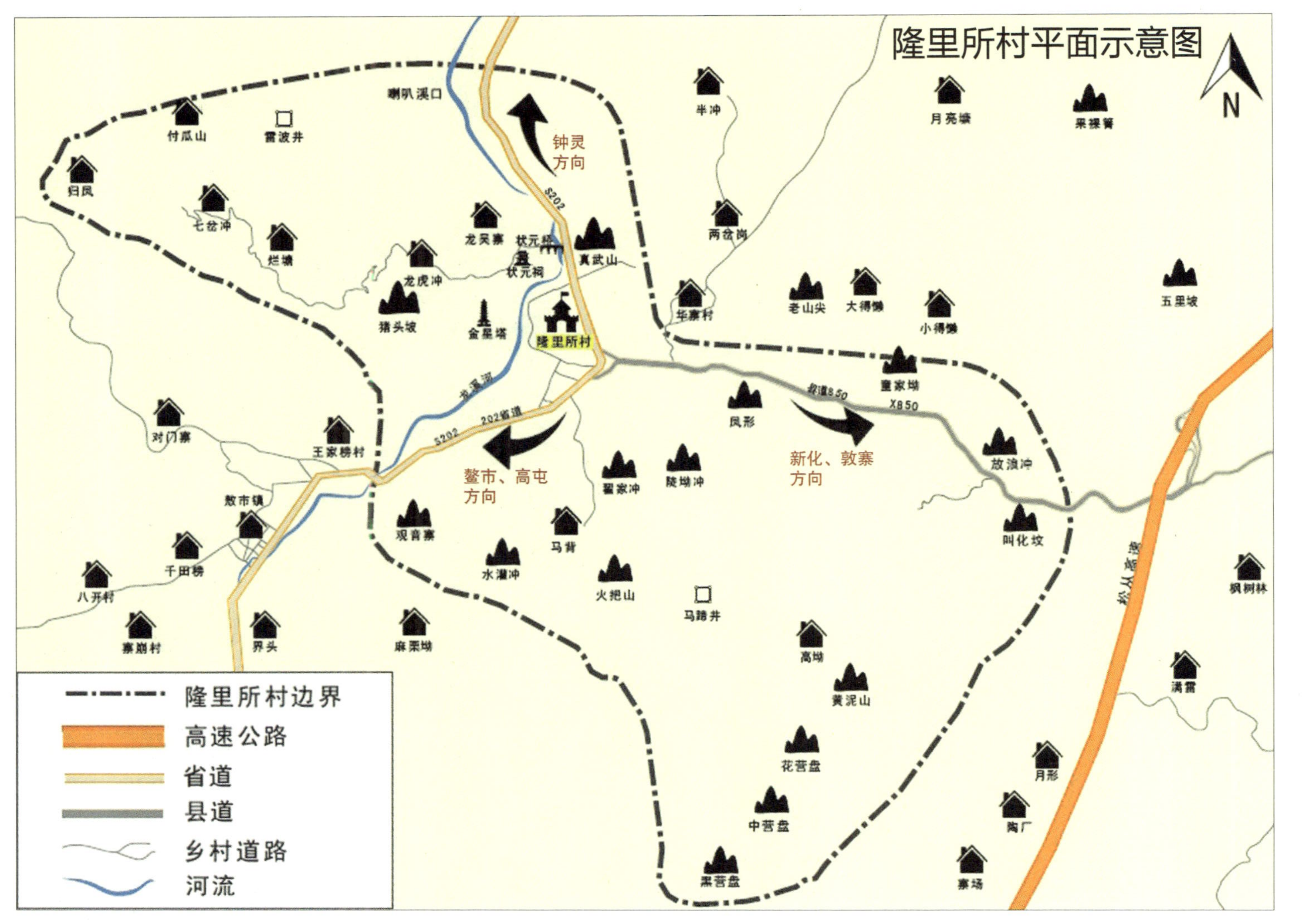
隆里所村平面示意图
N
钟灵
方向
鳌市、高屯
方向
新化、敦寨
方向
隆里所村
S202
202省道
X850
县道850
喇叭溪口
付瓜山
雷波井
归凤
七岔冲
烂塘
龙吴寨
状元桥
状元祠
真武山
龙虎冲
猪头坡
金星塔
对门寨
王家榜村
敖市镇
千田榜
八开村
寨崩村
界头
麻栗坳
观音寨
水灌冲
马背
火把山
翟家冲
陡坳冲
凤形
马路井
高坳
黄泥山
花营盘
中营盘
黑营盘
半冲
两岔岗
华寨村
老山尖
小得懒
董家坳
放浪冲
叫化坟
月亮塘
五里坡
枫树林
满雷
月形
陶厂
寨场
隆里所村边界
高速公路
省道
县道
乡村道路
河流

隆里古城全景（2015 年）

彭泽良　摄

华灯初上的隆里古城（2016 年）　　彭泽良　摄

状元桥（2010 年）　　杨胜屏　摄

隆里民居（2018 年）　　王宗勋　摄

隆里古城东城门（2018 年）
王宗勋　摄

西门内门及门楼（2016 年）　　江滋根　摄

隆里舞龙表演（2010 年）

闵启胜　摄

◉ 目录

中原遗韵，活态古城

隆里所是明代初期朝廷为开辟西南地区的战略需要而建置的军事城堡，是遗落在少数民族地区的一座“汉文化孤岛”。

隆里所村位于贵州省锦屏县南部，距县城30千米，距黎平飞机场21千米。东邻华寨村和新化乡新化所、新化寨村，南邻王家榜村，西邻启蒙镇地稠诸村，北邻钟灵乡阳艾村。下辖隆里所、马背、烂塘、七岔冲、付瓜山、归凤、龙吾冲、龙吾寨8个自然寨，31个村民小组，2016年有1086户，4610人。汉、侗、苗等民族杂居，以汉族为主。主要居民点隆里所城坐落在一片田畴中间，内有24个村民小组，870户，3658人，有王、胡、江、杨、陈、李、陶、姜、童、夏、张、黄、姚、龙、吴、罗、刘、廖、何、顾、范、汤等姓氏；其他7个自然寨则散落在西面的山冲之间。

一

隆里所村在历史上的行政归属，春秋战国时属楚国边地，汉代为夜郎范围，唐代属龙标县遥领，宋代属诚州“十洞”地。元至治二年（1322），朝廷在今隆里所村北边龙吾寨建龙里长官司，隶属思州宣慰司。明洪武初年，朱元璋定鼎中原后，随即派大军经略贵州、云南，巩固国家西南边疆。朝廷派往贵州、云南的大军采取步步为营、稳步推进的策略。洪武三年（1370），明军进至今湖南靖州一带，今锦屏、黎平一带的龙里、亮寨、新化、湖耳等土司长官纷纷赴靖州向明军请降，后获颁印继授以原职。当时，出于稳定贵州、继而征服云南的战略需要，朝廷以靖州为主要据点，往西向贵州东部的“苗疆峒土”武力推进，同时将所占领坝区的侗族、苗族民众进行驱赶，在其土地上驻军屯垦，因而遭到少数民族的强烈反抗。洪武十一年，今黎平县中潮镇上黄村洞民吴勉率今黎平、锦屏等地侗族、苗族等少数民族武装起义，朝廷随即派军镇压。此次军事行动，持续到洪武十八年吴勉兵败被杀。镇压吴勉后，明廷“拔军下屯，拔民下寨”，在黎平建五开卫，在今黎平、锦屏地区建龙里、新化、铜鼓、平茶等16个守御千户所，驻军屯垦，借以藩护业已成为“内地”的湖南地区。

吴勉起义在朝廷的武力镇压下失败，但侗族、苗族民众心仍不服。洪武三十年（1397），婆洞（今锦屏县启蒙镇）洞民林宽又率众起义，攻下了龙里等千户所。朱元璋随即派其子楚王朱桢率大军前往镇压，并指示在今锦屏县铜鼓镇建立军事基地——铜鼓卫，以防止林宽东犯湖南地区。是年冬，林宽起义被镇压下去。

这两次争战，导致今锦屏、黎平一带侗族、苗族居民大量被杀，所余部分不敢继

隆里古城全景（2016 年）

续在水土肥美的亮江沿岸坝区居住，徙避到周边深山老林，并在所迁住的山区开辟建设新的村落。今锦屏县的西部、黎平县的西北部和榕江县的东北部等边远山区村落，以及这一带的梯田大部分是那时开始形成的，进而形成汉人住田坝，侗苗住高坡的民族分布格局。

明洪武十八年（1385），龙里千户所建立。次年，即选择在龙里长官司属开阔的大田坝间筑建所城，并派遣 60 户军户屯垦驻守。洪武三十年，林宽率部攻破龙里所，所有守军悉数战死，所城废弃。永乐二年（1404），重建龙里千户所，从五开卫派遣 13 名军官率领 360 名军户屯垦防守。然而，诸军户在途中大多逃逸，仅剩 72 名到所屯守。出于军事安全考虑，重建龙里所时，龙里长官司将司治地从龙吾寨往南迁至 4 千米处的今龙里司村。永乐十一年，朝廷废除思州、思南两个田氏土司，建设贵州

行省，并以两个土司地新置黎平、新化、镇远、思州、思南、铜仁等 8 个府，各府下领属蛮夷长官司。与龙里千户所相邻和杂处的龙里蛮夷长官司，隶属新化府。宣德九年（1434），新化府裁汰，归并黎平府。黎平府与五开卫同城而治。这种府卫同城、司黔卫楚的治理格局，一直维持到清朝雍正时期。

明弘治（1488—1505）以后，随着云南、贵州等西南地区形势的日趋稳定，军事斗争逐渐减少，屯军的意义也随之减弱，朝廷对屯军的管理相应松弛。万历八年至九年（1580—1581），五开卫所属的铜鼓、黎平、洪州、中潮、龙里、新化 6 个千户所军户头领刘应、胡国瑞、卢国卿、周官、姚朝贵（龙里所）、刘高（新化所）各率其部，联络黎平府属天甫、银赖等侗寨民众反叛，史称“六哗之乱”。朝廷即派在湖广提督军务的右副都御使陈省率军清剿，陈省赴靖州坐阵，遣靖五参将[①]邓子龙与参政贺邦泰、佥事龙宗武等率 4000 余人进剿。邓子龙率部取道铜鼓卫，取新化，克龙里，一路势如破竹，很快将“六哗之乱”平息。此后，龙里等千户所的军事力量被进一步削弱。明朝末期，黎平府属款风盛行，各大村寨纷纷合款以自卫。龙里所内亦组建有款组织，指挥、千户等军官的职权多已旁落到款首手中。清顺治二年（1645），朝廷废除明时屯政，龙里千户所明时所授的千户、百户、镇抚等各官印信悉被西南王吴三桂派人褫夺。顺治六年，南明将领郝永忠率军由湘西南掠至黎平府地，围困龙里所城。起初，龙里所欲与郝部输款媾和，然而因为内部意见不一，导致所城被郝部屠洗，化为废墟。直到顺治十一年，外逃所民才陆续返回，重建所城。顺治十五年（1658），裁撤龙里所千户、百户、镇抚诸官职。这时，龙里所已经完全民化，成为黎平府属一个普通村落。于是，人们以明隆庆年间（1567—1572）所城人王大臣“开科”中举为由，将邑名由“龙

① 靖五参将：靖五，即靖州和五开两卫的合称。明万历时靖州卫参将兼防守五开卫，故称“靖五参将”。

里”改为“隆里”。康熙五年（1666），废隆里所，其地归五开卫直属。雍正五年（1727），废五开卫，改设开泰县，隆里所与龙里长官司同时改属开泰县。

1914年，废除黎平府，其地被分解成黎平、锦屏、永从、下江4个县，隆里所与新化所被划属黎平县。1941年，为解决粮食供应困难，锦屏县政府向贵州省政府强烈要求将原属于黎平县的隆里、新化两个产粮乡划给锦屏。次年，贵州省政府批准，隆里乡6个保58个甲从黎平县拨归锦屏县。

1951年，隆里乡划属锦屏县启蒙区，1957年改属敦寨区。1992年年初，隆里乡撤销并入钟灵乡。由于历史沿袭和心理认同等原因，遭到乡民坚决反对。同年12月，贵州省政府复批准，恢复隆里乡建制。

二

隆里所村的主体隆里所城位于田畴之间，因此，有人称隆里所村为“稻田里的古城”。隆里所城至今仍保存有深厚的明代军屯文化特质。从诸多文化现象中，可窥视到明代贵州建省的踪迹。2007年，隆里所村入选由建设部、国家文物局共同组织评选的第

隆里古城一隅（东门）（2009年） 杨胜屏 摄

隆里古城（局部）（2010 年） 李斌 摄

三批“中国历史文化名村”名录；2012 年入选住房城乡建设部等七部（局）共同组织评选的第一批“中国传统村落”名录；2013 年隆里所古建筑群被列入第七批全国重点文物保护单位；等等。

龙里所是明王朝在挺进云南道路上所建的众多军事据点之一，是一颗战略棋子。那些奉着皇命，从经济发达、文化先进的中原地区到当时偏僻荒凉少数民族腹地屯守的屯兵，初到时，在政治、经济、文化等方面，都有一种优越感。但随着西南地区的稳定，屯军作用逐渐减弱。尤其到了万历年间，屯政几乎荒弃。龙里千户所屯兵的使命是防守周边少数民族，与周边少数民族村寨长期处于一种互相防备和对立的状态，所不连司，寨不通屯，龙里所俨然是一座汉人“孤岛”。

随着屯政的荒弃，军事城堡沦为土著村落，龙里所人曾有的优越感逐渐失去，反而成了被朝廷“贬谪”和“流放”的孤民。为避免“久居夷地，受其所染，易其服，从其俗，习其语，成为夷也”[①]，龙里所人致力攻读，跻身科举仕途。自明嘉靖年间（1522—1566）至清末，隆里所涌现出了大批人才。有 3 人考中进士，19 人考中举人，74 人获

① 清《天柱县龙氏族谱》。

隆里舞龙表演（2017 年）

贡生，21 人出任知县等七品以上官职，成为黎平府人才荟萃之地。其中，清代张应诏官任朝廷鸿胪寺少卿，以清廉闻名，并受到康熙皇帝表彰。

自明永乐（1403—1424）以来 600 多年，隆里人始终坚持将其祖先出发的中原地区视为故乡。按照其先人从中原带来的知识、习俗和理念，积极地创造人文环境，营造乡愁乡思。在这里的主要居民王姓人的影响下，还以唐代伟大诗人李白的《闻王昌龄左迁龙标遥有此寄》[①] 为主要依据，将唐代被贬到龙标县任尉职的著名诗人王昌龄尊奉为这

① 李白《闻王昌龄左迁龙标遥有此寄》："杨花落尽子规啼，闻道龙标过五溪。我寄愁心与明月，随风直到夜郎西。"

王宗勋 摄

里的“人文先祖”。

明万历（1573—1620）时起，隆里所人在“同是天涯沦落人”的感情趋动下，不断地营造以王昌龄为代表的流寓文化，建设龙标书院、状元桥、状元墓、状元祠等。人们还将王昌龄写入地方史乘，形成独特的“王昌龄现象”。至今，“王昌龄现象”，以及与古城俱来的花脸龙、唱汉戏、迎故事等乡愁文化还在不断地丰富和发展中。这些乡愁文化，是从中原迁徙过来的隆里所人在远离故土后的一种心灵坚守，是人们对遥远故乡思念的一种表现，也是人们精神和灵魂的寄托。正因为有这种执着与坚守，才使隆里古城成为“汉文化孤岛”，成为“活态古城”，成为明代中原移民文化的“标本”。

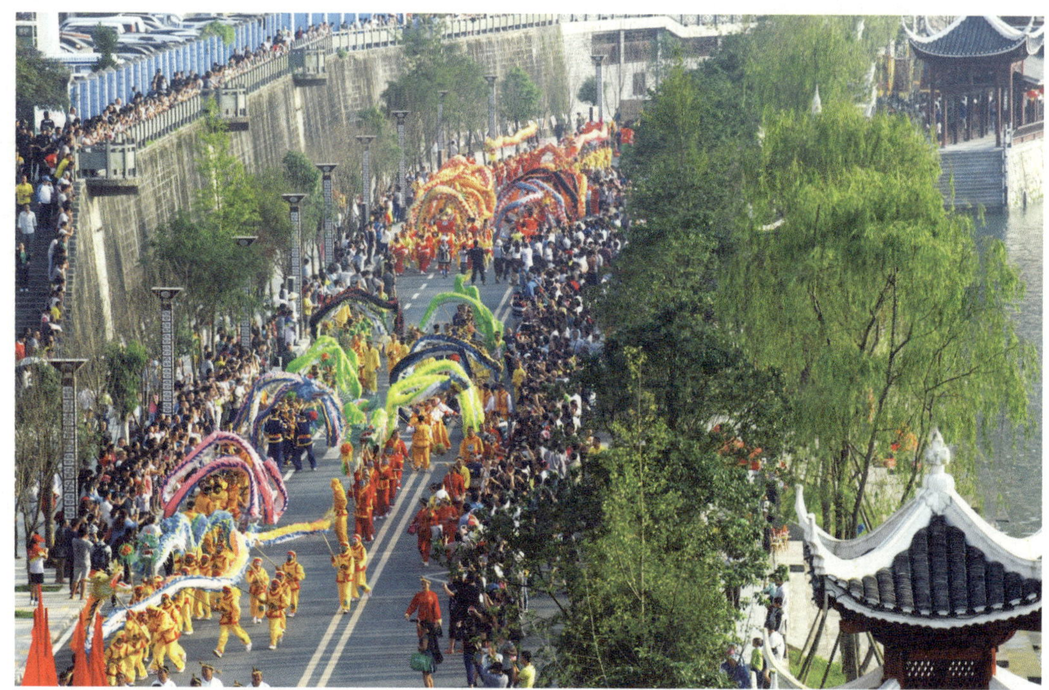

2015 年隆里龙在县城游演　　杨胜屏　摄

如今的隆里所，就如同一部铺展在美丽的龙溪畔田畴之间的线装古书。高厚的城墙、齐整的街巷、徽韵十足的民居，以及王昌龄纪念建筑、狂野的花脸龙，等等。这些厚重的书页清晰地记载着龙里所军户及其后裔 600 多年来经历的离合悲欢，承载着他们思怀故土的情愫。

所有这些，是隆里所的宝贵财富。20 世纪 90 年代以后，锦屏县以及贵州省政府有关部门致力保护和开发隆里所的历史文化资源，发展旅游业。至今，以历史文化为主要内容的古城旅游业态已初步形成，隆里所这座“活态古城”正在开始真正地活起来。

基本村情

隆里所村位于贵州省锦屏县隆里乡，坐落在盆坝之间，群山环绕，溪水中流，土地肥沃。

隆里所村属贵州省锦屏县隆里乡，为乡政府所在地，位于锦屏县南部，坐落在盆坝之间，周边群山环绕，因明代在此设守御千户所而得名。全村土地面积为43394亩，土地肥沃，植被良好。

隆里所村以隆里所为主体和中心，另辖马背、七岔冲、归凤、付瓜山、烂塘、龙吾冲、龙吾寨7个自然村寨。2016年，有31个村民小组，1086户，4610人。汉族、侗族、苗族杂居，以汉族居多。

明洪武年间（1368—1398），因经略贵州、云南的战略需要，朝廷在此设龙里守御千户所，成为深入少数民族地区的一个军事据点。600多年来，隆里所人经历了由“龙里守御千户所”到“隆里所”、由军事城堡到土著村落的演变。但初时从中原带来的文化依然顽强地保留下来，使其成为明代中原文化的“标本”。

◉ 建置沿革

1972年，隆里下游10千米钟灵乡官舟出土了一批唐、宋时期的铜币，证明当时隆里、钟灵一带即有人从事经济活动。隆里所村地域内，元代以前是否有建置，尚未发现明确文字记载。或传唐时龙标县即在隆里一带，但因缺乏确切的文字记载，不足为信。

龙里长官司　元代中期，朝廷始在今贵州锦屏地区推行土司制度。至治二年（1322），于今隆里所村龙吾寨置龙里军民长官司，隶属思州宣慰司，以当地首领为长官，世袭。

明初沿袭元土司制度，但长官司长官不再由当地土著首领充任，而是授予随征的有功将士。长官为正六品，世袭。洪武四年（1371），改置龙里蛮夷长官司，杨光福以功授首任长官，隶属靖州卫。洪武十八年，黎平吴勉率洞民起义，今黎平、锦屏地区诸土司均胁从，朝廷遂将诸土司尽废。同时，朝廷在龙里司内建龙里守御千户所，“以镇夷蛮”。洪武三十年，婆洞（今锦屏县启蒙镇）洞民林宽再次发动起义，攻破龙里千户所。永乐元年（1403），恢复龙里等长官司，治地仍在原址，重新划给农田土地。永乐二年，在原址复建龙里守御千户所，规定所城周围三里三分范围内不准有民寨，龙里蛮夷长官司遂迁至今龙里司村。贵州建省以前，龙里蛮夷长官司和龙里守御千户所均隶属湖广行省，龙里蛮夷长官司属思州宣慰司，龙里千户所属靖州五开卫。明永乐十一年（1413），析思州宣慰司建新化、黎平等府，龙里长官司与湖耳、亮寨、新化、欧阳、中林验洞、

龙里长官司最初治地龙吾寨（2018 年） 王宗勋 摄

赤溪湳洞 7 个蛮夷长官司隶于新化府。宣德九年（1434），新化府裁撤，改隶黎平府。

清朝前期，沿袭明代土司制度。清康熙年间（1662—1722），吴三桂反叛，龙里等长官司被胁迫随从，朝廷遂取消长官司建制。平定吴三桂后，诸长官司复置如前。雍正年间（1723—1735），贵州实施“改土归流”，龙里长官司的实权被削弱，成为黎平府属负责替官府征收粮钱、维护地方秩序的基层行政单位。长官至开泰县见知县时，要行跪礼。乾隆年间（1736—1795），龙里长官司有原额粮田一百三十余石，均分布在今龙里司、华寨、龙吾寨附近。管辖粑寨、龙吾寨、八开、里仁、鳌鱼嘴、杨家寨、地茶、八瓢、归斗、八龙、唐途、鄙爹、美罗、赧候、九桃、苗里、慕王、乌翁、高舟、八受、己额、空鹅、扣文、己得、己迫、岑同、寨格、文斗、寨娄、寨蒙、地稠、寨母、高表、岩弯、岑寨、岑果、加池、寨哥、俾把、坪匡、苗庄、流洞、稳娄、扒洞、乌山、小瑶光、俾炸、格朗、婆洞、魁洞 50 寨。其中 39 寨在今锦屏县，11 寨在今黎平县。咸丰（1851—1861）以后，龙里长官司的基层组织职能为团防保甲所取代。

龙里守御千户所 明洪武十八年（1385），朝廷平定黎平吴勉起义后，建龙里守御千户所，隶属湖广都指挥司五开卫。五开卫下辖内外十六所，其中城内六所、城外十所。龙里守御千户所为外十所之一。建所后，强征龙里长官司的农田，供军户屯垦。派吴得为指挥、井孚为镇抚，率常备军60名负责镇守。军户实行一人在军，全家同往，自给自足，有战则兵，无战则民，不纳粮赋。

洪武三十年（1397），龙里千户所被林宽攻废。永乐元年（1403），曹郎中奉命劳边，发现龙里所城荒废，遂命重建。永乐二年（1404），复建龙里千户所，从五开卫拨军下屯，安官降印，派1名都司、1名指挥、3名千户、7名百户、1名镇抚计13名官员，率360名军士重新建城屯驻。然而，在途中，军士大多逃亡，最终仅有72名到所。72名军户到所后，按官阶分给他们田地，千户每户给田24亩，百户每户给田20亩，镇抚每户给田12亩，普通军户每户给田4亩8分。同时，按官阶度地授基，建筑房舍。后人将13名官户按姓氏和官衔编成民谣：“陶姚王，鲍尹张；七百户，加所王；三千户，江李杨；镇抚胡，都司庄；指挥一，是东王。乃官户，共十三。”此谣流传至今。

龙里守御千户所驻今隆里所，辖11屯，即寨杜屯、寨扒屯、郭寨屯、八所屯、四所屯、巴开屯、界头屯、金竹屯、刘家屯、苏基屯、密岩屯。诸屯均在今隆里乡和黎平县鳌市镇境内，有相当部分已不知所踪。屯军世代为兵，子孙世袭其职，三分戍守，七分屯种。有警则战，无事屯田，以兵养兵。既不输纳于官，亦不仰给于官。诸田只许官兵世代耕种，不许自由买卖。据龙王氏族谱《本所册单》记载，明成化十年（1474）九月，龙里所官军共种屯田757亩，载粮325石1斗3升6合。至明代后期，屯军每户屯田24石，再加6石为冬衣布花之费，共30石，约6亩。

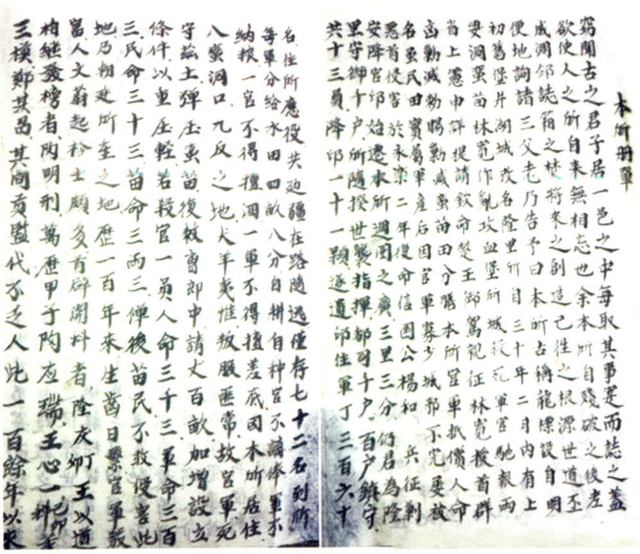

龙王氏族谱记述隆里史事的《本所册单》　　龙道炽　摄

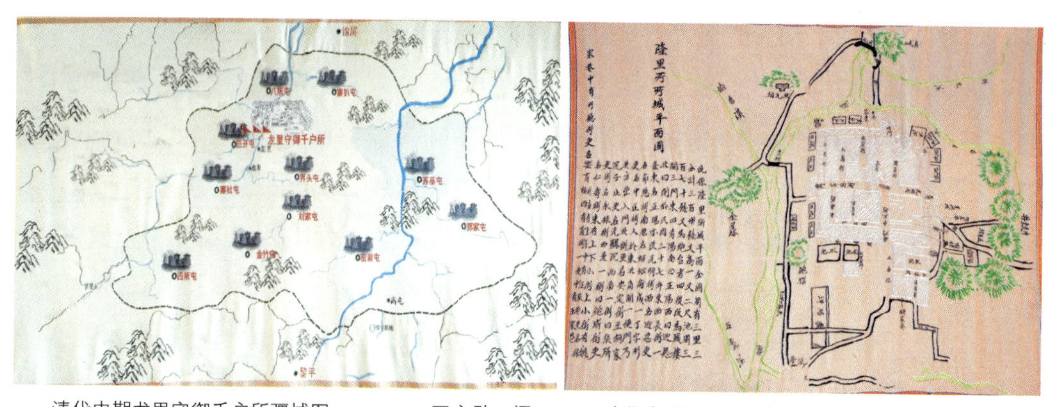

清代中期龙里守御千户所疆域图　　王宗勋　摄

清代中期龙里所平面图　　王宗勋　摄

入清后，实行绿营兵制，龙里守御千户所的军事作用消失。顺治二年（1645），吴三桂攻略黔东地区，派员至龙里所收缴明廷所颁给的千户、百户、镇抚诸官员印信。自此，龙里所及其军官失去军事职权，完全平民化。原分给官兵的农田亦已化为民田，可自由买卖。顺治六年六月二十一日，南明将领郝永忠率部围困龙里所城，要求提供粮饷。所内款首拒绝，并出城袭击郝营。郝永忠遂挥军攻入城内，大加杀戮，致城内人口损失过半，所城荒废长达5年之久。顺治十一年，龙里所部分百姓返回家园，龙里长官司遂以龙里所人口减少为由，向龙里所提出退回所占农田。龙里所遂退回30顷农田以求和睦。当年，龙里所人重建城池。顺治十五年，明文裁撤龙里千户所的千户、百户、镇抚诸官职。因明隆庆元年（1567）王大臣"开科"中举，而"隆"与"龙"同音，所人遂将龙里守御千户所改名为"隆里所"，取"更新发科"之意。康熙五年（1666），裁撤隆里千户所建制，其地由五开卫直辖。

隆里汛　清康熙初年，在隆里所设汛，驻绿营兵，直属黎平协。雍正五年（1727），隆里汛改隶属古州镇黎平营，下辖地稠、地茶、婆洞、苗馁4个塘。道光二十三年（1843），隆里汛驻外委马步战守兵丁45名，每塘驻兵丁三至四名不等。兵丁支领俸米，每名兵丁月米三斗，年支米三石六斗（闰年加一月）。其职责是探听和传递各种军事情报。外委马兵每名岁俸银24两，步兵每名岁银18两，守兵每名岁银12两。汛兵军械装备有旗子、盔甲、号衣、过山鸟、弓箭撒袋、官兵战箭、镰刀、铁斧、铁枪、集令鼓、铅弹、火药及火绳等。咸丰、同治年间（1851—1874），因被张秀眉等军数度攻占，隆里汛军用装备无存。光绪五年（1879），改由省统一拨配。至及清末，隆里汛在西门城外设有校场（又称演武场），长二百弓，宽七十弓；

设有阅武厅三间，左右配厦二间，卷棚三间，内厅三间，左右厢房各三间。守兵每月一、四、七日操马步弓箭骑射，兼练双手带刀；二、五、八日操藤牌刀矛弩弓箭杂技；十、二十日和月底操演阵法。在北门外状元桥一带还有跑马坪。

隆里乡 1913 年，国民政府废黎平府，置黎平、开泰（1914 年改为“锦屏”）、榕江、下江、永从县，隶贵州省黔东道，今隆里乡地归属黎平县。1916 年，黎平县划为六大区，今隆里乡属北二区，区办公处设在鳌市，区下统属团防分局。1930 年，改团防分局为乡。1932 年，黎平县北路二区移驻隆里，下辖贤良、兴仁、民绳、隆里、成德、宏文、美利、明哲、化俗、进镇 10 个乡镇。兴仁、隆里两乡属今锦屏县，其余均属今黎平县。隆里乡，辖今隆里所、华寨、王家榜、龙里司及钟灵乡阳艾；兴仁乡辖今启蒙镇地茶、八瓢、鹏池、地稠、八里、西洋店等村。乡下设闾、邻。1935 年，黎平县北路二区治所迁往今黎平县鳌市，隆里乡与兴仁乡合建进宏兴联保，属第二区。1941 年，撤销联保，设隆里乡，乡下仍设保甲。

1941 年 6 月，应锦屏县政府请求，贵州省政府将黎平县属新化、隆里两个乡 12 个保 124 个甲划属锦屏，隆里乡辖 6 保 58 甲。其中，隆里所分属隆里乡一保、二保，一保包括东南门、龙里司、王家榜、白泥湾等 9 个甲，二保包括西北门、龙吾寨等 9 个甲。

1950 年 1 月，中国人民解放军镇远军分区部队和平进驻锦屏，接管县政权。同年 3 月 13 日，国民党锦屏地方残余武装发动叛乱，县、乡人民政权被颠覆。1950 年年底，人民解放军第二次解放锦屏。1951 年 1 月，隆里乡人民政府复设，辖 6 个村，一村、二村即隆里所，三村即华寨，四村即阳艾，五村即鹏池，六村即地茶，乡政府驻隆里所。2 月，隆里乡下保甲改为行政村和村民组，共有 56 个村民组。

1953 年 4 月，实行民主建政，原有乡划成小乡管辖。隆里乡析出地茶、鹏池、龙里司等村，建兴隆乡；阳艾村划归中林乡；隆里乡辖隆里所、华寨、王家榜 3 个行政村，属第二区，乡政府驻隆里所。1955 年，隆里乡改归第三区（敦寨区）。1956 年，将龙里司村由兴隆乡划入隆里乡。1957 年 2 月，县下实行划片管理，隆里乡改为隆里片，属敦寨区管理。1958 年秋，隆里乡改为隆里人民公社。1959 年年初进一步改为隆里管理区。1961 年恢复隆里人民公社。1962 年 5 月，兴隆公社并入隆里公社。1963 年，兴隆公社又从隆里公社分出。1968 年 11 月，兴隆公社除高表大队外又全部并入隆里公社。1970 年，兴隆公社再次分开，隆里公社辖五星（王家榜）、阳光（龙里司）、隆里、华寨 4 个大队。1984 年，隆里人民公社改为隆里乡，下辖隆里所、华寨、王家榜、龙里司 4 个村，计 43 个村民小组。

1992 年年初，县下撤区并乡，撤销敦寨区，隆里、娄江 2 个乡撤销，与钟灵乡合并，组建钟灵乡。由于历史文化及心理认同等原因，隆里所民众表示极为不满，强烈要求恢复隆里乡。同年 12 月，经贵州省人民政府批准，隆里乡从钟灵析出，恢复成今建制，驻地和管辖不变。

隆里所村 清代乾隆（1736—1795）以后，隆里所内设保甲。保负责人称乡正，清末改称“总理”。民国时期基本沿袭清代保甲制度。1916 年，隆里所设一保，保设正副保董各 1 人。1930 年，改保为闾，改甲为邻。1938 年，复改闾邻为保甲。1942 年，隆里所（包括龙里司、王家榜、龙吾寨、白泥湾）分设为 2 个保，共 18 个甲。

1951 年 2 月，锦屏县人民政府下令废除民国时期保甲制，建立村民委员会。同时，为适应即将到来的土地改革需要，建立农民协会。隆里所村内村民委员会和村农民协会两套领导机构并存。但根据上级“一切权力归农会”的指示，农民协会除负责领导土地改革工作外，还负责管理几乎所有村务。1952 年，土地改革运动结束后，农民协会退出村务管理，村民委员会成为村务管理的负责组织。1953 年，隆里所村党支部成立，此后，与村民委员会一起，成为村务管理的双重组织。

1956 年，在农业合作化运动中，隆里所组建了高级农业合作社，设主任和副主任。1958 年 10 月，实行人民公社化，隆里所村改称隆里生产大队，设大队长；村民小组改为生产小队，设小队长。1959 年 1 月，隆里所生产大队改为生产工区，生产小队改为工组。1961 年 8 月，隆里所生产工区复改为隆里所生产大队，各生产工组复改为生产小队。1967 年，大队党支部和大队管理委员会瘫痪。1968 年，成立隆里所大队革命生产委员会，取代大队管理委员会职能，设主任、副主任。1970 年，恢复大队党支部。1979 年，隆里所大队革命生产委员会改为大队管理委员会，设主任、副主任。1984 年，隆里所大队改为隆里所村，大队管理委员会改为村民委员会。村民委员会设主任、副主任、委员，由村民选举产生，每届任期 3 年。2016 年年底，隆里所村有中共党员 82 名，村党支部设书记 1 名、副书记 2 名、委员 7 名；村民委员会设主任 1 名、副主任 1 名、委员 7 名。

隆里所村景（2000 年）　　杨胜屏　摄

◉ 村落

隆里所村

主体村落　清顺治以前称龙里，古称“井浮城”“井巫城”。明洪武十八年（1385）建龙里守御千户所，清顺治十五年（1658）改称隆里所。因处于田坝之间，状若水中浮萍，亦名“浮漂[①]寨”。

隆里所为隆里所村的中心村寨和主体村落，也是隆里乡驻地。隆里所因较好地保存有明清时期的古建筑群，故亦称“隆里古城”。2016 年，隆里所城内有 24 个村民小组，870 户，3658 人。居民中，绝大部分为明代时从中原和江南等地奉派到此屯守的屯军后裔。

卫星村落　在隆里所城的西面，自南而北分布有马背、七岔冲、归凤、付瓜山、烂塘、龙吾冲、龙吾寨7个卫星村落。其中，马背、龙吾冲、龙吾寨坐落在田冲间，七岔冲、归凤、付瓜山、烂塘坐落在大山里。2016 年，隆里乡政府实施国家异地扶贫搬迁政策，拟将居住

① 浮漂：隆里等地方言，指浮萍。

马背自然村貌（2016 年）　　江滋根　摄

七岔冲寨貌（2016 年）　　江滋根　摄

归凤寨貌（2016 年）　　江滋根　摄

在七岔冲、归凤、付瓜山、烂塘民户迁至隆里所城南边的隆里新村。截至2018 年，部分民户尚在搬迁中。

马背　位于隆里所城西南面 1.4 千米，隆里所村第 27 组所在地。因其东南边有一山梁形如马背而得名。民国时始有人居住，多为周边或外地到此佃种隆里所富户田地者。有龙、杨、刘、王、姚、廖 6 姓，其中，王姓来自雷山县，杨姓来自启蒙镇边沙村，龙姓由敦寨镇亮司村搬至高表再迁入。2016 年，有 22 户 96 人，侗族、苗族、汉族杂居。寨后龙标山有王昌龄衣冠冢。火把山系隆里所古“龙标八景”之一。

七岔冲　位于隆里所城西南边 3.3 千米处，东邻烂塘，西靠归凤，为隆里所村第 30 组所在地。该寨因坐落于七岔冲脚而得名。居民多为杨姓，由启蒙镇八瓢村迁入。2016 年，有 20 户 98 人，其中侗族 65 人、汉族 11 人、苗族 10 人。在七岔冲与归凤交界处山顶上，旧时建有碉楼（哨所），故此山亦称为碉楼界。

归凤　位于隆里所城西南边 4.7 千米，隆里所村第 31 组所在地。传说古时，一樵夫傍晚见一只凤凰自远方飞来，至此林中落宿，故名。有杨、龙 2 姓，均由启蒙镇八

付瓜山村落（2016 年） 江滋根 摄

瓢村迁入。2016 年，有 31 户 125 人，侗族、汉族、苗族杂居，侗族为多。

付瓜山　位于隆里所城西面 3.3 千米，与启蒙镇八瓢、鹏池接壤，系隆里所村第 29 组所在地。该寨处在一个瓠瓜形的坡垴上，隆里人称瓠瓜为“付瓜”，故名。居民姓氏有石、吴、杨、汤、龙 5 姓，多由龙吾寨迁入。其中，汤姓由龙姓从新化所接入，与龙姓结为家族，合称“汤龙”。2016 年，有 27 户 130 人。

烂塘　烂塘位于隆里所城西北 2.5 千米，系隆里所村第 28 组所在地。因该寨坐落在几岔小冲的汇合处，且多烂泥塘而得名。居住有谢、杨、刘、陈 4 姓，其中谢姓人

烂塘寨貌（2016 年） 江滋根 摄

龙吾冲寨貌（2016 年）　　江滋根　摄

口最多。清咸丰年间（1851—1861），谢姓由湖南邵阳迁至归凤，后又至七岔冲。因归凤、七岔冲两地均为龙里司杨姓之地，不准其居住。最后谢姓迁至烂塘，以种植靛蓝、麻和叶烟为生。20 世纪 60 年代后，住户陆续迁往龙吾冲。2016 年，烂塘有 25 户 109 人。

龙吾冲　位于隆里所城西北 1.5 千米处一田冲头，是第 28 组所居之地。1963 年，烂塘谢姓有两户邀约七岔冲杨姓一家迁住龙吾冲，龙吾冲也因此称为“三家寨”。此后，烂塘其他住户相继迁住龙吾冲。而龙吾冲现已发展至 47 户 209 人，其中侗族人口较多。

龙吾寨　也写作“龙吴寨”或“隆吴寨”。位于隆里所城北面约 0.8 千米的莲花山麓，前面为一片田畴，东南隔龙溪与隆里所城相望，系隆里所村第 25、26 组所在地。龙吾寨元代以前就有人居住。元至治二年（1322）朝廷在此设龙里军民长官司。明代初期，改设龙里蛮夷长官司。明永乐二年（1404）复置龙里守御千户所时，龙里蛮夷长官司搬至今龙里司村，龙吾寨一度无人居住。万历年间（1573—1620），吴姓始从今敦寨镇亮司村迁入，至今发展成龙吾寨人口最多的姓氏。继吴姓之后，有刘、杨、冉、杜、龙等姓迁入。2016 年，有 69 户 294 人，其中吴姓占总人口半数以上。龙吾寨背后有大片古树林，其中合抱树木数百株。寨中原有碑刻数十通，多被破坏。现仅存清康熙和民国时期碑刻各 1 通。

四邻村寨

在隆里所村周边，分布有十多个村寨。这些村寨多系侗族或苗族村寨，在历史上除新化所外，都与隆里所少往来，鲜通婚。进入民国以后，隆里所成为地方行政中心，与邻村关系遂逐渐改善。

新化所村 新化所村为新化乡治地，明洪武时与龙里同时建千户所，为五开卫 16 所之一。作为近邻，新化所也是 1950 年以前与隆里所村通婚的唯一村寨。两村村民私下常玩笑互讥，隆里所人戏称新化所人为“蛤蟆”（其意指新化溶洞多，有战事则躲进洞中，如同蛤蟆），新化所人则反讥隆里所人为“蚱蜢”（其意为隆里周边无洞穴，有战事人们只有跑上周边山去躲避，如同蚱蜢）。

新化寨村 新化寨村系新化乡属行政村，位于隆里所村东面，与新化所和隆里

新化所高台舞狮（2004 年） 王宗勋 摄

所相邻。因坐落在一条山梁上，且龙姓人先居住，而被称为“龙家榜”。因明代为新化蛮夷长官司属寨，遂改称“新化寨”。新化寨周边田土肥沃，是锦屏县有名的瓜果粮油村。1950 年以前，新化寨与隆里所很少往来。1951 年后，交往日渐增多。1976 年，敦寨区在新化寨村与隆里所村交界的放浪冲一带建春雷林场，使两村经济联系在一起。

华寨村 华寨村位于隆里所村的东面，与隆里所隔田坝相望。下辖华寨、地灵、半冲 3 个自然寨。2016 年，有 221 户 955 人，苗族、侗族、汉族杂居。华寨在明代被称为“寨扒屯”，属龙里守御千户所。清顺治年间（1644—1661）屯户外逃，遂为龙里长官司所据，被称为“耙寨”。民国时期改名为“华寨”。在清代，华寨与隆里所虽互为近邻，鸡犬相闻，但却很少往来，有时关系还十分紧张。华寨地形如一条向田坝游来的草鱼，而隆里所地形如一片浮萍。为改变“草鱼食浮萍”的形势，隆里所人在北边水口处修建了一座三拱石桥（今状元桥），意为放三只鱼篝捕捉草鱼。洪钟山真武寺内置有一尊灵官菩萨朝对华寨，而华寨则在寨门口安放一石吞口。1951 年以后，两村

华寨村人工种植灵芝（2017 年） 王宗勋 摄

关系逐渐改善。

龙里司村 龙里司位于隆里所村西南 4 千米处，2016 年有 4 个村民小组，142 户 512 人。元至治二年（1322），朝廷在龙吾寨设龙里长官司。明永乐二年（1404），复建龙里千户所时，规定所城周边三里三分范围内所有苗寨悉数迁移，龙里司从龙吾寨迁至现址。为互相压制，龙里千户所与龙里司均不断壮大力量。龙里司利用朝廷政策，不断扩大地盘。至清康熙后期，龙里长官司属寨增至 50 个，成为黎平府内管辖最宽的长官司。龙里司所属苗寨与龙里千户所下辖的 11 屯犬牙交错，互相牵制，但鲜有往来，旧有“所不连司，寨不通屯”之说。

在明代初期至清代中期的四百多年间，龙里所与龙里司发生多次冲突。明末，龙里所人将在山西山阳任知县、被李自成部所杀的董三谟一家尸骨安葬于龙里司属的龙吾寨后莲花山，引起龙里司不满。不久，诸墓丘被破坏。清乾隆中期，黎平府令恢复被损坏的董三谟等墓丘，又引发龙里司与隆里所的矛盾，后由黎平府出面调息。清顺治六年（1649）六月二十一日，南明将领郝永忠率兵围龙里所，要求提供粮饷。龙里所人不答应，郝部遂血洗龙里所城，致龙里所人口损失过半。长期受龙里所压制的龙里司遂趁机反制，要求龙里所退还明时所占土地。力量已严重削弱的龙里所，被迫割退农田 30 顷以求和。咸丰六年（1856）初，龙里以及三郎、新化、中林等 11 个土司集结攻打隆里所城。自此后，所司矛盾逐渐冰释。进入民国以后，所司开始通婚。至今，隆里所城部分人因与龙里司及周边有婚姻关系，民族改为侗族。

王家榜村 王家榜村位于隆里所南面偏西约 3 千米处。2016 年，有王家榜、湾子两个自然寨，有 175 户 739 人。王家榜村原为隆里所王姓人的领地，故名。自明至清，王家榜村均为隆里所管辖。清顺治年间（1644—1661），湖南人李平满和吴道常两人到此地租种田地，以后久种成业，形成村落。

八瓢诸村 在隆里西面和西北面，分布有鹏池、八瓢、地稠 3 个行政村，清代均为龙里蛮夷长官司属寨，民国前期为黎平县管辖。1942 年，随隆里乡由黎平县划入锦屏县，今属启蒙镇。2016 年，鹏池村有 7 个村民小组，128 户 578 人；八瓢村有 192 户 786 人；地稠有 9 个村民小组，272 户 1098 人。3 个村均为侗族村寨，但已不能操侗语。与隆里所村的七岔冲、归凤、付瓜山、烂塘 4 个自然山林土地相杂。

阳艾村 阳艾村为钟灵乡一行政村，位于隆里所北面，与隆里所村山林田地紧邻。2016 年，下辖大寨、新寨、小寨、雪冲、羊舞坪等 9 个自然寨，有 14 个村民小

阳艾风雨桥（2008 年）　　王宗勋　摄

组，605 户 2712 人，苗族、侗族、汉族杂居，以苗族为主。明清时期，阳艾属中林验洞长官司，与上游的隆里所边界相邻。隆里所每有兵祸，民众多往下逃至阳艾村境躲避。

鳌市村　鳌市村系黎平县鳌市镇政府所在地，位于隆里所南面 4.5 千米处。2016 年，全村有 22 个村民小组，843 户 3121 人，侗、汉、苗等民族杂居，以侗族为主。鳌市在清前期即成为集贸市场，逢农历三、八为场期。因族群不同等因素，历史上隆里所与鳌市基本上不通婚，且多次为争夺贸易市场进行斗争，因周边侗族、苗族民众惧怕进城与汉人进行贸易等缘故，均以隆输鳌赢为结局。至今，隆里所人的经济贸易也多到鳌市进行。

◉ 区位面积

地理区位　隆里所村位于贵州省锦屏县南部，北纬 26° 25′ 14″，东经 109° 06′ 01″（东门坐标）。东邻华寨村和新化乡新化所、新化寨村，南邻王家榜村和黎平县鳌市镇，西邻启蒙镇地稠、鹏池和八瓢村，北邻钟灵乡阳艾村。经松（桃）从（江）高速公路至县城 30 千米，至黎平机场 21 千米，至贵广高铁从江站 60 千米，至沪昆高铁三穗站 115

千米。省道 S202 线穿境而过，在新化与松从高速公路连接。

土地面积　2016 年，隆里全村土地总面积 43394 亩。其中，农田 4810 亩，旱地 484 亩，有林地 32415 亩。

◉ 自然地理

隆里所村地处亚热带季风性湿润气候区，水源丰富，四面环山，中部为开阔盆坝。村所在地为喀斯特地质结构，地下水可供饮用。隆里所城内曾有“七十二眼井”之说。

气候　隆里所村地处亚热带季风性湿润气候区，气候温和，四季分明，雨量充沛，无霜期较长，阳光充足，空气质量优良。年平均气温 17℃，最高月均气温 26℃，最低月均气温 5℃，年积温 5852℃，无霜期为 320 天，年降水量为 1200 毫米。整体上气候宜人，但亦有个别极端气候的出现，会引发灾害。

山丘

村境主山脉从黎平县城西南三什江逶迤而来，至新寨屯突起峻峰，然后分出数脉。

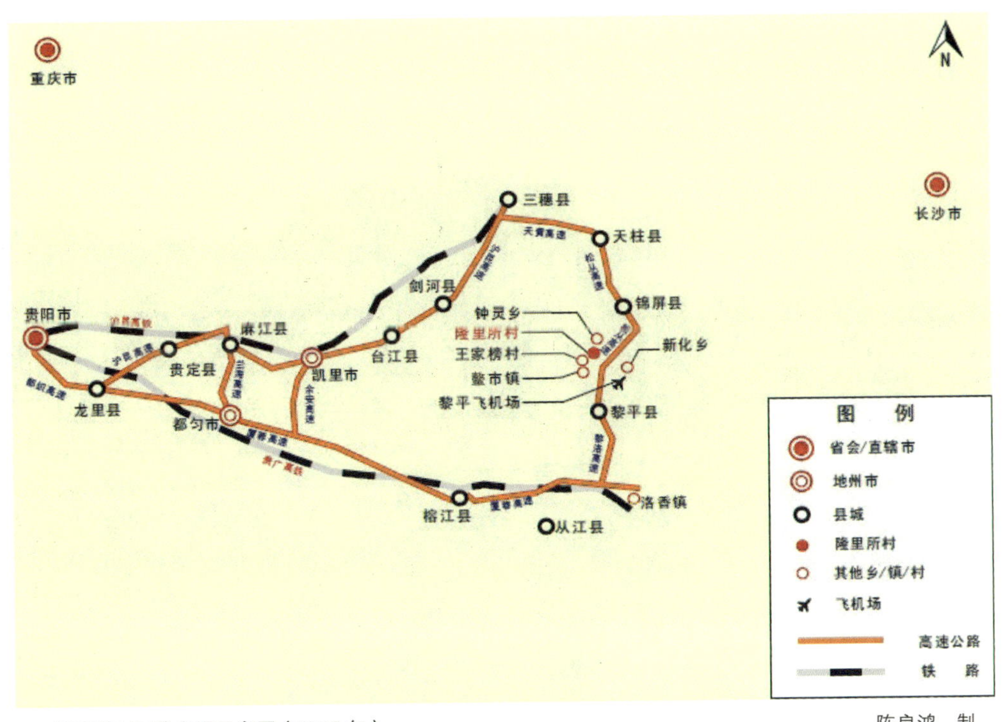

隆里所村区位交通示意图（2016 年）　　陈良鸿　制

一脉绵延至隆里所村南马蹄井复起峰峦，分作两支：一支跌落而下，蜿蜒连绵而来，将近所城，复突起成五座山峰；另一支至华寨之后崛起尖峰，往北绕至钟灵乡阳艾境内。村境内主要山峰有15座，东面文笔山，东南面五骢山，南面火把山，西北面莲花山，北面洪钟山。

五骢山 亦称“五马坡”，位于隆里东约400米处，形如五匹奔腾骏马，系隆里所城之“龙脉”所在。古“龙标八景”之“五骢春晓”即指此山。

洪钟山 位于隆里所城北面约600米，山下有龙溪经过。因山形如巨钟，故得名。又因状如螺蛳，又名螺蛳山。因山顶建有真武寺，也称真武山。古“龙标八景”之“洪钟松涛”即指此山。

长庚山 位于隆里所城西500米，山间有金星石，又名金星山。山左有飞凤坡，山右有凌云岭。根据天干与五行的对应关系，庚属金，故得名。山腰曾建有寺庙和塔，清咸丰六年（1856）战乱中被毁。古“龙标八景”之“金星夕照”即指此。

文笔山 又称老夫子山。位于隆里所城东面1.5千米处华寨之后，主峰高耸，俨如文笔，故名。因江姓祖坟在此山上，亦称江家老山。山间森林茂密，古树参天，风景幽美。古“龙标八景”之“文笔流云”即指此山。

洪钟山（2016年） 江滋根 摄

火把山（2016 年） 江滋根 摄

火把山 古名玉华山，又称凌云山。位于隆里所城南面 2.5 千米处，在众山峦间独峰耸立，山腰有瀑飞泻，如白练自天垂下。山头曾建有寺庙。古“龙标八景”之“凌云瀑布”即指此。

禹门峰 位于隆里所城东南，又称来龙少祖山。山峰耸立，状若禹门，下有两小山，如双鱼腾跃状，故名“双鲤跃龙门”。山峰前积雪经春不化，远映人眸。古“龙标八景”之“禹门残雪”即指此处。

莲花山 在隆里所城西面龙吾寨背后，因山峦罗列，状若盛开莲花，故得名。山上有隆里所名人董三谟等墓葬。

龙标山 位于隆里所城南 1.5 千米处，山下即龙标冲。隆里人为纪念唐代流寓诗人王昌龄而给其建的衣冠冢即在此间。

气象台 位于隆里所南面马背山坡头，距隆里所约 4 千米。因隆里所人常根据此山上云雾变化可判断天气而得名。

乘凉坡 在龙吾寨后，为龙吾寨后山。过去有花街路通过此坡，行人常在坡上古树下乘凉，故名。1934 年，红军出隆里往启蒙方向行军经过此处，故又称“红军路”。

龙溪（2016 年） 江滋根 摄

溪流潭坝

隆里所村境内，有龙溪等大小溪流十余条。此外，在龙溪隆里所村境段上，分布有十多眼天然水潭和人工水坝。

龙溪 隆里所村境内最大的溪流，由南至西往北侧穿境而过。龙溪有两源，一出启蒙镇高表村，流下地茶，至八瓢纳源出启蒙镇西洋店村，经地稠、鹏池的地稠溪汇合，流经龙里司，在王家榜村前与另一源自黎平县鳌市镇新寨屯经玉田湾的鳌市溪汇合而下，称作龙溪。然后曲折蜿蜒，在岩坎桥纳小鄙溪，至乘凉坝纳翰香溪，在洪钟山麓纳醉花溪，穿越状元桥后，出境入钟灵乡阳艾村，称钟灵河。再向东北流至大同乡八河村，汇入亮江，再流至亮江口，汇入清水江。村境内纳小把溪、翰香溪、泻玉溪、高圭溪、醉花溪等。龙溪在村境内有跃龙潭、爱溪潭、翠凝潭等天然水潭，沿溪筑有数座大坝以灌溉农田。

醉花溪 在隆里所东北，源于大坳小溪与半冲小溪，两水至樟树井桥下汇合，绕华寨在洪钟山麓注入龙溪，长约3500米。

翰香溪 在隆里所南面，源于凉塘，与水罐冲小溪汇合龙标冲水，经马背自然寨下绕隆里田坝注入龙溪，长约3500米。

泻玉溪 在隆里所西边，源于付瓜山麓，经狮子坡陡石板处汇合龙吾冲溪流入龙溪，长约4500米。

高圭溪 在隆里所东，发源凉亭上，流至真武山麓汇入龙溪，长约4500米。高圭系侗语地名，意为从高处流下来的溪水。

大笋塘溪 在隆里所西北，发源于乘凉坡脚，流入龙溪，长约2000米。

归凤溪 在隆里所城西，发源于归凤寨山麓，流向所城西，注入龙溪，长约3000米。

小把溪 在隆里所西南，发源于付瓜山七岔冲，经烂塘流入龙溪，全长2000米。

龙吾冲溪 从狮子坡脚流入龙溪小潭头，长4000米，距隆里所约2000米。

马背溪 距隆里所500米，从马背流至南门半田坝入龙溪，长3500米。

翟家冲溪 从翟家冲头流入马背溪，长约3500米，距隆里所约2000米。

艾家潭 在隆里所北，俗称“在雅潭”。

波丝潭 位于隆里所至鳌市方向，距离隆里所约3000米。波丝，隆里方言指蜘蛛。

乌江潭 位于隆里北面，长30米，宽20米。

跃龙潭 位于状元桥下，旧称“龙潭虹影”，为古“龙标八景”之一。

大坝上 位于隆里西面500米，堤坝长200米，宽40米。系隆里所20世纪70年代为农业灌溉需要而修建。

乘凉坝 在隆里所城南1.5千米，翰香溪汇入龙溪之口。修于清代中期，灌溉农田数百亩。

自然物产

野生植物

木本植物 隆里所村境内主要有杉、松、樟、枫、榉、红豆杉、黄檀、梧桐、麻栗、青杠树、猴栗树、楠木、白杨、泡桐、枇杷树、拐枣（鸡爪）、杨梅、板栗树、柑橘、李树、梨树、柿、核桃树、木姜、杜仲、五倍子、白蜡、漆树、黄柏、楠竹、棕树等。杉木自古以来是村境内最大宗资源，松为其次，楠竹又次。

草本植物 隆里所村境内有草类上百种，其中具药用价值的有钩藤、续断、麦冬、桔梗、泡参、牛膝、金银花、黄栀子、玉竹、天冬、天南星、折耳根（鱼腥草）、金毛狗、薄荷、葛藤、草乌、夏枯草、夏枯球、野菊花、半夏、党参、生地、五加、吴芋、白芨、白药子、通草、苍耳子、苦参、土三七、百合、艾叶、花椒、何首乌、车前草、瓜蒌壳、天花粉、茅草、香附子、山楂、沙参、女贞子、龙胆草等。

野生动物 现隆里所村境内野生动物，兽类有野猪、豪猪、野羊、野猫、野兔、黄鼠狼、松鼠、穿山甲、竹鼠、白面狸、蝙蝠等。1950 年以前，有老虎、豹子等大型凶猛动物，20 世纪 50 年代中期以后绝迹。鸟类有野鸡、野鸭、锦鸡、燕子、喜鹊、乌鸦、猫头鹰、鹰、鹞、竹鸡、秧鸡、黄雀、打鱼鸟、翡翠鸟、八哥、画眉、斑鸠等。20 世纪 80 年代以前麻雀成灾，1980 年以后绝迹。水生类有鲤鱼、草鱼、鲫鱼、鲶鱼、七星鱼、蚌壳、田螺、虾子、丁勾鱼、土郎鱼、阳沟鱼、岔蚌（石蛙）、角角鱼（黄颡鱼）、泥鳅、黄鳝等。爬行类有眼镜蛇、五步蛇、金环蛇、银环蛇、乌梢蛇、水律蛇、索蛇、菜花蛇、百花锦蛇、竹叶青蛇、蝮蛇、泥蛇、蜥蜴等。

◉ 民族　人口

民族

隆里所村主要居有汉族、侗族、苗族 3 个民族。

汉族 隆里所村内的汉族，大部分是明永乐年间（1403—1424）建守御千户所后，从山西、河南、山东、安徽、湖北、福建、江苏、江西、浙江等省派遣来戍边的汉族军人后裔。入清以后，隆里所由军事屯堡变成普通村落，汉族军户成为土著居民。此后，又有部分汉族人以经商、逃荒等形式落居此地。

侗族 在明洪武年间（1368—1398）屯军到来之前，隆里和新化乡以及南边的黎平县属高屯、鳌市一带为侗族主要聚居地，属古诚州“十洞”。明洪武时期，朝廷在隆里、新化一带建千户所，驻军屯垦，世居此地的侗族居民多迁徙到西北边的启蒙、九寨和黎平县的罗里、孟彦，以及榕江县朗洞等山区。也有部分依附汉族。今启蒙等地侗族仍坚称隆里一带为其祖居之地。清顺治六年（1649），南明将领郝永忠部屠洗龙里所城，有部分所民逃至榕江等侗族地区安身，后成为侗族。20 世纪 80 年代以后，国家实行新民族政策，允许 1950 年以前改为汉族的少数民族恢复其原民族成分。此后，隆里所内部分人遂反至榕江等地，联系其从隆里逃出去的家族，将民族成分改从侗族。另外有一部分侗族人系因婚姻关系而更改。而周边自然村的侗族，大多数是从启蒙等附近地区迁徙而来的。

苗族　隆里所村的苗族基本上为附近迁徙和通过婚姻关系而来。在隆里所外的其他自然寨中，以龙吾寨苗族人口最多。

其他民族　除汉族、侗族、苗族以外，隆里所村还有水、瑶等民族，基本上是近二十年间从外省嫁进来的女子。

1951 年以后，隆里所城内与周边侗族、苗族村寨通婚者逐渐增多。1977 年国家恢复高考后，实行少数民族考生加分政策。于是，隆里所村有相当部分汉族村民通过婚姻等关系，将民族改成侗族或苗族。

2016 年，全村总人口 1086 户，4610 人。其中，汉族 3402 人，占总人口的 73.8%；侗族 693 人，占总人口的 15.0%；苗族 475 人，占总人口的 10.3%；其他民族 40 人，占总人口的 0.9%。

人口　隆里所村内的居民数量，历史上至今未见确切记载。明洪武十八年（1385）始建龙里千户所时，派 60 户军户屯守。洪武三十年，在与林宽军战斗中，60 户军户全部死亡。永乐二年（1404）重建龙里千户所时，派来 72 户军户。以后，人口不断繁衍，至崇祯年间（1628—1644）达到历史上的鼎盛时期，所城内有 40 余姓，1000 多户，时有“城内三千七，城外七千三”之说。清顺治六年（1649）六月二十一日，郝永忠屠洗龙里所，全城人口被杀过半，其余人口逃往附近或西南黎平、榕江等地。顺治十一年后，逃离战火的百姓陆续返回，但只剩 10 余姓，总户数人口未及先前的 1/3。此后，社会安定，人口又逐渐恢复。然而，咸丰、同治年间（1851—1874），隆里所城数遭兵燹，所民或死或逃，总人口呈负增长。光绪（1875—1908）以后，社会日趋稳定，隆里所人口复呈上升之势。但在 1950 年以前，因医疗条件差，出生人口成活率较低，寿命较短，加之疾病流行，人口总体上增长缓慢。

1951 年后，社会稳定，物质生活水平不断提高，医疗卫生条件日益改善，人口出生率、成活率增高。1962 年至 1980 年的近 20 年间，隆里所村人口增长较快。因受“多子多福”“不孝有三，无后为大”等传统观念影响，一般人家都有 3 ~ 4 个孩子，多者 5 ~ 6 个孩子。1982 年以后，国家推行计划生育政策，人口过快增长之势遂得到遏制。1990 年以后，村里青年男女大多外出广东、江浙等沿海地区务工，一般生育两个孩子即主动停止，以致新增人口数量明显下降。

2016 年隆里所村各村民小组人口统计表

表 1　　　　　　　　　　　　　　　　　　　　　　　　单位：户、人

组数	户数	人口数	备注	组数	户数	人口数	备注
1 组	31	145	隆里所	17 组	32	128	隆里所
2 组	27	127	隆里所	18 组	38	152	隆里所
3 组	23	96	隆里所	19 组	73	288	隆里所
4 组	55	215	隆里所	20 组	32	150	隆里所
5 组	52	200	隆里所	21 组	32	105	隆里所
6 组	21	95	隆里所	22 组	36	144	隆里所
7 组	36	168	隆里所	23 组	36	165	隆里所
8 组	32	146	隆里所	24 组	27	117	隆里所
9 组	29	138	隆里所	25 组	69	294	龙吾寨
10 组	33	133	隆里所	26 组			
11 组	36	147	隆里所	27 组	22	96	马背
12 组	30	134	隆里所	28 组	25	109	烂塘
13 组	44	163	隆里所		22	100	龙吾冲
14 组	34	149	隆里所	29 组	27	130	付瓜山
15 组	40	176	隆里所	30 组	20	98	七岔冲
16 组	41	177	隆里所	31 组	31	125	归凤
				合计	1086	4610	

说明：备注栏内为村民小组所在自然村寨

2016 年，隆里所全村有 1086 户，4610 人。其中，所城内有 870 户，3658 人；周边自然寨计有 216 户，952 人。

◉ 农业

明代龙里所最初的屯垦军户大多来自中原和江南一带农业生产较发达地区，他们带来了较先进的农业生产技术。加上农耕条件优越，故在很长时期里，隆里所的农业生产都较今锦屏其他地区发达。所生产的农产品，正常年份，基本上自给有余。

在 1951 年以前，隆里所人对土地占有多寡不均。多者占有上百亩，遍及锦屏、黎平两地，农田大多佃给贫穷者耕种；贫者唯靠给富者当佃户或长工维持生活。1952 年土地改革后，无地和少地农民分得了相应土地，生产积极性得到较大提高。1956 年农业生产合作化后，土地交归生产队集体经营。此后，依靠集体力量，兴修了一批水利灌溉设施，隆里的农业生产条件得到进一步改善。1981 年实行土地承包责任制，村人的生产积

隆里公社群众修水利（1978年）　　县档案馆　供图

极性空前提高，农业生产得到空前发展。

长期以来，隆里所人形成自己的农作习惯。一般要清明节后才开耕干活。有俗语云："正月坐过，二月混过，三月四月才干活。"但新买来的牛和从未犁过田的牛犊，则要在清明前农历二月二日拉去学习犁田。传说农历四月八日是牛王的生日，要让牛休息，这天农活再忙牛也不能犁田。

隆里所人劳作时间较早，天未亮即出门，或砍柴，或割草，上午七至八点即收工回家。九点钟左右吃早饭，然后休息。下午五点钟即吃晚饭。农忙时亦是早上五六点钟出门耕作，下午三四点即收工回家。

种植业

水稻　水稻是隆里所最主要的粮食作物，种植历史悠久。1949年前，水稻品种多为高秆型，主要有红粳籼、白粳籼、茅香旱、冷水籼、宝庆谷、麻壳谷、大黄糯、小黄糯等。1965年，引进珍珠矮、广场矮等矮秆型水稻品种。1973年推广双季稻种植，引进"农育"1744、"西农"175和"川大"粳水稻品种。1981年推行家庭联产承包责任制后，提倡科学种田，推广杂交良种，产量得到较大提高。1990—2000年间引进威优77、岗优77、威优647等品种。2005年后，相继引进Ⅱ优63、Ⅱ优58、Ⅱ838、D优527、岗优827、Ⅱ优多系1号、川香优6号、宜香优3003、汕优联合2号、黔优联合9号、准两优、协优、Q优1号、Q优6号、国丰1号、沪香615、川香2号、宜香9号等品种。2015年"贵州省杂交水稻种三产四丰产工程"通过验收，在全省推广。2016年隆里所引进该项目的 Y 两优 2 号、金优 785 等 5 个超级杂交水稻新品种，最高产量达 1079.2 千克 / 亩。

小麦 20 世纪 50 至 70 年代，为村内必种作物，约占粮食总产量 23%。1980 年后，小麦种植面积渐少，2000 年后无人种植。

油菜 清代后期村里即有种植。1951 年后逐渐成为隆里所人主要植物油源，菜籽出油率为 33%。隆里所油菜种植以稻田为主。初秋播种，次年夏末收获。1982 年后，逐年推广杂交油菜，种植面积和产量大幅提升。

玉米 亦称苞谷，20 世纪 80 年代以前作为粮食补充，但因是本地品种，杆高苞少，易倒伏，产量低。1990 年后，随着畜牧业的发展，玉米主要用作生猪饲料，此时引进杂交品种，抗倒伏能力强，产量是本地品种的 3 ~ 4 倍。

棉花 棉花自古以来为隆里所主要经济作物之一。1980 年以后，人们大多买布缝衣或直接买成衣，棉花种植面积大幅减少。2007 年仍仅有零星种植用以做被褥。2016 年，已无人种植。

黄豆 隆里所村的传统经济作物。1949 年前种植不多，1951 年以后种植面积逐年扩大，成为村里主要经济作物之一。

隆里所北门坝油菜田（2016 年） 隆里乡政府 供图

东门广场晒谷子（2013 年）

彭泽良　摄

红薯 1980年以前广泛种植，作为粮食补充，1980年后种植渐少。至今仍有部分农户少量种植，作为零食和猪饲料。

马铃薯 亦称洋芋，大多用作猪饲料，少量用作菜肴。2000年后，大量引进高产品种和脱毒马铃薯，产量大大提高。

西瓜 1980年，有村民到榕江县等地购种种植成功，此后种植面积逐年扩大。因栽培成本低、效益好，西瓜已成为许多农户夏季经济收入的主要来源。坝田西瓜收获后还可栽培水稻。

此外，村内还种植有花生、芝麻、土烟等作物，均为零星种植。

在果树栽培方面，隆里所传统果类作物主要有柑橘、梨子、桃子、李子、葡萄等。20世纪90年代以后，以嫁接的椪柑、蜜橘和金秋梨为主。

养殖业

牲畜养殖 隆里所传统养殖牲畜主要有猪、牛、马等。

传统养猪以米、糠、薯类、蔬菜为饲料，煮熟喂，基本为圈养。通常一家喂一两头，多则四五头。牛是农家传统饲养的大牲畜，分水牛、黄牛两种。除耕作季节外，大多时间放养，寿命较短。1950年之前，除少数富户养殖供坐骑外，隆里所村内很少养马。1957年以后马匹增多，主要用于生产、拉车、驮运。1990年以后，随着机动车增多，马匹逐渐减少，至今只有个别人家喂养，用于驮运。

家禽养殖 隆里所村传统饲养的家禽主要有鸡、鸭、鹅等，其中鸡的饲养量最大，鸭、鹅有少量农户饲养。

鱼类养殖 养殖鱼类主要为鲤鱼、草鱼。隆里所田坝水源丰富，稻田养鱼条件优

隆里所农户喂养的洋鸭（2016年）　　江滋根　摄

越。村人多养鲤鱼，清代已掌握鲤鱼繁殖和饲养技术。阳春三月，将池养过冬的鱼种放入特制鱼池进行交配，使之产卵、孵化成鱼苗，再将鱼苗放入大田，在进出水口安荆棘和竹帘，阻其游出，秋天谷黄开水捉鱼。只要不涝不旱，亩产田鱼可在 30 千克左右。

农具

传统农具　主要有犁耙具、锄具、刀具、脱粒具、净谷具、抽水具、粮油加工具、运输具等。多数为手工操作、人畜同劳，少数用水力带动。

犁　分犁把手、犁柱、犁辕、犁底、犁撇、犁头、缆索、打脚棒和牛轭。人在牛后，右手握犁把手，左手拿牛缰绳掌握方向，泥胚往右翻。

耙　由耙梁、耙柱、耙齿、耙鼓槌（铁制）、耕索、牛轭构成。耙田时，纵横两次，将土块耙烂、田耙平。

薅秧耙　以一厚木块（长度略小于禾苗的株距）安上铁齿和 2 米许长把，用来薅秧间杂草。操作时，双手握薅秧耙，反复推拉，把杂草抓起，使之浮于水面。

谷桶　全木装制而成，正方体，有底，边长约 1.2 米，四角有耳，方便拉动。打谷时，双手握扬谷把，敲打桶内边，使谷脱粒，一小时可打谷 50 余千克。

风车　俗称“风簸”。用杉木枋板制成，高 1.27 米，装一空腹圆鼓，围 0.9 米。内

传统农具（2016 年）　江滋根　摄

安木扇，上装天斗，以盛毛谷，斗下有开关。中装方形风槽，左开口，右接鼓。槽下安两斗，头斗宽 0.3 米，二斗宽 0.2 米。打开开关，谷从天斗漏下，用手转动木扇，头斗泻谷，二斗泻秕。

砻子　稻谷去壳器具。圆柱体，直径 0.67 米，主体木质，分上下两半，内安竹齿。上半安连杆，推动使之转动、摩擦，壳米分开，但米较粗糙，还需再次加工成精米。

石磨　直径尺余，以坚韧之石凿齿若干，上下两面合成，中有轴，上面有把，转动摩擦。用以磨面、磨豆浆，大型石磨用以粉碎油菜籽。

碓　由碓桩、碓杆、碓轴、碓嘴（铁质）、碓窠组成。倒谷于窠内，人踏碓杆尾部，使碓杆头部碓嘴下啄碓窠，将谷舂成米，一小时能舂米约 20 千克。

碾　大多建于龙溪边，由水轮、龙杠（横轴）、将军柱（竖轴）、石轮、碾槽（石凿成）组成。将谷倒入槽内，开水冲击水轮，带动石轮在槽里反复旋转，将谷碾压成米，一小时可碾米 40 ～ 50 千克。

榨　茶籽、菜籽取油汁工具。由焙灶、蒸笼、碾槽、榨 4 个部分组成。而榨又由榨口、木楔、木撞、铁箍圈组成。将茶籽焙干，用碾槽碾成粉，蒸熟，用箍圈包裹成饼状，放入榨口扎紧，两人以木撞猛击木楔，油汁便被挤出。若榨菜油则用石磨成粉末。隆里所旧时有榨油坊，三名壮汉合作。

龙溪边古碾坊遗址（2016 年）　　江滋根　摄

龙溪边水车（1990 年）　　杨胜屏 摄

水车　旧时，是隆里所村内提水灌溉的重要工具。水车又名“江车”（“江”读为“冈”音），以竹捆扎而成大圆，分为车轴、车箭、车叶、水筒和枧槽 5 个部分。先将河水围塞使之成涌流，水流冲车叶使之自转，水筒转至水下时灌满水，转至顶端时水倒入枧槽，流入田中，可日夜不停灌溉稻田。在 1980 年以前，龙溪两岸水车布列成排，景象颇为壮观。清代僧人庄秀作有《题水车》诗描绘此景：“拦江架栋半分流，辗转机声响未休。汲水逆筒冲玉柱，悬空横竹辊银沟。群轮系扎翻波浪，双枧迎泉润陇丘。妙用不劳人着力，涓涓白练喷竿头。”

龙骨车　由龙皮（车槽）、叶轮（相当于齿轮，头尾各一个）、刮板若干、龙节骨（活动节，衔接刮板）、摇把 6 个部分组成，长 3 余米。用时斜放溪岸，两人手摇摇把手，转动齿轮，带动刮板上下往返，将水由下至上带入田中。用龙骨车和汲水筒抗旱，劳累一整天保苗 1 亩左右，但仅限近水田丘使用。

现代农业工具　1956 年农业合作化以后，隆里所人逐渐使用农业机械。1958—1959 年“大跃进”时，曾出现“机械化潮”，隆里所亦有耕田机、插秧机、打谷机、脱粒机等。因这些设备设计制作粗陋，常出故障，效用不大。1975 年以后，曾大量使用锦屏县农机厂生产的打谷机等设备。1980 年分田到户后，诸设备有的作价分到农户，有的报废。随后，农户多自购打米机、切菜机等小型设备。2000 年以后，村人逐渐使用拖拉机、收割机等现代设备，生产效率大大提高。

◉ 林业

森林资源 隆里所村的气候和土壤条件适合杉、松等木材生长，尤其是杉木。自古以来，境内所有山岭多为杉木所踞，可谓无山不杉。此外，还有樟、楠、樑、枫、银杏、荷木、青枫、栲、梓、楸、黄檀、响叶杨、杜仲、槐、粗榧（俗称“老鼠杉”）、香椿、喜树、水冬瓜等数十种。

人工造林 隆里人工造林始于清代雍正至乾隆时期，以植造杉木为主。初时，造林多系零星小块，多选择在山脚土层较深厚、肥沃的地带。随着清水江木材贸易的发展，人工植造杉林逐渐成为重要的生产活动。民国中期，政府劝导民众造林，尤其是营造油桐林，并分配任务到乡村，强制造林，隆里所村遂有规模造林。

1951 年后，县人民政府重视植树造林，对造林有困难的农户给予贷款扶持，隆里所村内普遍兴起风气，以户为单位的造林活动较为普遍。1976 年春，中共敦寨区委组织全

春雷林场（局部）（2011 年）

区各公社劳动力在隆里、新化两公社交界，以放浪冲为中心的荒山上创办春雷林场，隆里所村的大片山地被划入该林场范围。

1980 年后，随着林业“三定”（稳定山林权、划定自留山和确定林业生产责任制）工作的推进，给农民划定自留山和责任山，加上政府提高造林补助标准，农民造林积极性高涨，大小集体林场如雨后春笋般出现。隆里所村除大量土地参与春雷林场联营外，村人胡炳文 1983 年 3 月组织创办了全县第一个联户林场——同心林场。同期，村人还建有陡坳、斗水、粪扒形、付瓜山、姑娘冲、老井冲、梨子山、龙吾冲、南楼、烧鸡凹、土地坳、瞎子地等小型联户林场。同心林场是隆里所村最大的联产林场，面积达 985 亩，有场员 36 人（户）。2005 年以后，该林场林木陆续采伐。

2000 年实施天然林保护工程后，营造的多是防护林。

木材生产 1952 年以前，采伐木材无计划指标，由林农根据自有木材情况和市场行情自主决定采伐数量，直接卖给“山客”（指从事木材中间买卖的小贩）。也有人将整片山林卖给木商，俗称卖“青山”。1953 年后，木材作为重要生产资料和特殊商品列为国家经济建设重要物资，实行统购统销，村里所有木材采伐销售均由村（大队）集体统一进行。村（大队）每年根据县里分配的指标数和村里林木生长成材情况，组织社员到指定山场采伐木材。入冬后，便组织劳动力将木材拖运到县林业部门指定的地点，交售给国家。其报酬除钱款外，还有相应的奖售粮和布票。大队根据人口分到各生产队，各生产队再按人口和劳力情况分到社员手中。1985 年以后，木材经营放开。

杨胜屏　摄

根雕工艺作品：茶几和坐凳（2016 年） 江滋根 摄

村里部分村民也在国家政策允许下，从事木材小规模经营，或中转买卖，或加工建筑板材等半成品和家具等。

除了木材，村境内还有松脂、松茯苓、桐油籽、茶油籽、五倍子、山苍子、天麻等农副产品。

链接：春雷林场简介[①]

春雷林场，位于隆里、新化两乡毗邻地带，场部设在隆里所村放浪冲白土地，距隆里所 3 公里，为全县最大的用材林基地和集体林场，也是全国最大的乡村林场，曾多次受到上级政府和林业部门表彰奖励。

1976 年冬，中共敦寨区委组织全区的 9 个公社（敦寨、铜鼓、铜坡、九南、新化、隆里、中林、娄江、龙池）劳动力 6200 人突击一个冬天，连片整地 7000 多亩。在此基础上，1977 年 3 月 15 日正式挂牌成立乡村集体股份制林场——春雷林场。建场初始，设场部、林科班，下辖铜坡、钟灵、隆里 3 个分场，共有场员 135 人。建场后，以总场为中心，走横向联营道路，与周边乡、镇和毗邻黎平县高屯、鳌市两镇部分村、农户联营，成为全县最大的用材林基地。1991 年更名为“锦屏县春雷林场”。1992 年撤区并乡镇，春雷林场仍属敦寨、铜鼓、隆里、

① 原载《锦屏县志（1991—2009）》。

春雷林场水杉（2016 年） 隆里所村 供图

新化、钟灵 5 个乡镇联办。2000 年底，该场下属 3 个总分场，28 个分场，1 个护林点，1 个木材综合加工点，1 所子弟学校，场员共 133 人。总场设有董事会、监事会、党总支委员会、场部办公室、工会、妇代会。场部内设营林股、财务股、多种经营开发办、医务室、保管室、代销点、招待所。全场有林地面积 78000 亩，其中杉木林 67350 亩，马尾松 9500 亩，经济林 650 亩，楠竹 500 亩，活立木总蓄积量 35 万立方米。2002 年 5 月，被贵州省林业厅批准列为省级森林公园。

根据《锦屏县春雷林场森林经营方案》，1998—2014 年分成总股份为 175035.1 股，涉及资金 1763.39 万元。其中，隆里所村 862.92 股，涉及资金 11.134 万元；隆里所东门 2684.18 股，涉及资金 25.29 万元。

林场建立后即实行“以林为主，多种经营，全面发展，综合利用”方针，坚持“七结合”，即林粮结合（在造林地内套种粮食作物），用材林与经济林结合，林与水果结合，林、牧结合，林、药、食用菌结合，林、电结合，林与工、商、运输服务结合。2016 年全场有职工 220 人，林场场长由县林业局技术干部兼任，董事长由县林业局局长兼任。

◉ 商贸与外出务工

商贸 隆里所作为屯军驻守之地，农业生产条件优越，自古以来经济自给自足。在整个明代，其军户的职责主要是屯垦戍边，不准从事商业贸易。入清以后，隆里所由军转民，所中民众逐渐开始从事商业活动。隆里所南面4千米左右即为鳌市集贸市场，此市场在清康熙年间（1662—1722）即已形成。隆里所转成民寨后，曾多次与鳌市进行争夺市场的斗争。清代中期，隆里所人在西南角的校场（今隆里中学旁）开设集市，名为“兴隆市”。为吸引周边村寨民众，还制订“优惠政策”，如至今仍流传的歌谣：“先修十字街，后建鼓楼台。每人一碗粉，看他来不来。”但因周边少数民族民众多惧怕隆里人，来赶集者不多，1924年因兵匪劫掠而停场。1942年，隆里所由黎平县拨属锦屏县，在县政府的支持下，隆里集市复开，地点移至所城中心观音堂附近街道，逢农历一、六为场期。1946—1948年间，所内商人王德美在观音堂街侧开店经营副食杂品、日用百货，胡植松在观音堂东侧开店经营布匹绸缎和文化用品，王根发、江金川开设屠案。此外，还有人经营香、纸、炮、蜡、食盐、中草药等。但仍因周边民众忌怕隆里所人等原因，市场始终热闹不起来。1952年县政府整顿农村市场时，这些集市被取缔。

虽然城内集市兴旺不起来，但所城人从事小商小贩者亦多。农闲时节，人们多到附近鳌市、中黄、新化所、启蒙等集市赶“转转场”，也有从事耕牛、猪仔，或大米、食盐、土烟、辣椒等农副产品的长途贩运，其活动区域在黎平、榕江和广西富禄、八洛等地。1941年划属锦屏县以后，到锦屏县城（王寨）从事商业活动逐渐频繁起来。

对于民国时期的商业，1948年胡植高在《隆里所志》中载：

> 本所商业萧条，盖因地方偏小，且无水运之便，向虽有少数人经营小贸易，亦多不开设行号，仅以市利之物雇夫或自行肩运销售于湖南之靖县、广西之福禄、本省之榕江，易他货而归以趋利。至今二十年来，兵匪频仍，道途梗阻，盖以盐务公办，营小贸易者，竟绝迹。至三十一年，本所自拨归锦，虽有请令开设市场，然因邻寨太少，交易无多，虽有一二户开设店面者，亦仅有零星小货。至布帛、毛织、丝织等珍贵之货物，仍为住鳌市之湖南人售之，商业仍难发展，以期将来畅旺，商贾云集。

1951—1953年，县人民政府鼓励发展私营商业。此时期，隆里所的商业以私营为主，经营的商品主要有棉布、百货、副食品、烟酒、药材等，并经营屠宰业。1956年，全村私营商业者计15户19人，其中较固定的7人组成1个合作商店。1958年，成立人民公社时，又有部分个体户被吸收到合作商店中。1972年合作商店由贫下中农协会接管，为生产大队代购代销，个体工商户愈来愈少。1984年后，个体商业逐渐恢复，1986年发展至18户。1994年，县工商部门与隆里乡政府斥资在所城东北外公路边修建建筑面

隆里所城旅游商店（2018 年） 王宗勋 摄

积 400 平方米、有近百个摊位的农贸市场，欲招引周边乡民来赶集、进行贸易，但未如意。该市场空闲 21 年后，于 2015 年被撤除。

2016 年年底，全村从事工商贸易的个体工商户增至 128 户，从业人员 208 人，注册资金 128.5 万元，涌现出胡坤涛、张宗辉、胡雷清、陶松海、胡坤富、王大富、陈杰、王先友、龙运辉等一批较成功的个体工商户。2008 年，王先友在县和有关部门的支持下，联合当地种粮大户成立“友辉农机农民专业合作社”，与县粮食购销公司签订购销合同，承包外出打工农户稻田耕种，推广农机技术和良种技术，自购犁田机、大型收割机、微耕机、播种机、抽水机、机动喷雾器等农机具 17 台，除了承包种植外，还积极帮助农户犁田、收稻、插秧、抽水抗旱、防虫灾等。2009 年承包稻田 200 多亩，向国家和市场出售优质粮食 132 吨，被农业部授予“全国粮食生产大户”荣誉称号。

外出务工 1995 年以后，隆里所村陆续有男女青年外出务工。务工地以广东为主，江苏、浙江等地也有分布，涉及制造、采矿、建筑、交通运输、种养、商业、服务等多种行业。

隆里所人外出务工，一方面给务工人员及其家庭带来可观的经济收入，成为家庭主要的经济来源。另一方面使劳动者开阔了视野，提高了素质。2016 年，全村外出务工人员计 1730 人，月工资收入平均 3500 元。外出务工人员年收入约 7200 万元，占全村总收入的 60%。

◉ 教育

隆里所是今锦屏地区最早进行汉文化教育的村寨之一。明洪武后期，锦屏地区铜鼓卫建立不久后，朝廷即因“时卒伍只知习弓马，以挽强弩骑射为勇”“虑其勇而无谋，乃敕建卫学”，收“军事之俊秀”，“授以七史韬略，经略大义”。[①] 在明嘉靖（1522—1566）以前，龙里所内虽然设有族塾，收子弟读书，但因今黎平、锦屏等黔东地区形势不稳定，战事不断，龙里千户所军户疲于应付，读书者不多。加上当时包括龙里所在内的五开卫所属各所隶属湖广省，科考需赴1000余千米之外的首府武昌城，道途遥远，且有洞庭诸险阻，能赴武昌参试者寥寥无几，以致长期人才寂寥。嘉靖以后，黔东地区形势趋于稳定，龙里等千户所军户获较多休养生息。嘉靖二十五年（1546），贵州提学副使蒋信同情五开学子赴武昌应试路途太远，且有洞庭之险阻，奏请朝廷批准五开、平溪、偏桥3个今黔东地区卫所属诸所子弟寄学贵州，并从湖广省拨两个举人名额入贵州。五开卫及所属千户所寄学黎平府，就近参加会试。因贵州尚未设考场，遂赴云南参考。嘉靖四十年，朝廷批准五开卫设卫学。随后，龙里千户所子弟赴五开卫学读书，人才开始出现。6年后的隆庆元年（1567），龙里所王大臣赴云南考中第十七名文举，开黎平府科考之新荒。因嫌赴卫城（黎平）读书过远，为更多地培养人才，万历二十一年（1593），龙里人捐资创办龙标书院。此后，隆里所内人才蔚起。至清光绪三十一年（1905）废除科举，龙标书院和作舟馆共培养出进士3人（其中恩进士1人），举人19人（文举16人、武举3人），贡生74人；入仕为官70余人，七品以上21人。

进入民国以后，国家推行新式教育，龙标书院改办成隆里小学校。1951年以后，国家实行普及教育，绝大多数人家子弟都能上学。1958年以后开办初级中学，村内大部分学生能读完初中。1985年，隆里乡基本扫除文盲和实现普及初等教育标准，1997年实现普及九年义务教育标准。从2006年春季学期开始，隆里中小学享受国家全部免除学生学杂费，并对住校生实行补助的政策。2016年，隆里所内设有乡级完小1所、初中1所、幼儿园1所，适龄儿童入学率98.7%。

1951—2016年，隆里所村考取大中专院校者340余人，其中大专以上208人。

---

① 明《建铜鼓卫学碑记》。

书院学馆

龙标书院 龙标书院位于隆里所所厅街尾。始建于明万历二十一年（1593），因追慕唐代流寓诗人王昌龄，故将书院命名为“龙标书院”。龙标书院建在原千户所办事厅旧址，前后两进，每进各5间。前进正中一间祀孔子圣位，两楹祀先贤位；后进中为讲堂，两边为宿舍。清顺治六年（1649），龙里所城为郝永忠攻破，书院被毁。雍正三年（1725）三月，隆里所人张应诏以鸿胪寺少卿告官归里，以培养人才，训导乡里为己任，捐银三百两及木料，在遗址上重建龙标书院。书院建成，张应诏任首任山长，遂将自己所购置和皇帝所赠图书60余种2370余卷捐给书院，并主持编纂《龙标书院志》。重建后的龙标书院规模之大、藏书之多居时黎平府8所书院之首。因年久朽坏，乾隆五十年（1785），所人江瑶、王之杰等捐资重修，改成庭院式，陈万育任山长，设“时文”“古学”“蒙养四斋”等课程，学生人数达110多人。咸丰六年（1856），张秀眉苗军攻破隆里所，书院再度被毁。光绪二十五年（1899），王元恺、江龙照等倡首重修。光绪三十一年，朝廷废除科举改新学制，龙标书院开始教授新学。

龙标书院自明万历创办至民国后期，对隆里所人才培养和文化传承起到了十分重要的作用。300多年间，陈金铉、陶应瑞、王命官、王之臣、江南才、陈敬然、张云翼、陈宗儒、王文谟、张应诏、夏世鼎、王伟、王良佐、王家望、江有本、王师泰、王廷瑞、陶思进、陈万育、胡光熙、胡光朝、王之弼、王德元、胡之凤、夏国泰、胡元普、江文光、江化龙、王者香、江汝涛、张学渊、陶修教、杨万春、江高林、杨士荣、李荣春、王宗良、江金泽、王祖隆、王培义、张季华、张兴阶、陈嘉谟、江士林、王守良、江金诰、王植林、胡植高、胡植松、王绍禹、王世斌等担任过山长（校长）。

修复后的龙标书院（隆里小学）（2006年） 吴展先 摄

作舟馆 亦名“江氏作舟馆”，位于隆里所南城外下塘埂护城河对岸。清道光十八年（1838），所人江有本在外为官告老回乡后，为培养江氏家族子弟，出资修建，命其子江瑶监修。作舟馆主要讲授四书五经，教写八股文章，以应对科考，令子弟能出仕做官。馆生多经初级私塾到此继续深造，年龄偏大，有的已结婚成家，故称“大学生”。凡入馆就读者，每年向先生交纳一定的“束脩”（钱币或谷米）。自有作舟馆后，江氏子弟恩优岁拔，代不乏人。作舟馆不仅作为江氏子孙的学馆而流传，亦为促进隆里地方文化发展作出很大贡献。除江氏子弟就读外，只要“东家”与老师同意，其他人也可送子弟入馆就读，称“附馆”。

作舟馆前后皆荷池，由石板桥（云程桥）跨连，清咸丰六年（1856）被战火所毁，遗址已建民居。

隆里所历代贡生举人进士一览表

表 2

科第		朝代	年代	姓名	说明
贡生	岁贡	明	弘治年间（1488—1505）	王　恕	江南镇江府教授
				王　谟	江西新昌县主簿
				王　锐	江西丰城县主簿
				王　讷	直隶遵化县主簿
	拔贡		天启年间（1621—1627）	胡学戴	户部郎中
	岁贡			王命佑	广西腾县教谕
				陈素养	先后任江宁宁国府教授，后在广西、云南、四川、贵州等地任知县、知府，官至成都按察使兼布政使参议
			崇祯年间（1628—1644）	王命官	—
				王之臣	曾任江西南康府教谕
				王茂官	州同知
				王命召	—
				江群龙	—
				江南才	天柱县教谕
				王必昌	四川直隶达州大平县知县，敕授文林郎
		清	雍正年间（1723—1735）	胡之校	永从县学贡
	拔贡			胡公桂	永从县学贡
	岁贡			夏世鼎	—
				江自嵩	—
				王圣谟	—
				王文谟	—
				李佳品	—
				胡之爵	—

续表 2

科第		朝代	年代	姓名	说明
贡生	拔贡	清	乾隆年间（1736—1795）	王国璜	—
	副贡			江　镐	广西洲通判
				胡学璋	—
				江　灼	—
	岁贡			胡　溥	—
				胡　潜	—
				胡　泽	—
				董士华	—
				张其贵	—
				胡　沚	—
				王家望	—
				杨桢一	—
				王学中	—
				张显祖	—
				王槐秀	—
				江毓光	—
				王思敬	—
				胡　连	—
				江自山	由永从县学贡
	优贡			江龙光	定番州学正
	恩贡		嘉庆年间（1796—1820）	陈自明	—
				王有默	—
				陈其元	—
	岁贡			王清泰	—
				陈万育	—
				夏茂修	—
				陈竣道	—
				胡起珊	—
				陈志濬	—
				王　偱	
				江自湄	—
				江毓行	—
				江自岳	—
	恩贡		道光年间（1821—1850）	陈凤书	—
	拔贡			杨为桢	—
	副贡			胡之凤	—
	岁贡			胡元槐	—
				江　清	—
				胡光焯	—
				胡毓璋	—
				陈汝霖	—
	优贡			夏国泰	—

续表 2

科第		朝代	年代	姓名	说明
贡生	恩贡	清	道光	陈天瑞	—
			咸丰年间（1851—1861）	胡世凤	—
				李占先	—
	岁贡			江文光	—
	恩贡		同治年间（1862—1874）	江化龙	—
	岁贡			江汝涛	—
				胡承业	—
	恩贡			陈献略	—
				王文标	—
	岁贡			胡世升	—
举人	文举	明	隆庆元年（1567）	王大臣	与胡之（志）相（永从县人）同为黎平府开科举人，先后任云南大理府太和县知县、大理府知府等职
			天启四年（1624）	董三谟	陕西省山阳县知县
				王心一	山西顺天府宛平县知县，平阳府解州知州
			天启七年（1627）	陶明型	浙江嘉兴府通判
				王命恩	广西桂林荔浦知县。例赠修职郎
			崇祯元年（1628）	陶应瑞	广西藤县教谕。例赠承德郎
			崇祯十二年（1639）	郑其昌	广西桂林府推官
		清	康熙廿一年（1682）	张应诏	河间府肃宁县、顺天府文安县、扬州太安州、四川潼州知州、广东潮州知府、两淮盐运使、鸿胪寺少卿等11任官职
			雍正十年（1732）	王　伟	贵定县教谕
			乾隆廿四年（1759）	江有木	贵州平越府教授
			乾隆卅五年（1770）	王师泰	云南广通县知县
			嘉庆九年（1804）	王之干	山西高阳县知县
			嘉庆十三年（1808）	王之弼	戊辰科第三十名举人，敕授文林郎
			嘉庆廿四年（1819）	王德元	己卯科第四十名举人，敕授文林郎
			道光八年（1828）	王云鹤	戊子科第三十三名举人。先后任贵州施秉县教谕、威宁学政、江苏崇明县知县，敕授文林郎
			道光十五年（1835）	胡之凤	乙未科第五名举人，派任四川荣县知县 因咸丰六年被害，未到任
	武举	明	崇祯六年（1633）	江腾龙	《黎平府志》记载为汪腾龙，新化所人
		清	乾隆廿一年（1756）	陈　敏	丙子科第十名武举人，例赠武职郎
			乾隆卅六年（1771）	姚光烈	辛卯科第十五名武举人，例赠武职郎

续表 2

科第		朝代	年代	姓名	说明
进士	进士	清	乾隆卅一年（1766）	江有本	四川邻水县知县、顺天府知府、牧忠州知州
			嘉庆十四年（1809）	王之干	山西大同府知府
	恩进士		光绪年间（1875—1908）	江化龙	直隶分州知州

小学教育 清宣统二年（1910），龙标书院改办成初等学堂。1913 年，龙标书院扩大规模，更名为开泰县龙标高初两等小学堂（简称龙标高小），实行新式教育。学制初等四年，高等三年。开设国文、算术、珠算、历史、地理、修身、读经、乡党应酬、音乐、美术、体操 11 门课程，杨士荣为首任校长。此后，教育理念和教材使用开始发生重大转变，宣传民主和革命思想，成为学校教育的内容之一。学校还专门创作了校歌，激励学子发奋读书，报效国家。

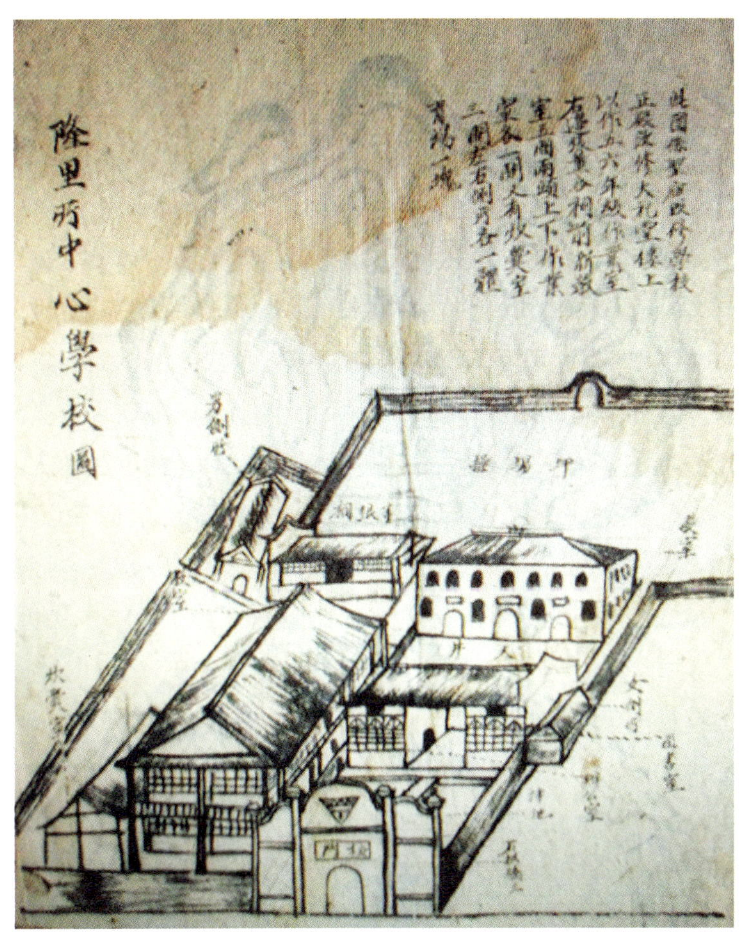

民国时期隆里中心小学校示意图（源于民国胡植高编纂《隆里所志》）（2016 年）
龙道炽 摄

1917 年，设国民小学校。1920 年，龙标书院内孔圣正殿因火灾而毁。同年，所人杨世荣、王用宜等组织捐资重修。1925 年改为黎平县立龙标高等小学校。1932 年改为公学，名为黎平县第二区隆里中心小学校，办一至六年级。1935 年改称黎平县隆里高等小学校。1937 年改名为黎平县立隆里中心小学校。因校舍损毁严重，1938 年校长胡植高主持重建。1942 年隆里乡改属锦屏县，学校改称锦屏县隆里国民中心小学校，校长江士林，有教员 5 人，学生 100 余人，分 6 个班，经费由县政府统筹。1949 年秋至 1950 年年底，因时局动荡，学校教学不正常。

1935 年，贵州省教育厅实施《普及边区义务教育计划》，黎平县指令张应芳（黎平人）在隆里所创办一年制短期女子小学。校址设在隆里所西门王家巷三公祠，设两个班，有学生 80 多人，教师 3 人。其中女教师有张应芳（兼校长）、张瑜 2 人，男教师有王家鸿。课目与普通小学无异。规定入学女生须剪辫子。短期女校开办 4 年后停办，大部分学生转入龙标小学，按成绩和年龄分别插班。短期女子小学实行免费教育，经费由省拨专款，学生课本笔墨均由学校免费供给。

此外，1938 年，隆里所“龙标大字号”筹办黎平县隆里民众学校，属农民夜校。18 ~ 45 岁男性青壮年农民均可报名就读。教室设在董公祠内，老师由隆里中心小学校老师兼任，课本为贵州省教育厅统一印刷的民众教学课本，只设“国语”“算术”两门课程。上课时间为每天晚上 20：00—22：30。1946 年复开办女子民众学校，教学与男校相同。至 1948 年，小学存有学田 80 亩，分布在栗子山、黄栗山、八开、寨崩等处，每年收佃户交来租谷 120 担。

1951 年春，县人民政府将隆里乡中心国民学校改为锦屏县隆里乡完全小学校，有学生 80 余人，教师由政府拨专款聘请。1952 年年底，有学生 120 多人，专职教师 8 人。1957 年改称为隆里小学，有学生 200 余人，教师 12 人。1967 年秋，学生增加到 350 人。因学生增多，原龙标书院内教室无法容纳，地方人士遂积极要求扩建学校。在隆里公社管理委员会的支持下，县教育局拨专款、隆里所民众捐赠木料和投工投劳，新建一幢四合院式两层木质教学楼，有 12 个教室。1969 年，隆里小学下放隆里所大队管理，公办教师下放回原籍教学。

1970 年后，隆里小学教育管理逐步走向正轨。1984 年后，隆里小学改称隆里乡中心小学。2000 年以后，隆里古城被上级政府列为旅游开发重点。因隆里小学校址是旧龙标书院，而恢复龙标书院又是旅游开发的重点建设项目。经民主建国会贵州省委牵线搭桥，香港同胞黄佩球及夫人阮禄安捐资援建隆里小学的资金于 2005 年到位。该工程 2006 年 5 月完工，同年 11 月 23 日举行竣工典礼。新建学校在隆里中学右侧，占地面积 260 平方米，建筑面积 650 平方米，共 3 层 10 间，有 9 个教室、两个办公室，总投资

45 万元，其中黄佩球夫妇捐资 13 万元，县筹 32 万元。新建教学楼为仿古式砖混结构。为感谢黄佩球夫妇的支持，隆里小学曾更名“球安希望小学”。

新建的“球安希望小学”教学楼于 2007 年投入使用，隆里小学的四、五、六年级迁至新教学楼上课，一、二、三年级及学前班仍在原校舍。2016 年，隆里小学有在校生 264 人，教师 16 人。

链接：龙标高等小学校歌[①]

洪钟山耸，龙溪水遥，杰地古龙标。少伯诗人，谪此已老，地固染风骚。南魁北榜辟荒草，董忠张廉相炳耀，蔚起多英豪。遗风同瞻仰，礼乐共熏陶，渊渊文薮贯今朝。民国初定，吾校始肇，亘古共坚牢。君不见，校前绿柳拂长条。又不见，池中碧荷映小桥，天然画本描。愿济济诸生毋忘前造，好把新知技术造。将来为民先导，为国服劳，定然振翼上扶摇。巍巍乎！郁郁诗魂，辉煌校舍当与日月永常昭。

学前教育 隆里所村学前教育始于 1980 年。当年 3 月，隆里小学设学前班，教室借用王家巷西王氏宗祠，占地 300 平方米，由隆里群众投工投劳维修，有教师 2 人。该班办学经费由县财政拨款，招收年满 5 周岁儿童，学费减免。1988 年改为幼儿班，时有学生 120 余人，分大班、小班各一个。课程有语言、计算、美术、音乐、绘画、体育、舞蹈和日常行为习惯等。幼儿班设备齐全，有教室 2 间、办公室 1 间、器材室 1 间、学生活动场地 180 平方米。教学器材有课椅、滑梯、摇摇马、三轮自行车、脚踏风琴、碰铃、锣鼓等，主要由省、州、县妇女联合会赠送。

1994 年 8 月 25 日傍晚，因西王宗祠一堵墙倒塌，课桌被压烂，幼儿班停办。2002 年 9 月在隆里小学继续开办，设大小班各一个，每年招生 50 ~ 60 人，每年有在校学生 110 ~ 125 人。2016 年，隆里乡办有幼儿园 1 所，开设大、中、小 3 个班。其中，中班设在华寨，大班和小班设在隆里所。

① 词作者：江士林。

隆里中学校园（2016 年）

初级中学教育

隆里民办农业中学　1958 年 9 月，隆里公社成立民办农业中学，使部分未能到县城读中学的小学毕业生能就地升学。校址设在南门上小街头江氏和王氏宗祠内。始设一个班，有学生 50 人，校长李德辉。教师的工资和学生的生活费均由村集体筹给，学生在教师带领下半耕半读。1961 年因经济困难解散。

隆里小学附设初中　1969 年秋，根据县教育主管部门的要求，隆里小学附设初中班，简称隆里附中。1973 年，初中部校舍被人纵火烧毁，3 个班学生分散在鼓楼、仓库、祠堂 3 处上课，管理混乱，教学质量下降。1975 年，由公社拨款和群众捐集木料、学生挑砖挑瓦，新建砖木结构教学楼，有 6 间教室和 4 个办公室，教学秩序逐渐恢复正常。

1979 年，为扫除青壮年文盲，在隆里小学附设初中挂牌成立“农民夜校扫盲班”，指派专职教师授课，隆里所青壮年踊跃参加“扫盲”。1984 年，县政府拨款 8 万元，全乡干部群众集资 12 万元，在隆里所西南龙溪边新建一幢教学楼。新教学楼为三层建筑，有 12 个教室。当年 7 月动工，9 月竣工。此后，初中部与小学部实行分开教学，一套班子管理，初中设 4 个班，有学生 146 人，教师 12 人。

隆里中学　1991 年秋，撤销隆里小学附设初中，建锦屏县隆里初级职业中学。同年，县政府拨款拆除简易教学楼和已成危房的龙标书院残余建筑，新建一幢有 4 个教室的平房，基本解决教室紧张问题。隆里初级职业中学虽名为“职业中学”，但并未开展

江滋根 摄

真正意义上的职业教育，与普通初级中学无异，故又称隆里中学。

2007 年 9 月，为便于管理，县教育局将隆里中学与隆里小学合并，实行一套班子两块牌子管理。2016 年，隆里中学有在校生 117 人。

◉ 文化　卫生　娱乐

文化　1950 年以前，隆里所人的文化生活形式主要有舞龙、唱汉戏、迎故事、唱书等。1951 年以后，随着物质生活水平的提高，村民文化生活也逐渐丰富多彩。

1953 年，县广播站开始不定期到隆里广播国家政策。1958 年春，县广播站在隆里所设广播喇叭。1973 年隆里公社配有播音员。1981 年，在县电影公司的帮助下，隆里公社在隆里所建电影院，不定期播放电影。1986 年，隆里所开始有黑白电视机。1990 年，县广播电视局在隆里建设电视差转台，所城人开始收看彩色电视节目。1991 年以后，电视逐渐普及。2000 年后，电视网络快速发展。2016 年，实现了家家有电视，卫星电视信号覆盖率达 100%，隆里所城和部分自然村寨手机网络 4G 信号全覆盖。

卫生　1950 年以前，隆里所的医疗主要是民间中草药，每个时期均有精通民间中草医药的医师，如康熙年间（1662—1722）的陈继周、乾隆年间（1736—1795）的陈大鹏，因医术高，获“神医”之誉。嘉庆年间（1796—1820）的陈之模，不仅医术高，且医德高尚，所人称颂至今。龙吾寨等周边自然寨也有较知名的苗医和侗医。

1946 年，县政府在隆里所设立卫生所，开始推行西医，向民众提供简单的防疫、治病等服务。同时要求做好环境卫生，隆里所第一、二保还雇有清道夫 4 名，每日清扫街道一次，每星期由一、二保组织各户大扫除一次。虽然如此，因医疗条件极差，加之民众生活水平低下，疟疾、霍乱、麻疹、丝虫病、地甲病等重大疾病不时发生。1951 年以后，人民政府加强农村基本医疗建设，隆里所的医疗卫生状况逐渐得到改善。20 世纪 60 年代，基本消灭了疟疾、霍乱、麻疹。1980 年又基本消灭了丝虫病和地甲病。2007 年后，国家实行新型农村合作医疗，隆里所全体村民均参加其中，享受医疗费用报销的待遇，看病难、因病返贫现象消除。2016 年，隆里所设有乡设卫生院 1 所、私营药店 1 家。

隆里所私营药店（2016 年）　　江滋根　摄

娱乐　隆里所的传统民间娱乐活动较丰富，除了需要人数支持的舞龙、唱汉戏、迎故事等大型活动外，其他少数人，尤其是青少年参加的娱乐活动，体育类有骑高跷、刹打地牯棒、卖笼扯扯、牵羊摆尾、放猫猫、打脚板、踢毽子、拣石子、打陀螺等，棋类有打三棋、裤裆棋、母猪棋等。隆里所人历来重博彩，农闲之时多乐于此，尤以正月为甚。传统博彩活动有字牌、麻将、牌九、花卉和虾子鱼崽宝等。正月初一至十五，除舞龙等大型活动外，就数博彩热闹，男女老少无不参与其中、谈论其事。其中最具隆里特色的为花卉博彩和虾子鱼崽宝。

村寨治理

军事管理　龙里千户所在很长时期里作为国家军事防卫机构，远离国家行政中心，深入少数民族聚居区，基本处在自治状态，从而形成特殊而有效的自治模式。在明代，龙里所人在朝廷任命的千户、百户等头领的带领下，按军事化模式进行管理，战时男子为兵，妇女提供后勤；平时全部为民，男耕女织。清代顺治时期由军转民后，隆里所人在地方事务管理上，依然沿袭明代模式，带有较浓厚的军事色彩，至今从舞龙等大型活动的组织上，仍可看见其痕迹。

民间“习惯法”管理 因自然和人文环境所致，长期以来，隆里所人形成了一些特有的良习，如大多数人以“耕读传家”为家训，要求子弟以读书为第一要务，以做官为至高荣耀。急公好义，传扬正气，遵规矩、重名节等成为所人的“做人标准”。凡有公益建设之事，无不踊跃乐捐；凡有集体活动，无不积极参与。在城防和交通、学校、寺庙等公益事业的建设和管理方面，只要有人倡首，则一呼百应、有钱出钱、有力出力。隆里所城内住户密集，消防形势历来严峻，故自古即有严格的消防灭火制度。一旦出现火警，所有人必须全力投入扑救，各户壮丁立即各拿挠钩、水枪，奋不顾身地往前扑救。妇女则取水传递，连连不断。任何人不得以任何理由躲闪，不得擅自抢救私人物品，不得以自己利益受损失为由阻止救火行动，更不得趁火打劫。如有人不救火而抢救私家物品，则将其所救出物品悉数投入火场；若有人趁火打劫，则予更为严厉的处罚。所以，所人扑救火灾之有力有效远近闻名，隆里所城内因而未出现重大火灾（除战争时期外）。

传统消防水枪（2016 年） 江滋根 摄

隆里所人可以无视城外人的批评，但却颇在意城内街坊间的议论，街坊间的议论成为一种“无形法律”。所城的东、南、西 3 座城门洞两边石板，既是人们休闲之所，也是人们评议裁判所城里大是小非之场所。凡在此处被大家批评的人和事，几乎成为“最高裁决”，人们无不遵守和改正。所以人们历来注重自己的修养，约束自己的行为，务求自己的行为符合城内的规矩，不轻易违犯，避免留街坊人以口实。在建造房屋上，尽量节约土地，不随意占用耕田，不占用公共街巷道路；不堵沟渠，不污染水井等。

在隆里所，自古即存在公益性组织，如清光绪时期（1875—1908），隆里所一批热心公益事业的人发起组建了公益性组织——“龙标大字号”（又称“龙标大众上”）。该组织系基层行政组织的重要补充。所有参加者均为地方上有威信的人。在“大字号”里工作的人，纯为义务，不收取报酬，其职责是管理隆里所地方公共财产、组织筹办重大迎送活动、开展诸如舞龙等大型文化娱乐活动等。1934 年 12 月中旬，中国工农红军长征经过隆里，该组织成员夏鼎元、胡汝相、陈胜华等即组织群众迎送，并为红军筹办粮草。

置于天井的太平缸（2018 年） 王宗勋 摄

此外，所内还成立有龙灯活动组织“天灯会”、教育组织“红仪会”等民间公益团体，对维护地方的安定团结和开展地方的公益福利事业，都起到了积极作用。

村规民约管理 1951 年，废除保甲制，将隆里所内原有的两个保改为一、二两个村，村下设村民组。同年，两个村分别建立农民协会，村民事务实行村民委员会和农民协会双重管理制。1952 年下半年，土地改革结束后，农民协会退出村务管理体制。1953 年，两个村合为一个行政村。同年，在隆里所发展中共党员，设立隆里所村党支部委员会。此后至 2016 年，村民委员会和村党支部委员会成为村寨建设和事务管理的组织机构，简称“村两委”。

1951 年以后，隆里所村的村务，是根据国家政策和法律，并结合本地的传统习惯进行管理，多次制订村规民约。在村规民约以及城内街坊间议论的规范和约束下，隆里所的社会秩序得到较好维持。

◉ 婚姻家庭

婚姻 在民国以前，隆里所人通婚范围较窄，大部分只在所城内以及在同为屯军后裔的新化所之间进行，而与周边苗、侗族村寨极少有婚姻往来。民国以后，才逐渐扩大到龙里司、新化司和鳌市等曾经的司属村寨。因婚姻圈子狭小，故所城内不同姓氏和不同来源的同姓之间，均可互相通婚。所城内人口最多的王姓，分为来源不同的四大支，因而也互相通婚。也因上述缘故，城内男子担心娶不上媳妇，多在年幼时即由父母作主，订“娃娃亲”，待双方长大成年后按礼规完成婚配。

一夫一妻是隆里所内的主要婚姻形式，但历史上也有些富有的或妇女不育的家庭一夫多妻。女方死后，男方可另娶。而男方死后，女方大多守寡终老，不另移嫁，尤其是军人妻子。所以，隆里所贞节烈女甚多，且多为军人之妻。清乾隆（1736—1795）以后，隆里所人常到黎平府申请对已故的贞节烈女进行表彰。获得批文后，其家人或亲族即为该妇女刻碑立坊。至今，隆里所内有史载可查的节烈妇女有 22 人。进入民国以后，妇女守节现象逐渐减少。

男子入赘到女方家者，称“倒插门”。此现象在隆里所较少，一般情况是女方家无兄弟而又富有家资，男方家兄弟多且家庭贫寒。

家庭 隆里所人在家庭分工上，遵循“男主外，女主内”的传统。过去，强调“多子多福”，一般人家都有不只一个儿子。在财产继承上，儿子为第一继承人。没有儿子，可在族中寻找继承人，一般顺序是亲兄弟—堂兄弟—更远的房族其他子辈成员。如子辈成员中无合适继承者，也有从孙辈中考虑。有女无男家庭可接继子承祧。

1950 年，国家颁布《中华人民共和国婚姻法》后，实行男女平等，禁止一夫多妻，隆里所村多妻现象消失。同时，国家推行新的民族政策，各民族平等。在此背景下，村人逐渐打破过去不与周边少数民族通婚的传统，与周边侗、苗族村寨通婚。20 世纪 80 年代初期，国家推行计划生育政策，“多子多福”观念逐渐淡化，村内出现了少数独生子女家庭和二女户。

◉ 村民生活

1950 年以前 在军屯时代，龙里所的军户根据军职高低享受国家分配的土地财产。除军官之外，普通军户之间无明显差别。不纳粮不缴赋税，自给自足。因土地（水田）充足，生产条件优越，基本上生活有保障。进入清代，屯政废除，军户转化为平民，土地财产允许买卖流转，村民之间拥有财产状况逐渐呈现差异。至 1950 年，隆里所村民经济水平整体上悬殊不大。富有者主要收入来源为土地出租和放高利贷，有部分从事木材经营和其他商品贸易。近半民户住窨子屋，70% 村民衣食无忧。大多数村民拥有房屋、耕地、山林、牲畜农具，但衣食上讲究节俭。贫苦者约占总数的 20%，这部分村民主要靠佃耕他人土地、出卖劳力维生，生活较为艰苦。

长久以来，大部分所民衣食无忧，加上有早起劳作之习惯，白天大多数时间，人们或聚坐在街边闲聊打牌，有部分人则秉持“耕读传家”的理念，在家里读书。因此给外人一种清闲自在的印象，此现象至今依然存在。

1950 年以后 1952 年实行土地改革后，隆里所村贫苦农民分得了土地、房屋、牲畜等生产生活资料，生活得到明显改善。1958 年秋开始的“大跃进”运动以及接下来1959—1961 年三年经济困难时期，粮食减产，人们生活普遍困难，但未出现饿死人现象。1962 年后，随着国家政策调整，生产秩序恢复，村民生活水平又趋回升。

1981 年春，村里响应上级号召，将农田按人口分到农户经营，调动了村民的生产积极性，加上水稻等良种的引进和推广，粮食产量迅速上升，大多农户粮食自给有余，并可将余粮出售，家庭生活水平不断提高。尤其是 1990 年以后，村里青壮年劳动力大量外出务工，家庭经济收入明显增加，生活水平不断提高。此后，大多村民在饮食上逐渐由吃饱转为吃好，讲究营养搭配；穿着由“一衣多季”变为“一季多衣”，年轻人大多着时装。2016 年，电视机、洗衣机、手机、电脑等家用电器以及网络基本普及，全村拥有汽车 120 余辆。由以往用薪柴煮饭到普及液化气、电磁炉、微波炉等。

隆里龙标文艺队表演的舞蹈“欢聚一堂”（2015 年） 县委宣传部 提供

建筑　旅游

隆里古城的每一座建筑，每一条街巷，甚至每一块石头，都蕴涵有独特的身世故事，记述着600多年的跌宕起伏、沧桑巨变。

至今保存下来的隆里古城，其建筑设计以军事防御体系为核心，集军事城堡和生活聚落的建设理念于一体，“亦兵亦农，能战能防”，整个城堡的建筑融入了浓厚的中原文化。至今保存的“三街六巷九院子”，是当初军事移民们从中原带过来的“乡愁”的载体。古城里的每一座建筑，每一条街巷，每一座桥涵，每一眼汲井，甚至每一块石头，都蕴涵有其身世故事，记述着古城600多年来的跌宕起伏，沧桑巨变。所以，隆里所被誉为“明代城堡建筑的活化石”。2013年，隆里所的古建筑群被列为第七批全国重点文物保护单位。这些古建筑，业已成为隆里所旅游开发的重要资源。

◉ 城防建筑

隆里古城的城内布局，是典型明代军事屯堡的缩影。整座城池近似正方形，周长1515米，南北宽217米，东西长222米，占地面积约5万平方米。在当时军事城防理念的指导下，其防御体系完备，设计周密，城墙的建筑、街巷的开设、房屋的布置，均贯穿有军事防御理念。街巷设置错综复杂，而且街巷的交接处均不建设成“十”字而建设成“丁”字形。开设东、西、南、北4道城门，其中北门大街有意不与东西主街相通，一旦发生战事，可用于转移人员。居民户后院均设有后门，户户连通，便于战时通风报信，且易于撤离和转移。城门设有内外两道，城墙外挖有城壕，城门架设可收放的吊桥，跨越城壕通往城外。城郊周围山坡上，设有军事营盘，为外围防御设施。种种设置，均为加强古城堡的军事防备功能。

城垣

隆里所城垣始建于明洪武十九年（1386），为土石夯成。因工程草率，建成不久即为大雨损坏。洪武三十年，所城被林宽部攻破。永乐二年（1404）派屯兵重修，景泰六年（1455）又被蒙能部攻损。天顺元年（1457）再次修复，用石料砌边，中间填土和乱石夯实，称为“石城”。城墙高4米，宽3米。清顺治六年（1649），城池为郝永忠部夷成废墟。顺治十一年，在陈素养等的组织下，所民对城池进行大规模维修。此次维修后的城墙周长1100米（330丈），高4米（1丈2尺），下部厚4米（1丈2尺），上部厚3.3米（1丈）。城墙东南西北4个方向分别设有城门，每座城门上均建有城楼，城楼上设炮台。咸丰、同治年间（1851—1874），城墙再次被张秀眉部攻损。进入民国以后，城墙逐渐被村民拆除作宅基地。至20世纪90年代末，仅存北门一段较完整。

新修复的城墙（2016 年） 王宗勋 摄

2003 年后，政府出资对部分城墙进行修复。

传说所城最坚固时有三道城墙，最外面一道城墙称“铁门坎”。至今保留下来的城墙基本为清顺治年间修复模样，东、南、西、北 4 面各设城门一座。东门名“青阳”；南门名“正阳”；西门名“迎恩”；北门名“安定”，闭塞不开，而在侧边开一牌坊状便门，供出入。四座门城楼上都设有炮台。康熙六年（1667），因隆里所“民化”为普通村落，炮台废弃，城楼改为祀神之用，故也称鼓楼。鼓楼均为两层阁楼式杉木建筑，四角飞翘，飞角下吊信风铃。东门城楼至今仍大概保持原来状貌。4 座城门均于 2005 年后由政府维修，基本保持原貌。

隆里所城的四道城门不但各有其名，且都依其位置特点挂有匾额。东门里边门楼上悬挂“瑞日先临”匾，南门里边门上悬挂“象启文明”匾，西门里边门上悬挂“俗美风醇”匾，北门为“闭门”，封而不开。

原来每座城门又在城门洞前方筑有一堵围墙，出此门洞后需转一个 90 度弯，再出一道门才到城外，此处称“瓮城”，也称“勒马回头”。如此构造，目的是起到抑制攻城者进攻速度、迷惑入城者路径的作用。敌人进入瓮城，守城军民则利用其特殊形势对敌实施“瓮中捉鳖”。现南门和西门仍保存原样。

隆里所的东、南、西 3 座城门洞还兼有民众议事场所之功能。平常，劳作之余，人们常聚坐在城门洞里议论国家大事和谈论所城里的新闻故事，这里是所城里最重要的舆论场所，被称为所城的“议事厅”。所城里无论多大、多复杂的事，拿到城门洞里由人们评一评、议一议，问题大多能得到解决。

东门　亦称“青阳门”，城楼挂“东屏巩固”匾。上原建有戍楼，清代改为鼓楼，用以祀神。光绪三年（1877）重修。2002 年再次修复，为三层四檐悬山攒尖顶式木质结构，翘角凌空，下悬风信铃。该门楼系隆里的标志性建筑。

东门城楼外（2017 年）　王宗勋　摄

南门 亦称“正阳门”，明代称“南厢重镇”。上原建有戍楼，清代前期改为鼓楼以祀神。光绪三年（1877）重修，鼓楼上原有关公、十八罗汉、观音等木像，1967 年被砸毁。2002 年维修。大门外两边砖墙上分别书写“南”和“厢”字。鼓楼为三间二层木质建筑，里边上方悬有“亘古一人”匾额。出内门后需向东南转 90 度再出一道门方到城外，俗称“勒马回头”。

南门外门（2016 年）　　江滋根　摄

南门内门（2018 年）　　王宗勋　摄

附 1：南门鼓楼碑[①]记

尝思莫为之前，虽美弗彰；莫为之后，虽盛弗传。我所夙名隆里，盖谓隆盛之里所也。古为龙标县，后改隆里所。在昔有武略、指挥、千户经纪其中。其地五马呈奇，山明水秀，双鱼献瑞，人杰地灵。以故贤哲代兴，人文尉（蔚）起。董山阳之捐躯报国，忠义天星，照天不夜；张鸿胪之洁己奉君，孝廉□志，掷地有声。科甲蝉联，南魁北榜，历历堪稽，是隆里实为开邑之光，而南厢尤为阖所之冠。望状元遗冢，矩步先型；开进士巍科，程指后学。而中乡试，夺经魁，以及冠□□□□□泮水胶庠，每多俊秀。凡此虽曰人事，岂非地运哉。至若祀神保民，警出戒入，先辈建有城楼，镌有圣像；有祀产义田，以供香火；有钟鼓音乐，以壮神盛。真香明烛灿烂，殿宇辉煌，焕乎巍乎，休矣美矣。讵料咸丰丙辰遭苗匪，而城为烬。继约本门再造，不意同治癸酉被回禄而楼成空。于是神乏祀供，民失瞻依，岂楼之可以不举哉。光绪丙子秋，爰约南方诸君子、众善士，始议于九月初旬，告成于十月八日。捐赀好善，里仁之美，不问可知复异。从此人敬神灵而民安国泰，广积心田，而礼耕义种。观风俗则关雎麟趾，会性理则鱼跃鸢飞。加以绣口锦心之士，鸣凤雕龙，更见胼手胝足之家。堆金积玉，仓廪有余，富贵而流长源远。故我所称“隆里”，不虚传也。诸君嘱愚短引，愚不敏，敢抒鄙句，以继源流事不朽焉。

恩进士候选直隶分州江化龙敬撰

廪生杨万春敬书　宝庆府石匠王义发　刊

（捐资人姓名及数额略）

大清光绪叁年岁在强围赤奋若夹钟月谷旦立

西门　亦称“迎恩门”，明代称“西溪金池”，上建有戍楼。清咸丰时被战争破坏，同治元年（1862）重修，2004 年再次维修。亦为两道城门，城楼为两层砖木结构。头道门前上方匾书“文教昌明”，后上方匾书“俗美风醇”，二道为瓮城。旧时接圣旨、谢皇恩及接送上级官员皆在此门进行。

① 碑高 1.8 米，宽 0.85 米，厚 0.12 米，碑立隆里所南门鼓楼脚。

西门（迎恩门）（2018 年）　　王宗勋　摄

西门瓮城（勒马回头）（2016 年）　　江滋根　摄

北门　亦称“安定门”，明代称“北方锁钥”，上建有戍楼，清代改为鼓楼祀神。咸丰三年（1853）重修，2004年修缮。北门楼上原有真武大帝神像，现存留“玄妙天机”匾额。门闭而不开，以求“藏风聚气”。旁开一侧门，门外挂“一道同风”匾。

北门外，闭而不开（2008年）　江滋根　摄

北外侧门（2018年）　王宗勋　摄

城壕 隆里所城建在平旷的田畴间。为了防守，明永乐年间（1403—1424）复建城时即在城外周挖有护城壕。清顺治维修后的壕深和宽各1丈，周长370丈，平时灌有水，故也称护城河。城门处设有吊桥与城外相通。现南门外尚存有一座架在护城河上的石板桥，名“云程桥”。

进入民国以后，因无人管理，大部分护城壕被村民填充并占用修建居房。东门外早已被填平，无护城壕痕迹；城东南外一段护城壕于清后期改为荷花池，民国后期被填埋，2013年恢复。

营盘 隆里所城的防御体系不仅体现在城内，城外也有设置。在城郊外周围山坡上，设有数个军事哨所，也称“营盘”，以作为外围的防御设施。平常派人驻守放哨，战时派兵驻防，以作为第一道防线，被敌攻陷后才退守城内。今隆里所东南约2.5千米处陡坳附近尚留有3处营盘遗址，即花营盘（亦称“正先锋营”）、黑营盘（亦称“副先锋营”）、中营盘。

给水排灌

作为军事城堡，隆里所城的汲水排灌体系的设计建设与城垣建设和街巷布局紧密结合，充分考虑了城防的需要。

给水 隆里所城所在为喀斯特地貌，地下水丰富，选择此处建城堡，亦系出于有地下水可供应之考虑，即使长期被围困，城内亦无缺水之忧。所城内给水主要通过吊井从下抽汲，故历来吊井众多，过去有“七十二姓人，七十二口井”之说。另外，有少数村民亦常用桶到两边山间汲取山泉，用以煮茶或熬煮甜酒。

排水 明代隆里所城修建时，构筑有较完善的给排水系统。排水系统根据主要街巷的布局，利用东南高西北低的地势，沿街道两侧掘有主干排水阳渠，并在观音堂、城南楼口、西丁字街3处修建石涵拱，上覆青石板，作为城内污水排入暗沟出城的总孔道，称为“内三拱”。居民的生活用水、雨水通过地漏排入青石板下的暗沟，进入街道两旁的沟渠，有的还与城外田坝间沟渠连通，最终都排入龙溪。连通城外的沟渠一律青石砌边，深约1米，宽约50～60厘米。城内诸排水沟渠皆不直接流出，而是要经过多处拐弯从北门流出，隆里人认为这样财富才不外流。尽管如此，城内却从不积水。至今，隆里仍流传有反映城内排水系统的民谣：“三街六巷九院子，外有三拱人不走，内有三拱人不知”。谣中的“外三拱”指城外非用于人通行的三座石拱桥；“内三拱”系指分别位于状元桥至回龙观之间（状元祠附近）、东门广场牌坊边和城东南“三道桥”附近的三处排水暗出口。因所在隐秘，极少有人知晓，平时作为排污通道，战时则可作为逃往城外的暗道。

600 多年来，尽管遭受多次兵灾，隆里所城的给排水系统却一直发挥着其独特的作用，这也是隆里古城神秘所在。

◉ 街巷

隆里所城内街巷布局有致，大小计有 30 条，总长 3530 米。条条笔直，宽窄相间，纵横交错，相互联通。主街道有 12 条，宽 5 ~ 10 米；巷道 18 条（段），宽 2 ~ 4 米。而且街道交接都不设“十”字而设“丁”字。因“十”与“失”同音；“丁”字则寓意人丁兴旺。所有街巷均为龟背形，用鹅卵石镶成动物、花草和钱币等图案，俗称“花街”。诸“花街”不仅是通行道路，而且也是艺术品，充满了生活情趣和文化韵味。“花街”路面平整干净，行走其上，无论雨天晴日均无泥水扬尘湿脏鞋袜之虞。诸街巷以东西南大街为主轴线，千户所衙署为结合点，四通八达，如一条条血脉贯穿整个古城。过去，城内有“三街六巷九院子”之说。“三街六巷”皆为城内著名的街巷。所谓“三街”，有两种说法，一指东西大街、南门大街、北门大街，另一指所厅街、张所街、仁寿街；“六巷”指钱家巷、王家巷、陆家巷、铁家巷、姚家巷、江家巷。

东门大街（2005 年）　　杨胜屏　摄

西门大街（2018 年）　　王宗勋　摄

隆里所城的街道辟设以后，数百年来，人们世代相沿，谨守规矩，从无人侵占寸尺，故至今的街巷基本上仍延续建城时的布局。

大街

东西大街　系一条东西走向、贯穿整座古城的笔直街道，为古城的中轴线，长 240 米，宽 6 米，连接东西两座城门，民居等建筑排列于两侧，并设有内环路通绕全城。此街分为东门大街、西门大街两段，两段以千户所衙署和观音堂一带为界。东门大街原名“正阳街”，后改为“光明街”，现名为“来龙街”。因从远处眺望，源自黎平城西南三什江蜿蜒而来的“龙脉”正朝隆里东门，故称“来龙街”。西门大街原名“迎恩街”，后改“节愍街”。“节愍街”因纪念明末“英烈”董三谟而得名。

南门大街　又称“南大街”“蜈蚣街”，民国中期曾改为“中正街”。从南门至千户所衙署与东西大街交会，长 92 米，宽 7 米，两侧皆为古宅。整条街道用卵石镶嵌成一条长 87 米的蜈蚣图案。蜈蚣身背宽 1 米，脚 56 支，每支脚长 2.5 米，头朝上面观音堂，尾朝下边南门口。南门大街镶成蜈蚣，有多种传说，其中之一是影射叛明降清的吴三桂。清顺治初年，朝廷废除明朝卫所制后，吴三桂派员到龙里所收缴千户所诸官印信，龙里居民遂由军户变为民户，失去了原有的“贵族”身份，故记恨吴三桂。因“蜈”与“吴”同音，遂整修蜈蚣图案街道，寓意千万人永远脚踩吴三桂，使其永世不得翻身。

南门大街（2007 年） 杨胜屏 摄

南门大街（2017 年） 杨胜屏 摄

北门大街 又称“北大街”“安定街”。全长 90 米，宽 4 米。此街有意不与东西主街相通，只辟较为隐蔽曲折的巷道与主街相连。北门闭而不开，仅在其东南侧开一便门供出入，目的在于“藏风聚气”，防“气”“泄”出，同时纳取东南面五骢山的龙脉气息。北门设有暗道通往城外，用于战时转移人员。每遇战乱，城内老弱妇孺则通过隐蔽曲折巷道转移至北门暗道，出城逃避。

所厅街 位于东大街北侧，为东西大街通往龙标书院的街道，街道西侧为原龙里守御千户所衙署，故名“所厅街”。相传童姓人最早到隆里地方居住，地理先生（风水先生）建议童姓先人铸铁锁相镇方可兴旺，遂得名“锁丁街”，后演成今名。此街系隆里所三大“名街”之一。

所厅街（2018 年） 王宗勋 摄

张所街（2016 年）　　江滋根　摄

张所街　又称永禄街、官街，因张姓百户居住而得名。后因此街出了隆里至今官职最大的张应诏，故又称“官街”。此街长 92 米，花街、古井、古宅保存完整。此街因出食国家俸禄者最多而成为隆里所的“名街”之一。

仁寿街　又称“鲍所街”“木马街”，也系隆里所“名街”之一。仁寿街是因此街段寿星较多而得名。相传，过去农历六月间，官街的人常晒官袍、官帽以显示地位，此街的人则晒长胡须显示长寿，以求心理上的平衡。其实此街也并非只出寿星、不出官员，黎平府“开科”举人王大臣即系此街人。至于“木马街”一名则有一段传说故事。

仁寿街（2016 年）　　江滋根　摄

链接：木马街的传说

木马街头有一座关帝庙，供奉着关公和孔明像，关公手拂美髯长须，孔明手摇羽毛扇，端坐于龛台上。周仓手执大刀，关平牵着木马站立两旁，所城人常带着求福、求子、求平安心情前来祭拜，香火不断。

传说，关平牵的木马是一匹神马。在西门外大园子里给财主家守菜园的帮工经常看见一匹马到菜园来吃菜吃草，菜地被糟蹋。主人发觉后，痛责帮工看管不好，帮工讲明原委，财主半信半疑。为弄清究竟，主人来一起守园，果真看见一匹马来菜园吃菜，两人随后跟去，想看究竟是谁家的马。主仆二人在后面不远处紧盯，那马四蹄闪闪发光，进西门口后折过仁寿街进入关圣庙。主仆二人跟进庙里，却不见马匹，但发现龛前掉落残草菜叶，龛前木马缰绳在关平的手处脱落。主仆大惊，慌忙跑出庙来。随后，关公庙中的木马骑便成了“神马”，此街就被称为“木马街”。

王家巷（2018 年）　　王宗勋　摄

下小街（2018 年）　　王宗勋　摄

桂花街　位于南门大街西侧，因街边植有桂花树而得名。此街是隆里所城中传统面貌保存比较完整的一条小街。

巷道　隆里所城中有 10 余条连接大、小街和民居的巷道，诸巷道大多以两侧居住的姓氏命名。其中较有名的巷道有 6 条，也即“三街六巷九院子”的“六巷”。“六巷”分别为：位于南门的江家巷，位于西门的王家巷，位于南门城外的陆家巷，位于南门城外龙门上的铁家巷，位于东门大街的姚家巷，位于南门城外下塘埂的钱家巷。此外，还有南门两侧的上小街和下小街等。这些街巷，至今大多保存完好。

◉ 传统民居

民居概貌 明永乐二年（1404）重建龙里千户所时，根据军事城堡建设要求，对整个所城进行统一规划后，按军户官职高低，“度地授基”，建设房屋。故民居布局整齐有序地排列在街巷两侧，一户挨着一户，严密紧凑。在建筑上，江南院落、北方院落、徽派建筑、闽南建筑甚至周边侗族、苗族建筑元素融集于一体，形成了多元杂合的建筑风格。

房屋的高层普遍为两层。普通人家为单栋，横面 4 柱 3 间总长约 10 米，进深 5 柱约 8 米，中间厅堂，两侧厢房。建筑上采用穿斗式人字形坡顶结构，盖小青瓦，有的外围砖墙或泥石墙。富贵人家的房屋则多为院落式，一院一户。院落有大有小，大者有两进或三进。两进房屋，进大门穿过前屋即是一方用青石板铺就或鹅卵石镶嵌的天井，边上置有用雕有精美图案的青石板拼成的防火缸（亦称太平缸“金鱼缸”）。天井后面再起一幢三间房屋，作为正房。三进房屋设有两方天井，后面还有菜园或花园。屋顶青瓦兽脊，中间勾勒宝顶，屋檐出水向外挑出 30 厘米。房屋两侧有封火马头式砖墙，墙顶盖青瓦，檐角飞翘。墙上部用石灰粉饰，彩色花纹框边，框内彩绘花草或山水人物图案，屋脊则浮雕或镂空雕龙凤花草，“文化大革命”中多数被毁。房屋前面普遍修建有门楼，门楼上方为凹框匾额，书写主人姓氏、郡望堂号，如“三槐第”“颍川世第”“济阳第”“关

古城民居（2008 年）　　乔启明　摄

西第”等，多数人家后进屋的侧墙设门与邻居相通，遇战乱或盗匪时可互相联系或逃走。

四合院房屋的设计和布局保留着明代中原地区风格。自外而内，为前屋、正屋、后屋格局，房屋均以四合天井相接，天井两旁为厢房。临街巷者，宅基均高出街面约一米，门前为三步青石台阶，两侧设座石。大门的柱、槛、横眉均为青石块构成（官家还设为“八字门”）。门框上方是匾额，书写主人的郡望堂号。大门前左右设石礅，供临街休息。三进房屋，头进是厅屋和书房；次进为卧室等起居用房；三进为厨房、仓库等生活用房。有的三进房屋从街上一眼可望穿院子，看到中堂。

房屋的建筑材料均用本地优质杉木（少数松木），造型朴实，不用钉铆。榫头等构件图案以象鼻榫头（寄寓封侯拜相）为主。一楼所有窗格和二楼当街一面的窗格均雕有精美的花草和鸟鱼等图案。一楼的中堂布置庄重典雅，正后壁设有神龛，供“天地君亲师位”，神龛前摆置方桌，桌周边和中堂两侧摆有靠椅或条凳等。此处是家庭重要会议和宴请重要宾客的地方。

过去，隆里所民谣“三街六巷九院子”中的“九院子”，即指隆里所城内 9 幢著名的院落。“九院子”有两说：一指位于北门的金院子和银院子、位于南门城外左角的胡家院子、位于东门大街的姚家院子、位于东北角的陶家院子、位于底下阴街头的艾家院子、位于西门鲍所街头上对嘴家的鲍家院子、位于龙标书院正右边的童家院子、位于龙标书院正门左边的王家院子。另一说，指金院子、银院子、姚家院子、艾家院子、位于所厅街尾的苏家院子、位于南门城外下塘埂的钱家院子、位于南门城外龙门上的陆家院子、位于南门城外龙门边的铁家院子、鲍家院子。除金院子和银院子至今仍较完整地保

西门大街（2014 年）　　杨胜屏　摄

陶家院子（2016 年）　　彭泽良　摄

存原貌外，其他七个院子均早已旧貌换新颜。至今，此类院落式房屋尚存有 12 幢，其中以城东北的陶家大院最为典型。

典型民居

陶家大院　俗称五柳堂，位于古城东北角，系清末木商陶民哲所建私宅，至今为其后裔居住。该院是隆里所城中保存完好、较有代表性的古民居。

房屋为坐南朝北四合院三间两厢型建筑，宅门朝东，以接“东来紫气”。四周围封火墙，天井镶青石板，面临天井的窗扇雕刻有精美鸟兽花草图案。天井前面建有门楼及防火石缸。堂屋大门上方悬挂烫金牌匾“广厦华居”，堂屋后壁设神龛，供“天地君亲师”牌位，对面设书房，墙上绘“天官赐福”图，两侧书对联：“双双瓦鹊行书案，点点杨花入砚池”。二楼为跑马楼。堂屋两边为厢房，上窄下宽的等边梯形木漏直通屋面，盖亮瓦，较好地解决了室内采光问题。屋内家具陈设完整，诸家具加工工艺亦颇精良，整座建筑装饰格调典雅。

科甲第　位于南门大街，始建于清乾隆年间（1736—1795），重建于 1913 年。原为江姓住宅，现由杨、江两姓居住。属三间三进院落式房屋，四周围封火墙，粉墙黛瓦，墙角飞翘，墙上绘花鸟虫鱼人物彩画。天井镶青石板，置有玲珑凿就的防火缸，屋后有花园。因族人江有本系进士出身，官至知府，其后裔将堂名取为“科甲第”，取科甲隆盛之意。至今整体保存完好。

开科第　位于古城桂花街尾，系隆里西王氏老宅。其先祖王大臣明隆庆元年（1567）中第17名举人，是隆里所开科举人，其后裔取堂名为“开科第”。其建筑风格均为翘角马头墙、八字门。2016年，仍有5栋房屋保存完好。

三槐第　隆里所城中4支王姓郡望均称“三槐第”（传其先祖王佑官至监察御使，因其在庭中手植三株槐树，遂以“三槐”为号）。旧时，该王姓所居多为院落式。2016年，尚存十余栋。

指挥第　在隆里所城西门大街。隆里所城4支王姓之一的东王始姐王胜因军功获封“指挥使”。明永乐二年（1404），朝廷从五开卫“拨军下屯”，重建龙里所，王胜后裔拨驻龙里，所建之宅遂称“指挥第”。后其堂号亦名“指挥第”。

书香第　位于隆里古城南门大街。始建于清乾隆年间（1736—1795），原为江姓人宅第，1952年土地改革时拨给胡、杨2姓人居住。该宅第为三间三进两天井，堂屋窗格为格式花窗，门前放有一对石锁，錾刻有“连中三元”“连升三级”字样。天井间防火缸壁镌刻有古代剑、戟等兵器，作为习武人家的象征。大门门板用坚厚木材制成，十分牢固。门后地面安有青石凿成的顶门槽。屋角备有顶门杠。此宅第是隆里所的典型古民

科甲第（2018年）　　王宗勋　摄

三槐第（2018年）　　王宗勋　摄

指挥第（2016年）　　江滋根　摄

书香第（2018 年） 王宗勋 摄

济阳第（2016 年） 江滋根 摄

苏湖世第（2016 年） 江滋根 摄

居之一，具有文物价值，至今保存较好。

此外，魏王氏堂号亦为“书香第”，其族姓大门上多书或挂有“书香第”匾。

济阳第 位于古城南门口和南门外，为江氏宅第。江姓远祖居于河南正阳，南北朝时避居山东济阳府，故郡望称“济阳”。明洪武十四年（1381），江通由山东济阳府金鳌山奉命带军南征，后被任龙里守御千户所指挥，定居龙里，遂以“济阳第”为堂号。民国以前，南门口江姓居宅称为“花屋”，亦称“儒林第”。2016 年，“济阳第”老宅仅存 5 栋。

苏湖世第 位于所城北门安定大街，系隆里所胡姓宅第。胡氏远祖居江苏太湖，明洪武年间（1368—1398）“调北征南”时，胡氏先祖胡海从安徽随军征至五开卫，后奉派镇守龙里守御千户所，授镇抚职。其郡望遂取名为“苏湖世第”。

关西第 位于所城南门口附近及南门外，系杨姓宅第。其始祖汉朝丞相杨震，一生为官清白，天下士子多愿归其门。因杨门世居关西，杨震自称“关西夫子”，“关西”“弘农”“清白”遂为杨姓郡口。隆里所杨姓先祖杨钟秀明洪武时从江西从军征五开，镇守龙里千户所，授千户职，遂以“关西”为其堂号。

雁门第 位于古城内所厅街右侧，系童家祥住宅。坐东向西，占地面积 254 平方米，建筑面积 280 平方米，该宅由大门、门厅、天井、正堂、厨房、后院组成，封火墙围护。

关西第（2018 年）　　王宗勋　摄

家本在身（2018 年）　　王宗勋　摄

始建于清末。由于年久失修，至今墙基下沉，部分墙体坍塌，木构架已糟朽。

家本在身　位于古城内张所街，为王子良住宅。该宅坐西朝东，为两进两天井合院式建筑，占地面积 151 平方米，建筑面积 120 平方米。始建于清末，2016 年仅存前厅及两侧封火墙，正房及后院地基已被改造为现代水泥地面。

颍川第　位于城内张所街左侧，系陈殿元住宅。坐东向西，占地面积 410 平方米，建筑面积 230 平方米，由大门、门厅、两厢、正堂、厨房组成，筑土墙围护。始建于清中期，由于年久失修，部分墙体坍塌，木构部分已糟朽。

槐堂世瑞　位于城内东大街左侧，系王跃安住宅。坐南向北，墙体高 6 米，长 20 米，为当地工艺上乘的建筑。始建于清末，2016 年墙体倾斜，木构架完好。

◉ 宗祠

隆里所城内先民大多来自中原和江南各地。明代万历以后，各姓氏纷纷建起自己的宗祠。

隆里所的宗祠，基本为徽派建筑风格。至今保留比较完整的有 5 座：龙王氏宗祠、所王氏宗祠、西王氏宗祠、江氏宗祠、陈氏宗祠。这些宗祠，规模宏大、轩昂壮观。宗祠前面牌楼建筑讲究，每座牌楼都饰成一幅大壁画，大门及牌楼均书有对联，或一副，或二至三副，记述了该族迁徙的历史和对后代的教诲。高大、雄实的封火墙，宽大的四合院天井（青石块铺就），两侧有厢房，开间大、屋宇高、进深远，屋面宽敞，正屋壁上供奉本族祖先的牌位。宗祠两侧封火墙顶部均为马头墙，顶盖青瓦，飞檐翘角，有凌空欲飞之势。

1952 年土地改革时，大部分宗祠被分配给困难户居住。1970 年以后，宗祠内诸住户陆续搬出，宗祠遂由族人管理。2003 年以后，王氏、江氏、陈氏 3 座宗祠，由国家拨款及族人集资的形式，对其牌楼、围墙、墙绘、地坪及祠内木构等进行维修，并将各家族的迁徙、人物等史料列展其中。另有胡氏宗祠损毁严重，有待修复。

龙王氏宗祠 位于南门上小街头，与江氏宗祠相邻。三间两进一天井，外筑封火墙，天井铺青石板，通面宽 12.7 米，进深 22 米，由牌楼、过厅和正殿组成，占地面积 299 平方米，建筑面积 144 平方米。祠门为牌楼式，雄伟高大。正面牌楼与墙体连为一体，仿四柱三间三楼牌坊而建。匾额上竖书“龙章宠锡”四个大字，左右分别书“敦伦”和“饬纪”。该祠始建于清代中期，其主体建筑至今保存。2005 年，对正面墙进行了修缮。

修复后的龙王氏宗祠（2016 年） 江滋根 摄

西王氏宗祠（2016 年） 江滋根 摄

西王氏宗祠 位于城西王家巷，系王大臣的本家祠堂，俗称“九公祠”。始建于明万历年间，清咸丰六年（1856）被毁，同治年间（1862—1874）重建。该祠占地面积410平方米，建筑面积230平方米。三间二进，由山门、门厅、天井、正堂、后院组成，封火墙围护，两侧砌观音兜凸弧状山墙。木构为穿斗式建筑，抬梁硕大。祠前为青石台阶。因20世纪80年代曾作为学校校舍，内部有所改动，但整体保存较好。2003年，由国家投资和族人集资对墙体进行了加固处理。2014年，县政府通过向世界银行贷款筹资，对隆里古建筑群进行修复，西王氏宗祠因而得到全面修复。

所王氏宗祠 位于城西王家巷内，占地面积391平方米，建筑面积210平方米，为封火墙围护厅堂式，三间二进内天井，祠门为牌楼式，高大壮丽。大门上方牌楼顶部牌绘5株大白菜，取意为“百财”、富有、吉祥。5棵白菜看上去又像青菜，又寓意要族人“清清白白”做人。大门两侧有3副对联，记述该族迁徙历程以及对后代的训导。天井有两块碑文，记述“所王”一族的历史。房屋结构为抬梁和穿斗混合式。该祠始建于清代中期。2003年，对墙体进行了加固处理。2014年，该祠与西王氏宗祠等由政府投资，得以全面修复。

所王氏宗祠（2016年） 江滋根 摄

附 2：三公祠碑序《创修宗祠序》

宗祠之修，所以明礼乐，此昭穆之序，尊卑长幼之节，此皆自此生焉。古之元首七庙，诸侯五庙，大夫三庙，要皆以时致祭，尽如在之诚。《风》有采繁采蘋，《雅》有行苇泂酌，昭忠信也。溯吾鼻祖上命公，自明入所，其先源流世系，远不可考，文献不足故也。自上命公以降，分流三公：孟公体仁，仲公志仁，季公修仁。吾叔凤仙，孟公之后也，天生美质，未尝学问，而深明大义，勇于公益。见宗室丘墟，兴嗟周道，毅然有创修之志，而又万无资斧。至清光绪十三年之冬，开始召二公后洪恩、三公后盛恩相告曰：祠堂未修，纪纲未立也，教化未兴也，先人祀典未荐，后嗣更忘其祖也。按公出银二十两，以为基本。叔又出纳经理，金钱起色，祠即胚胎。相此未几，承恩兄青年食饩，抑又名贡天朝，家霖、家骥、家兴相继游泮，衣冠文物一时盛焉，不得谓非诚之感也。吾叔有志未逮，七旬归店。承恩兄克承父志，除置祀产、逐年祭费外，积成子母三百余金。其子家霖又能辉煌祖志，创建祠堂，雇工匠，经始于甲寅年之春，夏初远游江左，盖亦寻源脉，溯风意也。既归，于几就荒，鞠为茂林，复与家骥锐志经营，求大木，开工厂，平基址，定方位，就绪经理。又得家钦、家俊同力襄赞，交相进行，是皆能成先志者。后因经济日穷，诸人气沮，得家齐乐输巨款。盛恩兄义助家霖，放荡不羁，有季良风度，惟创祠一事，志类沉舟，夙愿匪懈。经三年而殿宇告成，其志亦伟矣。但前无凤仙公以植其基，后无家霖无以挥其志。若祖若孙后，光辉映灿，潜德幽光，其尤难没矣。荣流处铡，南避秦击。游王火山之泪，传乾杜陵之歌难歇。比见兹家庙，喜制度得宜。流连之久，正直功竣筵开，长幼咸集，诸兄嘱托序事。荣不敏，敢述颠末，昭示来兹。俾知事有终始，又能修其孝悌、忠信，入以事其父兄，出以事其长上。荣禁翘跋而望之也。故曰：宗祠之修，所以明礼乐也。是为序。

族裔荣恩谨撰

修祠捐款：盛恩钱一百千，又捐红土坎田六丘二十石；齐家钱三百六十千，捐账项银二百三两，又捐风树弯乌椒潭二处田二丘约二十二石；承恩钱三十千，又捐小坝上田一丘约十二石；家钦钱十二千；家俊钱八千；王汇氏钱一百千。

旧有田：羊艾大道边田三十石，黄断扛外坎田十五石。

江氏宗祠　位于城南门上小街头，与龙王氏宗祠并排。该祠坐北朝南，外围为封火砖墙，墙底部用青条石作基础，墙端为马头式。通面宽 11.2 米，进深 22 米，占地面积 246 平方米，建筑面积 160 平方米。由牌楼、过厅和正殿组成，正面牌楼与墙体连为一体，装饰精美。大门上方有“江氏宗祠”匾额，牌楼上有“岁寒三友”松、竹、梅彩绘。牌楼脊顶塑有双鱼摆尾，嬉戏风火球。祠内木屋结构为穿斗式“人”字形屋面，上盖小青瓦，天井青石铺垫，朴洁大方。祠内陈列有 5 块碑，记述江姓家族简介及族人捐资修建祠堂等事。此祠始

江氏宗祠（2016 年）　　江滋根　摄

江氏宗祠祭祀厅（2016 年）　　江滋根　摄

建于清康熙年间（1662—1722）。1920年重修。2014年，通过政府投资，此祠得到全面修缮。祠内陈列有江氏家族的族史资料。

南门外中间街边曾有一座“本公祠”，光绪年间（1875—1908）江氏晚房[①]所建。现已改建成民居。

陈氏宗祠 位于城内西门大街南侧，最早由陈姓名人陈素养于清康熙年间（1662—1722）组织修建，乾隆年间（1736—1795）陈姓族人重修。宗祠后部，是乾隆时期由武举陈敏将其私宅合并而成。

该宗祠坐南朝北，面向大街，祠内厅堂则坐东朝西，占地面积354平方米，建筑面积274平方米，通面宽13米，进深24米。由牌楼、大门、门厅、天井、正堂组成，周边有封火墙围护。从大门而入，依次是耳房、天井，再转弯才是正屋。如此构造，在清水江下游地区宗祠中不多见。祠门牌楼构造华美，线条流畅，气势宏伟。宗祠内保存有“节著龙标”节孝碑。2003年，对牌楼大门进行了维修。

◉ 寺庙

在隆里所人信奉较杂，城内外曾先后建有16座庵堂庙宇，城外有5座，城内有11座。城内各街区都建有寺庙，城中心观音堂处有大庙，大庙右侧有城隍庙；东街头有文庙；西街头有武庙（关帝庙），武庙侧为魁星楼；西北有玉皇阁；西南角有二郎庙；东鼓楼旁有飞山庙；东南角有五显庙；等等。隆里所诸寺庙供祀的神祇有玉皇大帝、真武大帝、文昌帝君、赵公财神、关圣帝君、孔夫子和观世音菩萨、十八罗汉、普贤菩萨、地藏菩萨、九子娘娘、魁星、三官、五显、二郎神、太白金星，以及湘西黔东一带人文始祖“飞山公”杨再思等。至20世纪90年代，诸庙观大多已不存在。

真武寺 真武寺位于隆里东北面状元桥头洪钟山顶上，亦称真武观、真武庙。既是道观，也是佛寺。因建有真武寺，此山亦名真武山。寺庙四周古树参天，系游览及避暑之地。由状元桥头“万人碑”旁缘盘山鹅卵石小径上行约200米即到达山顶。从山顶往南眺望，位于田畴中间、山环水绕的隆里古城一览无余。旧有“洪钟松涛”之名，系古“龙标八景”之一。

---

① 晚房：方言，指兄弟中年纪最小者后裔。晚，音读“mǎn”，指最小。

真武寺（2016 年）　　杨胜屏　摄

真武寺始建于明万历二十四年（1596）。清乾隆、道光和民国年间以及 20 世纪 90 年代曾多次重修。2014 年，县政府通过向世界银行贷款，对真武寺进行全面修复和亮化，并修建了观景台。该寺占地面积 230 平方米，砖木结构。从小门进去是天井，进门左边是“听涛轩”，与“听涛轩”隔天井相对的是真武大殿。前庙门两边一副对联：“从陇头桥头而来，头头是路；看山色水色以往，色色皆空。”横匾“胜似仙境”。大殿堂前第一对柱上书联：“降妖服孽皆余事，佑国庇民实大功”，梁上横匾书“保境安民”四字。神位上供奉真武大帝和千手观世音。寺内香火旺盛。每逢农历二月（其他地方是三月）、六月和九月的十九日，香客纷纷前来祭拜，十分热闹。

信众在真武寺祭祀（2018 年）　　王宗勋　摄

城隍庙（2016 年）　　江滋根　摄

观音堂（2016 年）　　江滋根　摄

城隍庙　城隍庙位于所城中心原龙里守御千户所衙署旧址、所厅街与东西大街交接处、千户所署衙东侧。始建于清代，祀城隍九子娘娘。2011 年修复。

观音堂　观音堂位于隆里古城东西大街交接处、千户所衙西侧。始建于康熙八年（1669），咸丰六年（1856）被毁。2011 年复建。

飞山庙　飞山庙位于古城东鼓楼南角，祀地方神祇杨再思（亦称“威远侯”“飞山公”）。清代中期为杨姓所建，占地面积约 60 平方米。2015 年复建，尚未有神像和神台。

关圣庙　关圣庙又名武庙、木马庙、关圣宫。位于城西北角鲍所街尾，清代中期修建，占地面积约 80 平方米，四周砖墙，悬山顶木结构，小青瓦屋面。祀关公（关羽）及其坐骑。2011 年修复。

二郎庙　二郎庙又名“清源宫”。位于所城西南角下小街与张所街的交会点。康熙十一年（1672）由城内陈姓族人修建，祀二郎神君。传说清初，陈姓族人陈素养在外为官时曾得二郎神君显灵保佑。2008 年，县文广局筹资予以小规模修缮。2012 年复建，占地面积 68 平方米，为三间二层砖木结构。

飞山庙（2016 年）　　江滋根　摄

◉ 古井

隆里所周围森林茂密，故地下水资源丰富，且易于采汲。清顺治之前，隆里所城中人口稠密，吊水井密布，有“七十二姓人，七十二眼井”之谓。2016 年，尚存 15 口。诸吊井或在大街旁，或在小巷深处，或在民家院落中。其深度或三四米，或十余米。形状多为圆形，井壁则用河床石砌成，井口分别高出地面 50 厘米至 1 米不等，井台铺青石板，井口圈石亦用青石精心打就。因长期踩踏搓磨，井边和井沿石光可鉴人。

至今，城中保留较好的古井有董家坡吊井、大庙吊井、张所街吊井、二郎庙吊井、木马街吊井、桂花树吊井、鲍脑

关圣庙（2016 年）　　江滋根　摄

二郎庙（2016 年）　　江滋根　摄

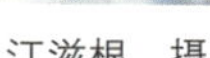

古井口（2016 年）　　江滋根　摄

古吊井改装成压水井（2016 年）　　江滋根　摄

上吊井、北门双燕井等。

此外，城外周边山田间还有众多山泉井，东门外有泉远井、绿豆井、碟子井、山远冲井、干田冲井、红土坎井、高坡冲井；南门外有马田井、马蹄井、椇木井、樟树井、姑娘冲井、梨子树冲井、乘凉坝井、磨刀坝井、后坡冲井、双鸳榜井、马背井；西门外有号形冲井、对门江椇木井、和尚井、打岩冲井、大冲榜井、龙午冲井、擂钵井、烂塘井、七岔冲井、付瓜山井、归凤井、梧桐树冲井；北门有寨戈冲井、矮坡冲井、吴田冲井、新寨冲井、胡家镫井、贺家大冲井、童家坟井、跑马坪井、栗子山井、真武山井、老见冲井等。

隆里所的军事城堡作用消失后，吊井的作用相对减弱。随着历史的发展、人口的增加，吊井或被弃用，或被填平。20 世纪 80 年代以后，多数人家安装了手压式汲水泵。2004 年，在县水利部门的支持下，从城外引进了自来水。至今，隆里所城内居民一般不饮用吊井水，只用来洗濯，饮用水大多用取自城外泉远井。

董家井　董家井位于城内西大街与东大街相接处，为过去董三谟家专用井。截至 2018 年，是隆里所城中保存最好的古井之一。

马蹄井　马蹄井在所城东南方向约 2.5 千米处，旧时通往黎平府城的古驿道从井家经过。此井圆明如镜，岁旱不竭，水质清洌甘美。此井由来有两种传说。

一说，当年汉关索随诸葛亮南征路过此处，兵渴马乏，其坐马不愿走。这时，半山石壁中忽然有一股清泉喷涌而出。坐马见状，用脚蹄刨成碗口般大小的小坑，就在坑中饮水。后人称此水坑为“马蹄井”。另一说，陈敏于乾隆二十一年（1756）中武举后，

董家井（2007 年）　　杨胜屏　摄

有一天请其侄子为其剃头。侄子剃头时开玩笑道："如果我要害你容易得很。竖用剃刀，落下来的是头发。横用剃刀，落下来的是人头。一刀就把你颈割了，你信不信？"言者无心，听者有意。此后，陈武举再也不敢在本地方剃头了。于是他专修了一条通往黎平府城的花街路，供其骑马去黎平剃头。有一天，马渴了不愿走，忽然半山石缝中流出一股清泉，马遂刨坑喝水，此坑遂称"马蹄井"。后来，陈武举还在井边建一座凉亭，名"快活亭"。亭柱写有一副对联："野鸟有声歌客歇；山花无语笑人忙"。亭已塌毁，碎瓦犹存。

泉远井　泉远井亦称天井，位于古城东门外，是隆里所出水量较大、水质最好的一口古井。至今，隆里所城内 700 多户人家饮用水，大多取自此井。

附 3：泉远井碑[①]记

城之东斜行里许，约四百余步，有井在焉。水向石出，沉沉上涌，听之无声，江河清浊不为伍。其味甘美，饮之胸襟如洗，爽然旷然。以调食，盛暑不变味；以烹茗，则馨香扑鼻。夫生庐所，偏嗜而未备者，盖甲乎城内外。凡井之尤，而为龙标第一泉也。至若层峦叠翠，盘围天际，作斯井之屏障；两山壁

① 碑高 1.52 米，宽 0.57 米，厚 0.12 米。现存泉远井旁。

立，形如幽谷，表斯井之孤洁。山之坞，古枫介特，松杉荫翳，若桃李梅桐，茂林修竹，无不壮斯井之奇观。井之旁，涓涓流水；水之侧，良田如带。迤逦而达于东鄙，吾不知其几千百亩。其则鹊噪鸦鸣，与歌声上下不□泉乎，空谷足音哉！昔盛唐少伯王公，与李、杜鼎分文帜，谪居吾邑，凡山川林麓，诗赋颇多，惟此井卒未邀其流览，而吟咏及之。岂地与人，有古今之异耶？抑改邑而复改乎井耶？彼夫尧人之凿，漾将之拜，歌帝力叹神奇，其事固非偶然，而以黔巅僻壤，洳者甘泉，天将忧人，地不爱宝矣！癸酉春，阴雨抵夏，泥涂蹶蹶，井制淹圮，泾渭交集。及秋，与友人王生学中、陶君秉仁，立商厥弊，将欲障其浊而夷其险，猥以力孤，未克胜任，因合谋之众姓，不惟许可，且有同心。爰是鸠工择吉，攻□石于张所冲。其时人心鼓舞，捐资赴功，靡不踊跃争先。始于仲秋之季，告成子正之初，其台址方不衺丈，井制深止半寻，傍崖建以石龛，沿途幕以石片，凡以为后世经守之计。竣之日，里人往观。行且平平，咏康庄，歌砥矢。踵井则晶光耀目，溶溶然倒悬碧树之华，方露长天之色。群相谐曰："是诚足以垂不朽矣！"虽然境以人彰，酿泉也不遭永叔则潺潺泻出，寂寞于空山耳。君曷为文，镌石以遗来者。予闻茫若无以应，而复悸厥

泉远井（2007 年）　　杨胜屏　摄

美之淹□没而不传也，且惶然以从命。

一禁缘途□□不许偷盗私用，犯者罚银一两。

一禁养牛之家，不许放牛向井饮水以及踏碎石片，犯者罚银一两。

一禁不许井中洗菜及担水不带瓢，犯者罚银五钱。

乾隆十八年十一月古龙标邑生员　姚桓　记□

王廷桢　撰　石匠□良贵四人

（建桥捐资人姓名及数额略）

◉ 古桥

隆里所村境内桥梁较多，其类型有石板桥、石拱桥、杉木桥等。所城周边多为石拱桥或石板桥，周边自然寨多为石板桥或杉木桥。规模较大的桥梁，建成后皆要在桥头立石碑，碑上刊建桥原因、过程，以及首倡人、捐款人姓名和捐款数额等。

至今仍保存或史载有桥名的有城北水口著名的状元桥，其次是西江桥和云程桥、鹏程桥。此外，还有所城北洪钟山脚的小虹桥，先过此桥，达状元桥上真武山；所城北边的老井冲口桥，由此桥下走钟灵；所城西面陈家冲口的两磡木桥；所城南面的哲家冲口木桥，此桥长 4 米，便利生产来往；所东面高圭溪青石桥，此桥长 4 米，通往华寨和半冲、地灵、月亮塘一带；在所城东面的双溪口木桥，长 5 米，通往斗冲羊牯脑；所城南面哲家冲溪水口木桥，桥长 5 米，通往马背状元墓、火把山和凉塘一带；所城南面白泥湾石桥，桥架翰香溪上，桥长 5 米，两板青石板架在石磡上，由此通往观音寨、鳌市；所城南外二大田金家水沟细鱼小桥，由此桥通往鳌市；所城南面翰香溪口司家桥，桥长 5 米，宽 2 米，中有石墩，由 4 块青石板铺成，通往王家榜、鳌市。

西江桥　位于隆里所西北约 400 米处，横架在龙溪之上。桥长 57 米，宽 1 米，桥墩 22 座，上铺青石板 44 块。因几乎从水面架越过去，故又名“平水桥”。此桥始建于明天顺元年（1457），清乾隆五十五年（1790）因洪水冲毁，所城人捐资重修。道光十九年（1839），洪水再次将其冲坍，所城人江广澜捐银 30 两重修，仍为 22 墩 44 块石板。2016 年 6 月 14 日又一次被洪水冲毁，2017 年国家投资再次修复。修建西江桥，隆里所人认为其意义是方便生产出入，更主要是补风水之缺陷。

西江桥（2007 年） 杨胜屏 摄

附 4：重修西江桥碑[①]记

龙溪自南而来，环绕西北至洪钟山，北折而流入亮江，唐昌龄王公诗："龙溪只在龙标上"是也。前明洪武十八年于龙标旧址设龙里千户守御所，十九年筑土城，天顺元年砌石，而龙溪收"翰香""泻玉"诸溪水，至所西而渐宽，河面宽达十余丈。渔樵耕牧，行旅往来，必有桥乃利涉焉。此西江桥之铺石，与所城之砌石同始于天顺元年也。城石、桥石捡诸山原，虽其□有宽至二三尺，长七八尺者，然皆未施斧凿，或直立之，或平铺之，既欠整齐，亦未坚固。是以桥石为水所冲激，年来坍塌，即巨石且多湮没于泥沙中矣。所人食田并可垦山场，半在西岸。而南北向可通天柱、靖州，皆取经于此桥。溪水或涨，桥为冲坏，所人耕作及雨途行旅，常有一衣带水而叹隔天涯者。西江桥所系非浅矣，安可一日无此桥哉？所中好善诸公，具金鸠工，准绳矩神，妙施斧削，即日桥而概易，以方平端正之石，直立之磴凡二十有二，□铺之条石凡四十有四，整齐坚固，可以庆涉于不朽矣。

清乾隆五十五年岁次庚戌月八月十五日　优贡陈俊道撰

（建桥捐资人姓名及数额略）

① 碑原存隆里所西江桥头，已毁。

云程桥（桥下为已被填平的护城河）（2009 年）　　吴展先　摄

云程桥　又名书坊桥，位于所城南门外下塘埂南头。系清乾隆年间（1736—1795）江氏家族为通往建在护城河外的作舟馆而建。石桥三拱四礅，全长 12 米，宽 1.2 米，共搭铺 13 块长条青石，两边分别立有 6 根石柱，围 5 块长 2.7 米、宽 0.8 米的青石板作护栏。护栏板外雕琢有精细图案。咸丰六年（1856）战乱，此桥遭毁。1935 年，所城人江金诰率本族人集资维修，至今尚存。

◉ 王昌龄纪念建筑

明嘉靖（1522—1566）以后，隆里所纪念唐代流寓诗人王昌龄之风鹊起。万历（1573—1620）以后，谈论唐时龙标即隆里所、王昌龄在龙标（隆里）为尉更成为文化潮流和时尚。万历至崇祯年间（1573—1644），龙里所人修建了一批与诗人王昌龄有关的建筑设施，或冠以“状元”之名，或冠以龙标之谓（因王昌龄被贬龙标为尉），以纪念这位唐代著名流寓诗人。其中最著名的纪念建筑物有龙标书院、状元桥、状元祠、状元亭和状元墓，后人称“一院四状元”。诸纪念建筑，在清乾隆《开泰县志》、道光和光绪《黎平府志》内均有详细记载。

龙标书院　龙标书院位于隆里所城内所厅街头。始建于明万历二十一年（1593），因追慕唐流寓诗人王昌龄而名（因王昌龄被贬为龙标县尉，而隆里人认为隆里即唐时龙标县地）。上下两进，上进正中祀孔圣像，两楹祀先贤；下进中为讲堂，两边系宿舍。清顺治六年（1649）为战火所毁。雍正三年（1725）春，隆里所名人张应诏卸官回乡，为培养地方人才，遂在原址重建龙标书院，“正厅五楹，大门五楹，廊庑庖福，甃以石级，缭以垣墙”。因张应诏由鸿胪寺少卿职告归里后，带头捐银两和木材修建。建成后，又捐图书 2370 卷建图书室，并担任山长，主持编纂《龙标书院志》，是又称“张鸿胪书院”。

因年久颓坏，乾隆五十年（1785），所城人江瑶、王之杰等捐资重修。王师泰在所撰的《重修龙标书院碑文》中称：

龙标书院牌楼（2007 年）　　杨胜屏　摄

龙标书院根于唐王少伯先生，重修于明梓里先辈，当年鸿胪寺少卿为之重建，而今日诸君子雅意更新者也。又因夫旧地，拓而大之，较以前规，高且美矣。瓦砖木石，栋宇池桥……为桌为桷，细大各成其材，折革斯飞，诵弦广癖其深地。

此时重修的龙标书院，正面为青砖砌成古式牌坊，高 3 层，宽 14.3 米，正中开方形大门，门高 2.7 米，宽 1.7 米，青石条门槛，两扇木制大门，门前两级石阶。大门左右两边各绘有一拱形侧门图案，宽 1 米，高 2.2 米，大门上方用青砖镶砌横匾，上画“昌龄跨鹤图”，一层左右侧门上方横幅分别写“圣域”和“贤关”，二层左右两边上方分别横书“山高”“水长”，大门两边砖柱上书有黎平知府蔡时豫等撰的三副对联：

龙跃鲲翔，沧溟浪跋；
标新领异，文采风流。

龙跃柳池，和风云会九霄路；
标夺杏苑，花放水流二月天。

圣道已浸衰，愿先进群英，发乃聩，振乃聋，挽吉救时，共砥中流参造化；
宫门非易入，朝后来诸子，殚其精，竭其力，锄经犁史，同超上乘促文明。

中横匾上方为长方形竖匾，直书“龙标书院”4 个大字，字面用青兰瓷片镶成凸形，字体气势挺拔，朴茂自然，两边绘有山水风景图案。

清咸丰六年（1856），张秀眉军攻据隆里所城，书院被毁。光绪二十五年（1899）所人王元恺、江龙照等组织捐资重修。1920 年杨世荣、王用宜等第四次重修。1926 年因火灾，书院被毁。1938 年隆里小学校长胡植高主持第五次重修。

龙标书院历次重修，基本上依照明万历的规模格局。至今保存的龙标书院格局系 1938 年所修。由牌楼大门、泮池、过厅、教馆、祭祀厅、菜地、橘园组成，占地面积 4800 平方米，建筑面积 1200 平方米。进入大门，为一宽 14.3 米、深 8.8 米的花园，中间辟卵石花街行道，两边栽有桂树、垂柳，设有花台。花台上四季鲜花开放，尤其仲秋时节桂花开放，香飘全城。花园之后为长 14.3 米、宽 6.4 米的“洗墨池”，池周围用雕花青石条围成护栏。池内引来清泉，种植荷花。池塘中间设一座长 6.4 米、高 1.5 米的三拱石板桥，称为“鹏程桥”。由“鹏程桥”下池埂上二级石阶是一幢高 8 米、宽 14.3

龙标书院祭祀厅（2009 年）　吴展先　摄

米、深 6.8 米的木构建筑，屋檐下悬挂红底黑字大木匾，楷书“乐育英才”4 个大字，两边中柱挂一副抱柱对联：

学海无边，乐得英才而教；

书山有路，喜观士子成名。

从天井上四级台阶，是一幢杉木建造高 8 米、宽 14.3 米、深 11.5 米的两层楼房，为龙标书院的教学场所，设置有“经学”“古学”“时文”“蒙养”四斋。左边开一扇小门，下四级石阶是纪念明末“忠烈”董三谟的“董公祠”。

龙标书院于民国初期改为小学。1926 年书院教馆被火毁，后修复。2004 年，贵州省文物部门拨款 27 万元，对书院牌楼大门、泮池、过厅进行维修。2012 年 4 月，设在书院里的隆里小学校拆除，只留大门和两间房。同年 7 月，按“修旧如旧，恢复古风遗韵，再现原风貌”的原则，由政府投资 150 万元重建，建筑面积约 450 平方米。2014 年，县政府通过向世界银行贷款 2359 万元，对隆里古建筑群再次进行修复，其中投资 1500 万元复建龙标书院中的先师堂、明伦堂、董公祠、斋舍 4 栋建筑，占地扩增数倍，达 2000 余平方米。

状元桥　又名龙溪桥，是隆里古城最著名的古建筑之一。该桥位于隆里所城北边约 600 米处洪钟山麓，横跨龙溪。三孔石拱桥，每孔净跨 6.75 米，总长 24 米，宽 3.6 米。桥呈拱状，桥顶高出水面 7.45 米，高出公路 3 米。该桥始建于明万历二十二年（1594），由隆里所首领朱应星组织建成。因追慕唐代流寓诗人王昌龄，遂将之名为“状元桥”［王昌龄于唐天宝年间（742—756）先考中进士，继考中博学宏词科第一，隆里人遂以为“状元”］。此桥建成后，即成为隆里纪念王昌龄的最重要建筑物。建成后不久，即被洪水冲毁，崇祯二年（1629）又集资复建。以后，清乾隆二十四年（1759）、嘉庆二十五年（1820）又两度重修。今存之桥，系嘉庆二十五年所建。桥东端洪钟山麓，列有明崇祯和清乾隆、嘉庆、道光等各个时期新修、重建、维修状元桥所刊立的石碑，隆里所人称之“万人碑”。诸碑分别由隆里所文化人王之臣、王师泰、黎平知府陈熙等撰写序文，碑文序不但强调新修、重修状元桥的意义，记录整个过程，同时还记录各个时期隆里所民众捐资支持等情况，具有文献价值和文物价值。

状元桥修建之目的，一是为纪念王昌龄；二是造景补缺，以巩固风水，以期人才蔚起，文运隆达；三是将状元祠和真武寺连接起来，同时也方便行旅往来。建成后，即成为隆里古城的重要景观——“龙标八景”之一“龙潭虹影”，也成为文人骚客吟诗追慕

状元桥（2018 年）　　王宗勋　摄

王昌龄的重要场所。如张应诏《状元桥》:“带水环仙阁,如朝瀛海宗。弱同千里隔,广未一航容。连卷石虹雨,双迎荐贵峰。题诗如有柱,落笔振潜龙。”王师泰、陈熙等在其所撰碑文中,将隆里所自明万历至清乾隆时期,人才辈出之功劳归于王昌龄以及状元桥等纪念物的修建。

此桥另有一名为“三箅桥”。相传居住在田坝间的隆里所城形如一朵浮萍,而位于上边不远处的华寨为草鱼形。先时,隆里与华寨不睦,华寨人遂常言草鱼吃浮萍。隆里人不悦,在北边水口处建一座有三个拱的石桥,形如三个鱼箅,将草鱼捉住,故有“三箅桥”之名。

状元祠 又称“王昌龄祠”“王龙标祠”,位于隆里所城北边约600米状元桥西端约100米处。始建于明万历二十七年(1599)。因年久颓坏,清乾隆八年(1743),黎平知府蔡时豫捐养廉俸兼隆里所人集资重建,乾隆十二年竣工。重修的状元祠占地面积约800平方米。祠前开池塘,塘中荷叶亭亭而立,鱼戏于荷叶下。有石板桥架于池塘上,直通祠前大草坪。坪上绿草如茵,苍松翠柏森森列立。草坪两侧各立华表一根,上刻对联。坪正中立巨碑一块,刻有贵东道观察徐立御所撰《重修少伯先生祠碑记》。松柏、华表、巨碑互相映衬,相得益彰,显出一派庄严肃穆。草坪后是一座两层六角塔

修复后的状元祠(2016年) 江滋根 摄

形、造型精巧亭阁，名曰“状元阁”。再后是状元祠前堂“题名堂”，长约5米，宽约7米，高7米。中间过道通天井。天井中间用青石板镶铺成行道，两边用鹅卵石镶成花地面。后堂称“后觉堂”，共5楹，不分间，正壁供王昌龄绘像，春秋祭祀王昌龄即在此间进行。清代将此祠改称“忠孝节义祠”，祀吴得、井孚、董三谟、陈素养、张应诏等隆里历代节烈名人牌位。前后堂皆用杉木建成，卷檐翘角，万字格窗，抱柱对联，周围砖墙。状元祠所在环境清幽，建筑布局精巧、古朴而有气势。隆里人对王昌龄十分崇敬，自祠建后，每年都组织到祠中祭祀。清乾隆（1736—1795）时，黎平知府蔡时豫拜谒状元祠后写有《谒王少伯先生词》：

恭维先生，盛唐才子，云胡诗人，来尉于此。自尉而上，达官良多，声名俱没，速巧奈何？何为先生，骚坛文府，俯视一时，独有千古。古今同调，岂乏同方，前李太白，后陆沧浪。应郎之陬，谤居之里，灵均之灵，伊尔湘水。秋水澄净，秋山清空，我来斯所，缅想流风。言虽无文，吏或不俗，先生鉴之，足音空谷。

写诗者则更多，如胡定之《龙标祠怀王少伯》：“赋献来迁谪，诗名纪盛唐。故巢辞锦里，别业寄遐荒。古木云岩寿，山猿月夜狂。传言居止处，翰墨带泉香。”

修复后的状元祠大院（2016年） 杨胜屏 摄

进入民国以后，状元祠逐渐颓坏，至 20 世纪 80 年代仅剩断垣残壁。2014 年，县政府通过向世界银行贷款，对隆里古建筑群进行维修，其中投资 201 万元对状元祠进行全面修复。修复后的状元祠基本保持清代模样，内设有诗家夫子大厅、状元堂、题名堂、登科堂，以及名人牌位室。祠外大坪新建有状元第、状元阁，立有挪威驻中国大使约翰·杰斯特龙的塑像。名人牌位室里供奉有隆里所人公认在历史上较有影响的 11 位名人牌位，分别为明指挥使王胜、千户吴得、镇抚井孚、开科举人王大臣、成都按察使陈素养，清鸿胪寺少卿张应诏、乾隆进士江有本、举人王师泰、嘉庆进士王之干、同治黎平府游击夏天祥、光绪恩进士江化龙。牌位上方，悬挂“乡贤缙绅”四字牌匾。

附 5：重建少伯先生祠碑[①]记

奎光炳耀，历千载而如新；文运贞明，历百世而相感。矧以锦心绣口之质，滞此雕题凿齿之乡。剑虽古而难掩，琴既焦而愈重。则有大唐少伯王公，金闺硕彦，画省望郎。族凤盛于乌衣，名复标于白下。起掞天之赋，无烦狗监怜才；扬掷地之声，自有鸡林待贾。麟麟纂组，织以龙梭，鹿鹿缣湘，裁以虎绣。青梅煮酒，胸中孰是可儿；红豆征歌，眼下谁为健者？聆八音之叠奏，击钵频催；见三雅之齐飞，喝笺不定。芙蓉水阁，情含扇内美人；杨柳陌头，愁绝闺中少妇。收断弦于客旅，拊心微月孤舟；留缓舞于天姬，随意青枫白露。日影汉殿，九重飞下寒鸦；月朗秦时，万里征来胡马。望千重岭表，雨随泪以俱流；上百尺楼中，风共声而竞响。皆以词陈黄绢，写王气于金陵；因之饼锡红绫，蜚雄声于玉署。清而不要丹黄，博极三都；澹以俱荣朱紫，分成四部。绥五色之金管，台中发尽江花；赋十样之蛮笺，阁下抽残谢草。乃瞻云自重，聊折腰于西河；胡望风既严，不守口于北海。虎牢城畔，凄凉夕照之间；狗脊山头，惨淡春风之路。叹离鸿之身世，岂能拜人；且立鹤之丰标，毋宁作我。不知元龙海上，素履之豪未除；遂致司马江干，青衫之泪更湿。碍眼钉而斯拔，惊骨肉之全销；莫企足于三台，竟投身于万里。想当年，百壶舞蔗，红烛焰而薰天；看此日，孤踪曳筇，绿醑浓而斫地。风箫雨鼓，尽畅离愁；月斧

① 碑存于隆里所真武山脚亭边。高 1.7 米，宽 0.62 米，厚 0.08 米。

云斤，难修旧恨。一湾罗带，系悠悠以俱来；万叠剑铓，割扰扰而不断。瞻大山于天末，客绪如丝；唱小海于舷边，我心匪石。宫临磨碢自昔，奈何路本亡羊，于今休矣！青天碧海，空悬皎皎之思；白昼黄昏，谁共乌乌之曲。感故交于蝴蝶，历落辰星；听新声于鹧鸪，凄其夜雨。千村铁岭，层层地老天荒；一片冰心，处处湘啼峡怨。问南方灯火，燕卵曾完于覆巢？值北固峰烟，鱼尾已赪于沸鼎。履重险而即易，情在劳劳之中；出九死尤莫生，想出非非之外。嗟将军之负腹，虎噬狼吞；痛才子之戴头，兰摧玉折。虽乌头未白，梓里无不返之魂；而马鬣维青，桐乡有难忘之祀。乃蛮府蔡君，识柯亭之笛，标赤帜于文宗；而隆里诸子，植槐庭之枝，立白社于诗伯。从此风楹月榭，耳来的的龙唇；玉砌金铺，目去明明雁凿。羌鸟啼而花笑，残梦犹堆；肆兔走以乌飞，瓣香不朽。

赐进士及弟楚黄后学徐立御[①]　敬撰

后学生员王僖舆　书

大清乾隆十年岁次乙丑十月十五日　立

状元亭　又名怀伯亭、西江亭，位于隆里所城西面西江桥东头，与东北面状元桥、状元祠上下相隔约400米。该亭始建于明万历时期（1573—1620）。因遭战乱损毁，清乾隆五十五年（1790）、咸丰六年（1856）重修。1938年中秋夜，所人江士林夜游龙溪，在亭中赋诗："昔日龙标江上游，龙标老去水悠悠。如今过客凭相

修复后的状元亭（2016年）　　江滋根　摄

① 徐立御：清乾隆十年（1745）前后任黎平府知府。

吊，空遗月夜照荒丘。”1982 年，地方上依旧基重建。

状元墓 亦称王昌龄墓，系为纪念王昌龄而修的衣冠冢。位于隆里所南面约 2.5 千米的马背龙标冲胆形岭山间。明万历二十一年（1593）秋，龙里所民众捐资修建。其缘起，明崇祯二年（1629）王之臣在所撰《新建状元桥碑记》中记述已详。清乾隆十五年（1750）十一月重修。

王昌龄衣冠冢（2010 年） 江化远 摄

状元墓由青石表、祭台、基座及宝顶组成。墓高 2 米、宽 5 米，墓前两根石表高 2.3 米，表正面阳刻追慕王昌龄对联一副："戛玉敲金，在昔文章飞凤阁；瞻山仰斗，于今德望著龙标。”后为祭台，高 1 米，宽 0.9 米，长 5 米。整座墓丘由 29 块长 1 米、25 块长 0.4 米的大青石砌成。祭台上为墓座，高 1 米、长 4 米，中间一块为墓碑，拱形，框内刻碑文，中书“唐秘书郎左迁龙标尉王公讳昌龄字少伯之墓”。左右两边各有小字两行，右为“大唐天宝吉年吉月葬于龙标冲胆形山庚龙入首，外盘阡作申山寅向庚寅分金”；左为“大明万历十二年秋月之望阖所伸士重修”，落款为“大清乾隆十五年十一月朔日同会弟子敬建”。碑眉横额镌“山高水长”4 个大字。墓碑上压宝顶高 0.6 米。

旧时，龙标书院师生每年清明节均要到状元坟扫墓，以表怀贤敬才之心情。此墓建后，隆里所及周边文人以之为题作诗词者颇多。如，胡可莸《状元墓》："寂寂龙标尉，梨花谪夜郎。尺书传紫陛，瘦骨寄平荒。墓木云联幔，山花露溅香。天悲风雨暗，谷应夜猿伤。”张应诏《吊王昌龄墓》："高山仰止拜荒坵，一瓣香飘一瓣愁。草色倍青妃子冢，葵心争赤寿亭侯。岂无人续招魂赋，尚有尊称唤状头。诗伯千秋宁寂寞，于今许我气相求。”

1987 年，锦屏县人民政府将状元墓列为第一批重点文物保护单位。

◉ 龙标八景

隆里古城周围田畴开展，山峦起伏，龙溪水蜿蜒萦绕，田畴、溪水、古城、山峦互相交融，相得益彰，一派旖旎景色，四时各有风光。隆里诸自然美景，尤以雄奇壮美的“龙标八景”最具代表，古往今来为文人墨客赞颂不绝。

五骢春晓　指五骢山，亦称“五马坡”，位于隆里所城东边，距所城约 400 米，为五座紧相连接的山丘，整个形状如奔腾的五匹骏马。此山被认为是隆里古城的“龙脉”所在，聚落所倚之靠山。每当春晓，岭枫吐秀，原草如茵，游人络绎不绝。有诗曰：

群同奔马势难羁，赖有枫林锁四蹄。

何以困擅得意日，树杪叶绿草萋萋。

文笔流云　指文笔山，位于古城东 1.5 千米华寨之后山，其峰尖拔，形如笔锋，故名。相传，点斗星精和文曲星精遨游天下名山，游经隆里时，将手中神笔掷向隆里正东方，顿时化成一座巍峨耸立、状若文笔的山峰。此山主峰上常有流云缥缈，时断时续，苍林时隐时现，令人叹为奇观。隆里人认为，隆里文风兴盛，皆得益于此山。有诗曰：

挺秀高峰类笔锋，冲天气象岂他同。

毫端不待人挥动，常在烟云缥缈中。

文笔流云（2016 年）　江滋根　摄

古城西门外龙溪河晨曦（2007年）　　杨胜屏　摄

洪钟松涛　指洪钟山，也即真武山，位于所城北600米处。此山上古树参天。每当夏日，风来引啸，其声如涛。明代万历间（1573—1620）龙里人即在山顶上修建真武观（真武寺），以增添其灵气。有诗曰：

洞庭夙诵拥青螺，我道移来信也么？

最爱松风林内吼，似从天际泻银河。

金星夕照　指长庚山，位于里古城之西、距城约500米长庚山之飞凤山腰。清乾隆、道光年间先后在此间修建金星塔，故又名“金星山”，现名“塔上”。传说，金凤山系一条“孽龙”，常危害隆里所城，于此建金星塔是为了镇住此龙，使其不再作祟作恶。咸丰六年（1856），金星塔毁于兵祸。每当夕阳西下之时，此山便倒映于龙溪之上，晚霞之下，金光闪闪，一派奇妙，如青丹高手所绘，是有“金星夕照”之誉。有诗曰：

屹立江干位列西，夕阳斜照影历历。

乍观景象波中漾，疑是王维画脱离。

凌云瀑布　指凌云山，俗称“火把山”，位于隆里所城南，距城约2.5千米。山顶明代建有寺庙，名“南天福地”。相传有一百岁老僧在庙间修炼多年，从不下山，也不炊饮，然而晚间常看见庙顶有一把火若隐若现。后来老僧成仙去了，人们遂称此山为

“火把山”。此庙于清初毁于兵乱。凌云左山腰有一悬崖，高数十丈，远看如一飞泻而下的练瀑。有诗曰：

巍巍形势耸天关，半壁飞泉白练翻。

谁向庐山分瀑布，移来此地有奇观。

禹门残雪 指禹门峰，位于所城东门外500米少祖山前，翠峰耸立，峰下有两小山，若双鲤跳跃状，隆里人称之“双鲤跳龙门”。过去森林茂密，峰前残雪经春未消，与日交相辉映，远眩人眸。古时候隆里学子前往科考，路经此峰，皆要带上香纸至少祖山坳上焚烧，祈山神土地保佑，黄榜高中。有诗曰：

山城双鲤跃龙门，积雪难消零落形。

最好晴天凭远眺，斜阳光里玉晶莹。

龙潭虹影 指状元桥以及桥下水潭。此潭水平如镜，状元桥倒影其间，如虹卧波。相传潭中有一条墨龙，在夜深月朗时常在潭水中跳跃嬉戏，故名“跃龙潭”。有诗曰：

岸道龙潭已骇然，岂知景物更重添。

朝晖桥拱频拖彩，不啻长虹架碧天。

龙溪夜月 位于隆里所城西北龙溪边。龙溪水弯环曲折，状如游龙，“龙溪”之名即因此得。每当秋晴之夜，皓月当空，撒银溪上，天水一色，更兼蛙唱虫鸣，稻香盈鼻，令人陶醉，历来为文人墨客所赞颂。有诗曰：

龙溪如带碧无尘，无边光景在冰轮。

每当魄满晴光夜，照沏波心分外明。

龙潭虹影（状元桥）（2005 年） 杨胜屏 摄

◉ 旅游建设

建设管理机构 为加强对隆里古城建设的管理，2007 年 1 月，锦屏县政府成立隆里古城管理所和隆里古城生态博物馆，为县政府直属的副科级事业单位。主要负责隆里古城的日常管理、保护、文化挖掘、信息中心的日常管理维护等工作。2010 年 5 月，县政府撤销隆里古城管理所，成立隆里古城管理委员会。2012 年 6 月，县编制委员会办公室批准成立“中共锦屏县隆里古城保护与开发工作委员会”和“锦屏县隆里古城保护与开发管理委员会”，两块牌子一套人马，为锦屏县委、县政府管理的正乡级事业单位。工作委员会设书记 1 名（由中共隆里乡委员会书记兼任），副书记 2 名（其中 1 名兼管委会主任、1 名兼管委会常务副主任），委员 5 名；管委会设主任 1 名（由隆里乡政府乡长兼任），常务副主任 1 名，副主任 3 名。内设党政办公室、建设管理办公室、招商引资办公室、公共事务管理办公室 4 个股级机构。具体负责隆里古城的日常管理、保护、文化挖掘、信息中心的日常管理维护等工作。核定事业编制 15 名，由财政全额预算管理。

隆里东大门出口（2017 年） 江滋根 摄

2016 年 1 月，锦屏县政府与湖南华旅文化旅游产业发展股份有限公司达成合作协议，由该公司负责以商业运营模式对隆里古城的旅游进行管理和开发。

建设规划 1995 年春，贵州省厅文物处负责人胡朝相带引国家博物馆学家苏东海、中国博物馆学会秘书长安来顺和挪威博物馆学家约翰·杰斯特龙到隆里所考察，拟在隆里所建中国与挪威合作的生态博物馆。1999 年，隆里所被列为中国与挪威合作建设的生态博物馆群之一，贵州省政府将隆里所列入全省重点规划建设的民族村镇。为推动隆里所城的保护与发展，2001 年，锦屏县政府委托贵州省城乡规划设计院编制了《隆里古城保护规划》。鉴于隆里所系明代所建的军事城堡，同时也为了提高隆里古城的知名度，此规划将隆里所定位为“古城”，“隆里古城”因此成名。2003 年国家重点水电建设工程三板溪水电站动工建设后，贵州省政府将“三板溪—隆里古城风景名胜区”确定为第五批省级风景名胜区。2004 年 2 月，省政府批准锦屏县为贵州省首批优先发展的 3 个重点旅游之一——黎（平）从（江）榕（江）综合旅游区（包括锦屏、天柱）。2010 年，锦屏县政府委托贵州省城乡规划设计院编制了《隆里古城南门新区修建性详细规划》。此后，每届县政府都聘请外地具有资质的建设规划机构对隆里古城的建设开发进行规划。

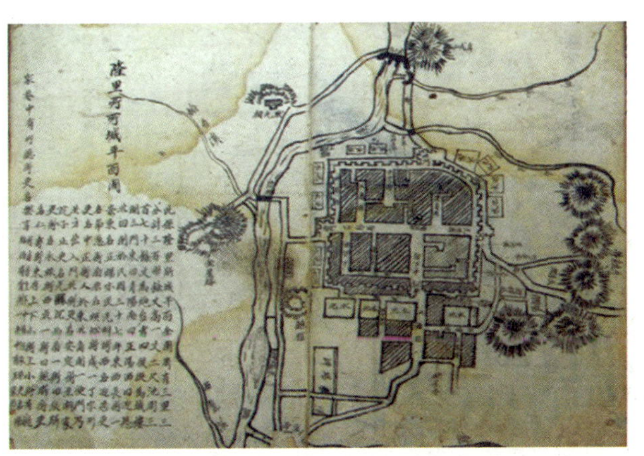
清末民国时期的隆里古城风貌 吴展先 供稿

2013，县政府又委托深圳中营都市设计公司编制了《贵州省 100 个旅游景区——隆里古城旅游景区建设发展规划》和《隆里古镇旅游景区项目建设年度（2013—2017 年）计划表》。隆里古城旅游景区建设项目分为基础设施、景点建设、公共服务设施、环境整治、村民住宅建设、生态建设 6 大类型共 89 个建设项目，计划投入资金 11.39 亿元。至 2016 年年底，此规划仍在实施之中。

建设与保护

由于多次的战乱和长期以来对居民居房建设缺乏统一管理等缘故，隆里古城的原有格局在一定程度上受到破坏和改变，加上 1967—1969 年“破四旧”等原因，城内的文物古迹的损毁也较为严重。

隆里古城的保护始于 20 世纪 80 年代中期。1987 年，县政府将隆里所城内外的状元桥、状元墓等 9 处古迹列为第一批县级文物保护单位。1999 年，隆里古城被贵州省人民政府列为全省优先发展和重点建设的民族文化村镇。随后，县人民政府将隆里古城列为旅游开发建设的重点，建设力度逐渐加大。2001 年，县政府投入 50 万元维修东门和南门。2002 年投入 11 万元，整修花街、水沟、吊井、引水渠。

为利于古城的保护，2002 年县政府将古城东南边辟为建设新区。随后，将乡政府以及所属的办公机构陆续迁至新区建设安置。2003 年，投入 70 万元修建隆里生态博物馆资料信息中心。同时，还争取国债旅游项目建设资金 300 万元，锦屏地方财政配套 96 万元，对隆里古城景区基础设施和文物古迹进行建设、修复。该项目实

修复后的龙标书院外景（2016 年） 江滋根 摄

施，完成“三线”（电力、电信、闭路电视线）地埋449米，修建旅游公厕两座，修建占地面积1000平方米的垃圾填埋场1座，修复古城墙172米，整修应急通道172米，将城东南原荷花池挖成护城河100米，修复西、北门鼓楼总面积400平方米，维修传统典型民居13幢，建筑面积1880平方米，恢复鹅卵石街道10000余平方米；总投资27万元的龙标书院维修及修复工程也于2006年1月完成，建设内容包括修复书院牌楼大门、泮池、过厅及围墙；投资10万元对2004年修复的17幢古建筑外墙进行彩画制作，工程于2005年9月完工；投资5万元将古城酒家按标准改造为民居宾馆，于2005年投入使用，使隆里古城景区的接待条件得到相应改善。项目完成后，一批较有价值的文物古迹得到了保护。2003年以后，采取国家拨款与家族集资、捐资相结合的模式，对城内的王、江、陈等宗祠的牌楼彩画、雕刻、围墙、地坪及祠内木构等进行维修。

2007年投入116万元实施引水入城工程，古城用上自来水并保障了消防用水。2008年，县政府向世界银行贷款370万美元，主要用于隆里古城墙、护城河、古民居的修复。诸建设项目于2009年实施，2010年基本完成。2009年年底，锦屏县政府决定斥资1亿元（其中向世界银行贷款6000多万元，向县信用社借贷3000多万元），用于重点打造隆里古城的旅游品牌。2012年以后，锦屏县委、县政府提出“工业强县，城镇带县，旅游活县”和“做特三江老城，做大敦寨新城，做精隆里古城”的县域发展思路，把隆里古城的旅游发展置于全县发展“战略”高度重点抓。2011年3月，由县政府筹资415万元对占地面积2362平方米的守御千户所衙门（含观音堂和城隍庙）进行修复。

2014年，县政府向世界银行贷款2359万元，对隆里古建筑群进行全面修缮。2016年8月，整个建筑群修复工程全部竣工。其中，龙标书院复建了先师堂、明伦堂、董公祠、斋舍4栋建筑，投资1500万元；对真武寺进行亮化，修建观景台、步道，投资220万元；修复状元祠，投资201万元。2015年，县政府投资1亿多元对古城特色民居进行立面修缮、街面铺装及环境整治。

至 2016 年年底，隆里古城建设先后完成了隆里生态博物馆资料信息中心、旅游公厕、龙标书院、城墙、护城河、东门广场、南门广场、“三线”（电力线、通信线、电视线）地埋、垃圾填埋场、停车场、街道维修、人畜饮水和消防设施、污水处理、千户所衙署、真武寺、状元祠、接待中心等项目的新建、复建和修复。

隆里生态博物馆 系中国与挪威王国文化合作项目。2003 年 3 月 20 日，挪威驻华大使叶德宏根据中挪两国国家元首所签署的合作协议精神，在有关人员的陪同下到隆里古城参加了隆里生态博物馆资料信息中心的开工典礼。2004 年 10 月 15 日建成。当月 18 日举行了盛大的开馆仪式和相关活动，标示隆里古城正式对外开放。该中心占地面积 1350 平方米，建设面积 1136 平方米，为三间两层二进院两天井楼房，外围四周空斗马头墙的仿明清典型民居，全采用本地优质杉木建成，飞檐翘角凌空，外墙绘有彩画，其风格与隆里古城的自然和文化环境和谐统一。信息中心陈列展览主要分实物展、文字图片展和古城复原沙盘模型等几部分，通过文物组合、照片图文组合和立体展示等手段，运用先进设备和材料展出隆里政治、经济、文化及社会生活。内设碑刻展区、生产用具展区、生活用具展区、历史政治展区和古城模型等几大部分。中心收藏有少量可移动文物，主要有碑表、生产生活用具、木竹民间工艺品、冷兵器等，较有价值的有青龙偃月刀和镂空雕花的木窗和木床等。

龙里守御千户所衙署建筑群 明洪武十八年（1385）建龙里守御千户所，次年在今隆里所东门大街与所厅街交会处一带修建所衙。洪武三十年被战火所毁，永乐二年

清末民国时期的隆里古城风貌（模型）

吴展先　供图

修复后的隆（龙）里守御千户所衙署（2016 年）

江滋根　摄

（1404）重建，以后因战乱被毁或自然朽坏等故，经数次重修。尤其清顺治六年（1649）为郝永忠部毁为废墟。顺治十一年（1654）重建所城时，在千户所官衙址上修建观音堂。咸丰六年（1856），观音堂被战火毁。1993 年，在千户所衙署旧址上建砖木结构的隆里乡政府办公楼。

2011 年，县政府将恢复千户所衙署列为旅游开发建设项目，筹资 415 万元在原千户所衙署址上复建所衙，将建于此处的隆里乡政府办公楼迁往隆里南门外新区。复建的千户衙署与原观音堂、城隍庙联成一体，均为砖混结构建筑，总占地面积 2362 平方米。

隆里所文物古迹保护情况统计表

表 3

文物名称	年代	所在地点	级别	公布文号或年份
状元桥	明	真武山脚	县级	1981 年
状元墓	明	马背自然寨	县级	1981 年
隆里古城址	明	隆里所	县级	〔1987〕锦府通字第 62 号
张应诏墓	清	城西飞凤山	县级	〔1987〕锦府通字第 62 号
董三谟墓	明	莲花山	县级	〔1987〕锦府通字第 62 号
龙标书院	清	所厅街	县级	〔1987〕锦府通字第 62 号
真武寺	明	状元桥旁	县级	〔1987〕锦府通字第 62 号
节孝碑	清	隆里所	县级	〔1987〕锦府通字第 62 号
红仪会碑	清	龙标书院门口	县级	〔1987〕锦府通字第 62 号
隆里古城生态博物馆	现代	南门大街	省级	黔府函〔1999〕286 号
隆里宗祠群	清	隆里所	县级	锦林通〔2005〕26 号
陶家大院	清	隆里所城内底下荫	县级	锦林通〔2005〕26 号
隆里古建筑群	明清	隆里所	省级	黔府发〔2006〕16 号
隆里古建筑群	明清	隆里所	国家级	2013 年

现代建筑

东门广场　东门广场位于隆里古城东门青阳门外边，占地面积 6200 平方米。2015 年由县政府筹资 484 万元，对场坪进行了翻修，广场地面用青石板和鹅卵石相间铺成，并配备了标识牌，对周边进行了绿化。广场西靠青阳门和古城墙，北有以古城文化为题材的大型浮雕和红军长征过隆里纪念碑，东为省道 S202 线和隆里古城东门游客接待中心。

东门广场建成后，即成为隆里古城举行重要集会和迎来送往等各种活动的主要场所。

南门广场　南门广场位于古城南门城外（原为田坝），于 2016 年 7 月开工，2017 年 11 月完工，占地面积约 20000 平方米，包括广场铺设、表演台、“点将台”、绿化带等设施建设，总投资 900 万元。

新修南门外广场（2018 年） 王宗勋 摄

戏楼广场 原名火烧坪，位于古城东西大街与南门大街交会处，面积约600平方米。西侧新建有用来表演汉戏的戏楼。

戏楼广场（2016 年） 江滋根 摄

“示范”民居　为适应旅游接待和美化古城景观的需要，县政府在2015—2016年新建了一些“示范”民居，其中较有特色的有“状元第”“龙标客栈”和“当年明月”。“状元第”位于状元祠旁，“龙标客栈”在东门游客接待中心，“当年明月”在城南隅。

隆里新区　为保护隆里古城和旅游发展的需要，2002年县政府决定在隆里所城南部辟建隆里古城新区，主要用于安置从古城内搬迁出来的居民和新建旅游服务业设施。

2004年，县政府对隆里新区进行详细规划。整个新区规划总用地面积982.5亩，建设总用地面积613.5亩，拟迁居住户数1191户，居住人口4169人。功能分区主要分为住宅和公共建筑、广场、停车场等，预计投资4.8亿元。民居建筑全部为仿古建筑，力求与隆里古城内建筑风格保持一致，主要为青砖、马头墙样式建筑。至2016年，完成了地标雕塑工程、文体中心及文化广场、连廊A段、26栋统建房，以及AB组团小区67户自建房外立面改造，AB组团小区内排水和路网硬化铺装及水电，CD组团小区自建房35户，幼儿园外立面改造及景观，南门广场景观等工程建设。拟于2017年按照国家异地扶贫搬迁的政策，将隆里所城周边七岔冲、归凤、付瓜山、烂塘自然村和王家榜村的部分住户搬迁至此。

旅游服务设施

交通　隆里旅游交通便利，距松（桃）从（江）高速公路新化收费站4千米；乘坐高铁，往南到贵广线从江站60千米，往北至沪昆线三穗站115千米，往南至黎平机场21千米。直通隆里的普通公路有：锦屏县城—钟灵—隆里—黎平的省道、隆里—新化—敦寨—铜鼓—县城的县道和隆里—王家榜—龙里司—地茶—八受—启蒙—县城线、隆里—龙里司—王家榜—地茶—河口—南加—展架—凯里线。2015年，还在古城西南龙溪右岸新修一条长500米、宽10米的休闲步道，中间主道铺青石板、两边镶鹅卵石。至2016年，隆里东南西北四门皆建有停车场。

住宿餐饮　20世纪90年代中期以后，随着隆里古城旅游业的发展，隆里所城内的餐饮住宿业逐渐兴起。至2016年，隆里所村内有大小餐饮饭馆40多家，有旅游定点接待户（民居客栈）30多家，可接待游客住宿约450人。其中，较高档酒店有古城东门游客服务中心、“当前明月”、春雷林场接待中心，均设有豪华标间，可接待游客150人；城内外民户特色旅店有15家，可接待300人。

餐饮内容以隆里所米花麻叶等地方传统风味食品为主。

游客服务中心内景（2016 年）　　江滋根　摄

古城风情

600 多年来，隆里所人以执着的信念，顽强地坚守着当初从中原带来的文化和风习，守望着他们的“乡愁”。

在隆里所这座“汉文化孤岛”，600多年来，人们以一种执着的信念，坚守着从中原地区带来的文化和风习，守望着他们的“乡愁”。600多年来，这些“乡愁”成了人们对逐渐远去的先祖生活的记忆，成了这里的子民们坚信他们祖先是“皇帝派来的”的最好凭据。至今，这些富有历史文化内涵的“乡愁”，又成了这里发展旅游事业的重要资源。

◉ 饮食习俗

日常饮食 隆里所人的日常饮食，一日三餐者居多。过去，早餐多吃炒米油茶，今则多改为米粉和稀饭，也有的仍吃炒米油茶。中餐、晚餐吃得较早。中餐一般在上午十点，晚餐则在下午五点，晚餐较周围村寨要提早两个小时。这与隆里所早先的军伍生活习惯有关。

特色食品

除日常米饭酒水外，隆里还有一些独具特色的风味食品，如酱粑、米花、麻叶、印盒粑、炒米、血糯米粑、腌鱼、重阳酒、菜粑粑、炒米圆子、周岁糕等。这些食品，是招待客人的佳肴。这些特色食品中，有的是早期军人们从中原地区带过来的，具有耐存放、便携带的特点，有的则杂合了周边侗族和苗族的生活元素。

印盒粑 隆里所最具特色的传统食品之一。每年腊月中下旬，所城内家家户户都做

米花麻叶和炒米油茶（2016年） 江滋根 摄

米花麻叶（2006 年）　　杨胜屏　摄

腌鱼（2011 年）　　王宗勋　摄

印盒粑，至今依然。其制作过程是，将 2/3 籼米和 1/3 糯米混合磨成粉，用水调匀，放入刻有动物、植物形状的木制印盒模，压成各种动物、植物形状，再涂上用可食用的自制天然色素，放入蒸笼蒸熟即成。因色味俱佳，加上涂染有各种鲜艳图案，深受孩童喜爱。隆里所有谣道：“印盒粑，美如花。好吃又经放，最好拿去诓娃娃。”

米花麻叶　由米花、麻叶搭配而成的组合食品，也是隆里所最具特色的传统食品之一。其共同特点是酥香可口，是隆里人娶亲嫁女招待宾朋必不可少的食物。均为糯米制成。米花是先将糯米用甑子蒸熟，用可食用色素染成红、绿、黄等颜色，然后用篾制成碗口大小的圆模，将糯饭放入模中制成厚约 1 厘米的圆饼，晒干备用；麻叶是用糯米加工成面粉，揉成面团，用擀面棒压成直径 20 厘米左右的圆形薄片，上面撒上芝麻，晒干备用。因状若麻叶，故得此名。有客临门，将米花、麻叶放入油锅炸成酥脆，配以油炸粑、腌姜、糖果、热茶等摆上桌招待客人。

炒米　又称“泡米”“冻米”“炒米广子”，亦用糯米制成。深秋时节，选晴好天气将糯米蒸熟，晒晾至半干，用石磨或碓舂将饭粒压扁，拌少量面粉再晒成冻米。农闲时，将冻米掺少量食盐和胡椒大小的河沙，再滴几滴桐油，用文火翻炒，冻米即成雪白香脆的炒米。接着用筛子除去沙、盐，将炒米密封贮存备用。

腌鱼　隆里所传统名肴之一。制作方法是，将打谷之前开田捉来的鲤鱼剖腹取除内脏，用盐浸渍一晚，然后将拌有米酒、辣椒面、生姜、甜酒糟等佐料的糯米饭塞入鱼腹内，层层叠放在木桶或陶坛内，密封其口，上用重石压紧。一月后即可取食，油煎、火烤均可。其特点是骨酥肉脆、酸甜咸辣兼具，色香味俱佳，“一家煎鱼，半城闻香”。旧时有俚云：“腌鱼煮豆腐，菜好饭遭殃。”

糍粑　隆里所传统食品之一。原为屯军随带的熟食。先把糯米蒸熟，然后倒在用青枫等坚硬木料或石头制成的粑槽里，由壮汉用木槌棰烂，由妇女捏制成饼形，冷硬后放于井水中，可贮存两三个月。

周岁糕 隆里所小孩满周岁之日特制，用于馈赠亲友，香甜可口，老少尤其喜欢。加工方法是，将籼米、糯米各半浸泡一夜，滤干后磨成面粉，用适量水拌匀，搓米粒状作为底料。再将炒成焦黄的黄豆和籼米合拌磨成面粉作为面料。然后将底料和面料按约5厘米厚度层层交替，置放入直径20厘米的圆形甑子中，直至放满。蒸熟后放凉，倒出便成周岁糕。

酱粑 隆里所的酱粑远近闻名。其色鲜艳，味道甜、辣、香皆俱，吃起来甜中带辣、辣中有香，想食多不能，少食又想吃，故也称其“怪味粑”。每年农历霜降节前后，用籼米加以紫苏、盐、辣椒面、生姜末、花椒粉、五香粉、桂皮、桂子等香料揉和成粑，煎熟，切条，用来招待贵宾。

血粑粑 亦是一种传统食品。其做法是将糯米拌入鸡、鸭、猪血中拌匀，以血浸透糯米为宜，将之制成块状晾干。食用时，切成小块与其他荤、素菜同煮。其特点是味香而糯，口感颇佳，深受欢迎。

菜粑粑 其制作之法，以籼米、糯米各半蒸熟，加入姜叶、韭菜、葱、蒜末和少量辣椒粉、五香粉、米酒、盐等搅匀，制成碗口大小的粑粑，晒或烘干。待客时，用菜油炸酥，切成小三角块，与米花、麻叶一起上桌招待客人，既香且脆，让人越吃越想吃。农忙季节，妇女们常制作菜粑粑，送到田间地头给劳作的男人吃。

炒米圆子 将瘦猪肉剁碎，与炒米、豆腐拌匀，倒入盆中，加入鸡蛋和适量的盐、香料等，调匀后，捏成乒乓球状，用菜油炸熟即成。

菜粑粑（2016年） 江滋根 摄

吃茶（2006年） 李胜锦 摄

米粉 也是隆里所的一种传统日常食品。隆里米粉口感柔软、细腻、耐煮不烂，热烫凉拌皆可。

重阳酒 隆里所人称“套酒”。其制作方法是，每年重阳节前后秋高气爽之时，用刚收进仓的籼米煮熟，放凉，拌以酒曲，置入木桶中发酵。待桶中有香气溢出，便腾到陶瓮中继续发酵。十天左右，即可烧烤。因刚收的大米新鲜浆饱，烤出的酒劲足香醇。隆里所人酿的重阳酒往往存放到过年时才饮用，或用来招待贵客。

◉ 服饰纺织

服饰

隆里所的先民们大多由中原和江南诸省迁徙而来，在民国以前的数百年里，其服饰始终保持中原汉族特色，与周边侗族和苗族村寨形成差异。进入民国以后，随着汉文化的不断和深入传播，周边少数民族陆续仿习汉族服饰，隆里所的“迥异”方才逐渐淡化。

男子服饰 隆里所男子传统服饰，主要为长衫马褂，马褂穿在长衫之外。马褂长不过腰，袖仅掩肘。清初为兵丁公服，康熙以后进入富贵人家，后逐渐推广，成为大众便服。民国以前流行唐装，男装上衣有高领、低领、中间开襟、布扣。上衣胸腹前有三至四个方形口袋，上小下大，无盖，有的还有暗袋。唐装裤子，裤头裤脚都较宽松，裤裆深长，无袋，前后不分，穿着时裤头左右相掩后紧束于腰或加一腰带。面料多为黑、蓝、灰色。多为粗布，也有绸缎。

作为戍边军户后裔，隆里所男子发式跟随国家要求，明代蓄留长发，清代蓄留辫子，进入民国以后均改为短发。

女子服饰 年轻妇女服饰一律短衣、长裤，行亲走客时穿五彩缎质百折罩脚裙或长罗裙，前后裙裆皆以彩线绣有花、鸟、鱼、虫、龙、蝶等图案，镶金银线，周以花边，另垂花带。上装外加银锦提头披肩，式样考究，悉以五彩绸、缎剪成成对的鱼、龙、鸟、蝶以及红花绿叶镶结而成，四边都吊五彩丝线，扎成长约 20 厘米的绦子，绦子上绣有“吉庆有余”“富贵吉祥”等字样。颈戴银制压领、项圈（一般三圈，多的五圈、八圈）、银锁等。

妙龄少女头式，前垂“刘海”，后扎大辫子，束红绳，戴凤头发夹。耳戴吊摇式瓜子或李子环。腕戴银镯，指戴戒指。其衣服从花色到件数都与已婚青年妇女稍有差别，追求素而静雅。

中老年妇女一律挽鬏髻，穿布纽、大袖的大襟衣，下装是大裤管便裤，只限素色。冬天外罩棉背心，束腰带，夏秋则围上小下大的短抹腰，上节称抹腰头，多系缎料，用色线绣五彩或用布剪成扎边图案，镶花边，有的还镶嵌金银线，缀以银或玉质光珠，吊以银链子。

儿童服饰 男女童装多重在头饰，头饰多为帽子。帽子为狗头、兔头等带耳朵和尾巴的形式。用银子铸成套钉在帽子前沿，帽套额前铸有“长命富贵”或“福禄寿禧”，左右各两字，中间一尊玉或银观音像，两边配有“文八仙”“武八仙”。项下置帽银坠子，坠子为钟、瓜等圆形物，胸前戴“保命百家锁”。这些银饰工艺精致，式样活泼美观。

织布与刺绣 过去，隆里所的服饰基本为自己生产加工。在 20 世纪 50 年代以前，男耕女织，妇女们自种棉花，自己纺纱、织布、染色，缝制全家大人小孩所需的各种服装。至今，还有少数人家坚持种植棉花。隆里所的纺织工具，主要有纺车和织布机。纺车为手摇纺车，由支撑架、摇柄、传动轴、大传动轮、传动带、小传动轮、卷纱针、

织布机（2016 年） 江滋根 摄

卷纱筒等组成。通过对摇柄的摇动，带动小传动轴和卷纱针及卷纱轴筒，将卷成拇指大小的筒状棉花纺成纱线，进而织成棉布。纺纱机均为木、竹材料制成。主要由脚架、撑杆架、卷纱轴、卷轴、脚踏交叉经线、拍板和梭子组成。织布的过程，既是妇女手、脚、心、眼的联动过程，也是她们发挥才智、显示艺术技巧的过程。

过去，隆里所的女子从七八岁起，就跟着母亲学刺绣，到了十六七岁，已经学有所成，能够独立刺绣。刺绣品主要有花衣、花裙、花袜、花鞋、花背带、花枕套、帐帘、门帘、手帕、鞋垫等，其工艺一直流传至今。刺绣工具主要有绷子与花针，材料多为绸缎及五彩丝线。刺绣过程一般是先画好图案，再飞针走线。针法以挑为主。这些刺绣工艺品，形式多样，做工精巧，色彩绚丽，备受青睐。

◉ 礼仪习俗

生育

隆里所生育习俗与周边其他地方大同小异，有三朝礼、满月酒、百日酒、周岁酒等。

三朝礼 婴儿诞生，要向外婆家报喜。第三天称为“三朝”，多数人家都视为新生儿的“大庆”之日，新生儿父母要请至亲吃酒（也有的满十二天才请）。“三朝”这天，家里要烧一锅以黑果叶、金银花藤为主的“百草水”给婴儿洗澡，称“洗潮”。洗澡时，要在盆中放上喜蛋及金银首饰等物。所城人认为，用金银首饰洗擦是为了给婴儿压惊。洗澡时，要边洗边说些吉利话，如“洗了头，做王侯；洗了腰，一辈要比一辈高；洗了脚，上大学”等。洗完后，取蛋在婴儿额头上擦一擦，认为这样可免生疮疖。亲戚们吃“三朝酒”后，陆续送来鸡、蛋、肉等礼物。外婆家则要挑送背带、衣物、童车等物，称“送祝礼”或“做外婆”。

满月酒 婴儿出生满月后，产妇始出门，称出月。满月时，家里要请满月酒，邀亲友前来庆贺。外婆或舅舅要抱着新生儿到大街上或邻居家里走串，至亲要来接满月的产妇及婴儿上门吃饭，饭后还要送婴儿穿戴的衣物等。婴儿满月时，一般要剃胎发。剃头时，额上要留前辫子，称“聪明发”。眉毛要全部剃光。剃下的胎发必须谨慎处理，或用红纸包好放在大门上方，意谓长大后“步步登高”；或揉成圆团用彩线缠好，挂在床头以避邪。

百日酒 婴儿出生100天称“满百日”，有的人家要办“百日酒”。百日酒和满月酒大致相同，但要给孩子穿“百家衣”，戴“百家锁”。所谓“百家衣”即是用各色碎布拼制成衣服，意为这样的衣服像乞丐衣服一样，让小孩像乞儿一样易长易大。所谓“百家锁”，意为借百家的福寿，小孩能健康长寿。

周岁酒　是生育系列礼仪的结束，也是寿庆系列礼仪的开始。小孩满一周岁一般都较隆重。过去在周岁礼上较流行“抓周”，即在周岁这天，摆放各种各样象征意义的物品，任由小儿抓取其中一样，以测试小孩将来的志趣和爱好。

婚嫁

1950 年以前，隆里所村人婚姻基本上实行一夫一妻制，个别婚后多年不育者或豪富官绅有一夫多妻现象（即纳妾）。1951 年以后，一夫多妻现象消失。

1950 年以前，隆里所的大多数家庭，尤其是在富贵门第中，封建礼教森严，日常生活中要求“男女授受不亲”，未婚女子不得与男子私自会面，更不得谈情说爱；婚后女子“嫁鸡随鸡，嫁狗随狗”，不得与其他男人有接触，不得向丈夫提出离婚，违者被“家法”处治。一般家庭亦不许妇女与其他男人接触。宣扬女子“在家从父，出嫁从夫，夫死守节”，要求女子单方面“从一而终”，夫死亦不能改嫁，夫死改嫁者被视为不贞洁。但男子如不喜欢其妻或有外遇，则可“休妻”再娶；妻死后男子可续弦，个别富豪官绅，发妻虽在，仍可纳妾（接“姨娘”）。

1950 年实行《中华人民共和国婚姻法》后，男女平等，都有婚姻自主权，在隆里所实行了 500 多年的封建婚姻制度才被彻底废除。

隆里所传统婚姻缔结是在父母的包办之下进行，讲求“门当户对”“明媒正聘”，郑重而严谨。婚姻仪式主要有议婚、说亲、送日子、坐花轿、拜堂、闹洞房、吃会亲酒 7 个环节。

议婚　也称“八字合婚”。隆里所的传统婚嫁活动，往往在当事人很小的时候就开始预备。双方父母同意后，就进行议婚。议婚由男方父母请媒人上门试探女方家长意见，如果允许，即托请人携物带礼去求问女子的“八字”（即出生年月日时）。男方得到女方“八字”后，即拿去与家里儿子的“八字”一起请先生推算，看两人是否可以婚配，称“合八字”。若双方“八字”不合，互相冲克，则议婚中止。

过去，隆里所城内盛行“订童婚”。因当时隆里所系汉人军事城堡，与周边少数民族互相防备、互不往来，婚姻圈子除了新化所外，就局限在所城内。很多人家担心自己的儿子找不到媳妇，就在“门当户对”的前提下，很早就到有女儿且年龄般配的人家给儿子订媳妇。订婚之后，男家每逢年节都要到女方家走动，联络、巩固感情，直到完婚。

说亲 也称“说媒”。男女双方“八字”相符后，男方便请媒人上女方家去说亲。女家父母若有意这门婚事，就烧茶给媒人吃。媒人来吃茶，男家就装上糖果糕点等礼品，择吉日的夜晚请媒人提马灯再上女家门。这时，女家收下男家带来的礼品，摆桌烧茶请亲友一同吃，表示答应这门婚事，这茶称“放话茶”。隆里所有俚语“吃了茶，巴[①]了牙”。婚约一定，就不能反悔。

送日子 婚事确定后不久，双方家长就商定婚期。婚期择好后，男方托人把婚期通知送到女家，称“送日子”。送日子约在婚期前两三个月内进行。这时，男家需要往女家送彩礼，礼物包括礼金、布料、大米、糖果、糕点等。送礼到女方时，女方要设宴酬客，让三亲六戚知道，称吃“日子酒”。接着女方家开“客单”交给男方家人带回。吃“日子酒”后，距婚嫁期已为时不远，女子便把辫子改成发髻，表示将要出嫁。

坐花轿 隆里所新娘出嫁时一定要坐花轿。坐花轿要行迎轿礼、上轿礼、下轿礼。结婚头天傍晚，由男家备办花轿，花轿内放一只鹅，请吹鼓手，吹吹打打抬到女家。花轿到女家门口时，将轿内的鹅取出交给女方父母，象征“娇女换娇娥”。结婚之日清晨，

花轿抬新娘（2017 年） 县委宣传部 供图

① 巴：隆里所方言，意为软。

吃会亲酒和敬亲婆（2017 年）　　县委宣传部　供图

新娘洗澡，身上所有衣物都要在火炉上筛过，以示辟邪。女子在闺房内穿好嫁衣，脚著红鞋，来到堂前向祖宗神位跪拜，在父母面前哭拜，跪谢养育之恩。将要上轿时，由一平辈兄长背着新娘从闺房出来直至送上花轿，称“上轿”。新娘被抬到新郎家，下轿时以红布盖头，由两名“牵轿婆”牵手出轿门，其他妇女有的拿隔筛隔新娘的面，有的拿席子垫新娘的脚，簇拥着新娘进堂屋。

拜堂　新婚夫妇拜堂，由一先生主持礼仪，按照先生口令，一拜天地，二拜高堂（父母），夫妻对拜。拜完堂，由两个牵轿婆牵入洞房。新郎要先站在左边床头上，揭开新娘红盖头。随后，新郎、新娘共洗一盆“和气脸”。

闹洞房　宴席散罢，与新郎、新娘交谊深厚的朋友及同辈兄弟戚属，要去闹新房。闹新房时，来人先放喜炮，新郎、新娘要出房来用二人凳把所有参加闹新房的人一个一个地抬进新房内，然后由领头的人安排“节目”。闹新房有雅俗之别。先是进房时合唱一段顺口溜，每人要讲一句吉庆话，然后设计各种“恶作剧”，让新婚夫妇窘态不断，大家哄笑不停。闹新房到夜深时，新郎、新娘摆上茶果糕点招待闹房人，众人吃罢即散去。至此，婚礼的活动大体结束。

吃会亲酒　婚礼后第二天，男方家必须备席宴请女方父母叔伯、姑舅等至亲，俗称“会亲酒”。

1950 年,《中华人民共和国婚姻法》颁布后，废除了父母包办等封建婚姻制度，隆里所婚姻习俗逐渐改革，自由恋爱成男女青年的追求，父母只管操办婚宴；新娘出嫁不坐花轿，由新郎亲自迎接，步行到郎家。20 世纪 60 年代以后，婚礼更趋简单，拜堂、闹新房等烦琐礼节一律免去，宴席也十分简朴。80 年代以后，随着生活水平的提高，婚礼虽然从简，但花费越来越多，宴席越办越阔，场面越来越热闹。娶亲用轿车（也有部分人选择传统婚礼，坐花轿），宴席摆上几十桌上百桌，有的还举办婚礼晚会，请地方腰鼓队打腰鼓、表演节目助兴。

丧葬

隆里所村境内人去世后皆以棺装土葬。上年纪的老人，一般在生前即备好棺材和寿衣。葬礼，俗称“白喜”，亲友来吊唁送葬，称“吃吊酒”。60 岁以上老人去世，葬礼较隆重。凡非正常死亡或客亡于外者，其遗体不得停在家中，非正常死亡的还须经火化后将骨灰入棺埋葬。整个葬礼过程有着浓厚的道教、佛教色彩，是一种较复杂的民俗信仰活动。

送终 病人生命垂危医救无望时，子女等直系亲属就守护在侧，等其落气，称“送终”。落气后，立即放落气炮，其意是鸣炮送死者归阴，同时向亲友和四邻传递噩耗。

入棺 “送终”后，子女请至亲同性同辈长者为死者擦洗、修容、穿着，并以白棉布将亡者脸面掩盖，称“小殓”。然后将尸体抬出卧室，放在堂屋临时搭置的灵床（亦称“梦床”）上，盖上寿被。等二十四小时后，将尸体移入棺椁内，称“大殓”。

贴挽联 隆里所丧事讲究贴挽联。一般用白或黄纸写黑字，上百岁老人用红纸（因长寿而当“红喜”对待）。丧事是孝家最大之事，故首副对联的横批为“今当大事”或“当大事”。对联内容大多表达孝子女对死者离去的悲哀思绪，简述死者平生功苦和死因。

成服 老人死后，其晚辈要披麻戴孝，即身穿白布衣，头戴白布帕，以表示孝敬和悼念。从大殓次日起，在服之人遵例成服，轮流看守灵柩。其他人根据与死者关系亲疏远近不同，分别穿戴不同的丧服和长短不一的孝帕。

择期 人死之后，即请先生择选举行悼念和安葬日期。有的人则遵“三日而葬”“人死三日无忌”的古制安排时间。但多数是请先生选择认为最适合死者和孝家的日期进行悼念和安葬。停柩时间一般为七天左右，多者十天半月。

发讣告　日期确定后，孝家立即发讣告，通知亲友前往吊唁。讣告又称讣文，由孝家先发丧条，待先生择定日期后，即用讣文形式向亲友发送，讣文中写明死者姓名、年龄、出身、死因、逝世和登山（出殡）日期。亲友得知后，按期赶往吊唁。

设堂吊奠　安葬日期择定后，孝家在家设置灵堂，扎制灵位牌，择期请人“题主”，直到登山前为止。其间接受亲友吊丧，献挽联、挽幛、香烛、纸钱、果品等。登山前后两天，请法师主持系列礼仪，祭奠和超度亡者。仪式通常有叫饭、开路、喊祭、发丧、扫屋等。登山头天的活动称“开吊”，热闹而庄重。开吊以“开路”和“解结献花”两个程序最为庄重，时间最长。隆里所人认为，人死后必须由法师开道引路，否则死者会留念子孙，阴魂不出房屋，会使家里日后不安宁，故请法师做法事诵念经文，超度亡者阴灵。“解结献花”又称“开奠绕棺”，是孝家晚辈祭奠和告慰亡者的一种仪式，极其严肃。法师念经前引，孝男孝女手持点燃的三炷香跟随其绕棺数十次。接着孝男孝女跪拜灵前，法师一边念经，一边将事先搭在棺盖上的白线在孝男孝女面前打个活结，由孝男孝女拉线头将结解开，称“解结”，意为希望儿孙以后要与人和好，化解仇怨。解结完毕，接着唱孝歌，唱毕一首歌，就烧一朵预备的纸花，称“散花”。此活动往往持续到次日凌晨。

破土　亦称“告穴”。安葬之前，孝子请先生一同上山选择安葬之地，称“踩地”。葬地择定后，于出殡当天凌晨请人“打井”，孝子须随同到葬地。先由孝子挖三锄，称“破土”，然后由帮忙者动手开挖。孝子所挖的第一锄土称“土娘”，须谨慎地放在一边。

出殡出祭　出殡严格按照先生择定的时辰进行。时间一到，立即出发。孝子双手捧灵位走在前面，接着是遗像、灵屋、灵亭、花圈、挽幛、挽联、吹鼓手，送葬亲友、灵柩。在服之人及亲友均执帏，紧跟灵柩哀哭而行。棺柩抬行后，沿街走走停停，接受亲友拜祭，称“路祭”。

安葬　出殡登山，要请 8 名身强力壮的男子抬棺材，称“抬重”。若路程较远，得请两班、三班人轮换。抬柩人至墓地时，按男左女右，将棺柩暂放在墓穴之侧，由孝子下去将墓穴整理好，然后按时辰将棺柩放入穴内。之后，由先生微调方向，杀鸡映穴、念咒扫影后，先将“土娘”放入穴内再覆土掩埋，最后培土垒成坟堆，有的同时安立墓碑。

复山和拜七　安葬后次日，孝子及至亲再次到坟前烧香化纸祭奠，修整墓丘，称“复山”。从安葬之日起，按七天为一期，封冥包烧给亡者，直到第 49 天。第一个 7 天为“头七”，封包 7 个；第二个 7 日为“二七”，封包 14 个。依此类推，第七个为 49 包。最后一天举行“拜七”祭奠。

守服 隆里所旧习。死者直系亲属在守服期内，每天早晚吃饭时要另盛一碗饭，上放一双筷子供奉亡者，称之“供饭”，一直供到亡者满三年为止。在三年内，孝子谢绝交往应酬，自家不得举办喜庆之事，不张贴红色对联，只能用白、黄、蓝色纸张书写张贴，诸如“守我堂前服，不知门外春”“守孝不知红日落，思亲只望白云归”等，表示对亡者的思念。

挂社 每年农历二月立春过后第五个戊日为社日，孝子需上坟，对新逝世三年内的先人进行祭奠，称“挂社”。第一年为头社，第二年为二社，第三年为满社。挂满社时，孝子要披麻戴孝，亲属们都要携香纸、炮竹、果品、刀头[①]、酒之类的物品到坟前祭扫，给坟墓除草培土、挂纸，表示对死者辞年祭拜。

建房

隆里所建房主要有奠基、上梁、乔迁 3 个环节，每个环节都有特定的规仪习俗。

奠基 隆里所人将“奠基”称作“动土”或“动工”。20 世纪 50 年代以前，隆里所人建造房屋十分讲究。动土之前，先要请风水先生看地脉，确定房屋的朝向，选择“黄道吉日”破土动工。动工当日，房主人要请先生举行仪式，祭奠地神龙神，以保建筑平安。20 世纪 50 年代以后，此仪式逐渐淡化，现仅在动工日摆上刀头和酒、烧香化纸、燃放鞭炮，以示求讨吉利而已。

上梁 隆里所村民居大多为杉木结构，人们历来重视上梁。20 世纪 90 年代以后，有部分人家将传统木房改建为砖木结构房屋，但都很重视“上梁”程序。在选定“吉日”的头天，请来邻里亲友 10 ～ 20 人，在掌墨先生的指挥下，先将加工好的木构进行排扇，再将排好的房扇用枋联竖成房架，接着即上梁。上梁过程很讲究，分为砍梁、包梁、上梁、贺梁 4 个程序。砍梁多由舅爷（或姑爷）、主家各一人于上梁日凌晨到东方去砍一根 4 米左右的杉木抬到家门口，再由大师傅量定尺寸、砍整好。上梁当天上至中午，众人把房架竖好，在房柱上贴上大红喜庆对联，堂屋正中横枋上贴写有“天无忌，地无忌，年无忌，月无忌，日无忌，时无忌，姜太公在此，大吉大利”的红纸。主人在先生选好的时辰里，在掌墨先生的指导下，在堂屋间梁木侧摆好香案，案上放有一斗稻

① 刀头：隆里等地祭祀的主要祭品，为一块带有皮、肥肉和瘦肉的猪肉。

谷、刀头、酒、香纸、蜡烛和小秤，在梁木的正中间包上一块约70厘米宽的红布，红布里包有两锭墨、两支新毛笔、当年历书一本和一块银圆（碎银）。红布两头用铜钱或硬币钉牢，挂上4支谷穗，梁木两头各挂鞭炮。上梁时，由两名亲友（夫妻健在、儿女双全）先攀上房顶，将一桌酒菜和梁粑（梁粑有两种，大者直径约30厘米，又称“子孙粑”；小者直径5～8厘米不等）及糖果、水果等吊拉到房顶，待掌墨先生杀鸡将血淋印梁木后，点燃梁木两头鞭炮，房顶两人将梁木徐徐上拽。同时，掌墨先生脚著新鞋，口念“上梁词”，攀爬至房顶，指挥将宝梁木安好。然后掌墨先生与顶上两名亲友以及陪客（6～8人）共同划拳，高呼“人财两发，富贵双全”等贺语。贺毕，向下抛撒“子孙粑”。撒“子孙粑”时，掌墨先生向下面准备接粑的主人问：“要富还是要贵？”接粑人高声回答：“富贵都要！”随后，房顶上的亲友将梁粑和糖果向下抛撒，下边亲友争抢捡拾，以示喜庆。

乔迁　新居装修好后，主人择吉日报客举行乔迁仪式，称“进新屋”。主人先请几个至亲长者在凌晨选定时间，点灯笼火把，搬些家什从原住旧屋直走到新居，然后在新居火炉里烧一把旺火，称“拢火炉”，寓意“红红火火，大发大旺”，请来帮忙者每人赠主人一个小红包，以示“进财喜”。有的仪式较简单，主人搬入新居时至亲好友主动前来祝贺，送贺联，放鞭炮，封赠贺仪。也有的新落成庆典和乔迁一并进行。近十年来，有的在县城或其他地方购买商品套房，也举办乔迁活动。不管是何种形式，主人均要设宴请客，来客都需送贺礼。

陶家院子浮雕（2018年）　　王宗勋　摄

◉ 节日

隆里所村传统节日有春节、元宵、寒食、清明、端午、晒衣、中元、中秋、重阳等。其中具特色的是除夕和春节、元宵、晒衣、立夏及中秋节。

春节 隆里人过年和春节接连，前后有二十多天。腊月二十四、二十五日便开始杀年猪、烘腊肉、灌香肠、磨豆腐、打糍粑和炸米花麻叶等。20 世纪 80 年代以前，糍粑打得多的人家在 50 千克以上，现在一般只打十余千克，有的甚至不打。

大年三十白天，家长要携带儿女到坟茔上给祖先辞年，培土除草，摆上刀头、酒等供品，烧香化纸，子女在坟前磕头。然后回家，并在门外张灯结彩。吃罢团圆饭后，全家守岁通宵。

过去，大年初一早晨，家家都要举行祭祖仪式，把刀头、酒、茶、果品等摆于神龛前的桌案上，烧香化纸，敬祀祖先。小孩子们起床后，三五成群沿街挨家拜年，送去吉祥语言，长辈则给糖果、压岁钱。早饭后，成年人有的出去春游，东去西来，北出南归，不走回头路。回家时须折几片竹叶插在头上或身上，手上拿几根生柴回家，寓意“招财进宝，出行顺利”。当天，新婚夫妇要带酒肉、粑粑、糖果等礼品去给岳父岳母、舅父母等近亲长辈拜年。返回时，长辈回以一定数量的钱币或礼品。过去，这天忌讳串门、挑水、动刀斧、扫地、泼水、做针线活等。但近三十年来，大多数人已不再遵守这些禁忌，而是广泛参加文化娱乐活动。初二、初三两天都要在家里祭祀祖先。初一祭祖烧冥纸称“烧天纸”，初二称“烧地纸”，初三称“烧门神纸”。

初三至十五，人们出门走客，一进门便喊“新年发财”等贺语。亲友间互请年酒，酒席间，大多猜拳行令和唱酒令歌。

初一至十五，隆里所的龙灯、汉戏、故事、灯谜等队伍悉数出动，尽情表演。

元宵节 正月十五元宵节，隆里所一定要舞花脸龙。这天是隆里人一年中最热闹的日子，故又称“狂欢节”。

立夏节 隆里所自古重视立夏节。立夏这天有吃蛋、豆腐笋、乌米饭的习俗，至今如此。这天清晨，家家都要煮上二三十个带壳的鸡（鸭）蛋，将蛋壳染成红色，用彩带编织的网兜套上。亲友间相互赠送，挂在小孩的脖子上，下午或傍晚让小孩吃掉。成年人则多吃煎蛋、荷包蛋。相传吃立夏蛋是为了祈祷夏日平安，身体康健，不得“疰夏症”。立夏吃笋，传说是用竹笋支撑眼皮，让人少瞌睡，从而多有时间从事生产。隆里所至今流传“立夏不吃蛋，瘦得不好看；立夏不吃笋，瘦成光梗梗”的民谣。

晒衣节 每年农历六月六日，气候炎热。隆里所有谚形容：“时逢六月六，晒得鸡蛋熟。”这时，所城里家家都把棉衣、棉被等冬季穿用衣物搬到太阳下暴晒，有的人家还把家谱、书籍和契约文书等拿出来晒。农谚云：“五月十三你不送磨刀水，六月六日我不让晒龙袍。”其意是，五月十三不下雨，六月初六就定会有雨，晒不成衣物。

中秋节 隆里所过中秋节，其最大特色是“月送崽”活动。在八月十五晚上，凡当年有为儿子准备结婚的人家，妇女们都要为其家上门送“崽”，称“月送崽”。相传八月十五这天天上月宫女神坐位掌权，她要在这天给凡间当年成婚的夫妇赐送一对双胞胎。所以，隆里所的老年妇女们每到这天晚上，便相约三五成群地登门给这些人家“送崽”。她们将橙子包扎成婴儿头，装扮成若干婴儿，分送给各自的亲朋好友及街坊当年有儿子结婚的人家。登门进屋时，“送崽”人念念有词：“恭喜恭喜某府君，月亮送崽上贵门。送来一对双生子，易养成人跳龙门。”听说月亮“送崽”来了，全家老少皆大欢喜，主人们把送来的“双胞胎”放到新婚夫妇的床上，接着把早已准备好的糖果糕点捧出来招待。吃毕，妇女们又往另一家送崽去了。

隆里所民间主要传统节日一览表

表 4

月份	节日名称	农历时间	天数	主要活动
正月	春节	初一至十四	14	舞龙灯、唱汉戏、舞狮子、迎故事、猜谜语，初一烧年纸、初二烧天地纸、初三烧门神纸
正月	元宵节	十五、十六	2	舞花脸龙、唱汉戏、龙下海
二月	挂 社	二月初二	1	架桥、祭奠新逝世老人
三月	寒食节	三月初三	1	吃甜藤粑
三月	清明节	清明	3 ~ 5	上坟挂纸、烧香、放炮、祭祀、集体祭祖、会餐、烧锅
四月	立夏节	立夏	1	小孩吃红蛋、吃豆腐笋
四月	浴佛节	四月八	1	吃黑米饭
五月	端午节	五月初五	1	包粽子、挂菖蒲和艾叶、吃雄黄酒
六月	晒龙袍	六月六	1	晒衣物
七月	中元节	七月十五	1	祭奠家中逝去祖先，封写冥包、烧包烧金银壳、冥钱
八月	中秋节	八月十五	1	祭月亮、吃月饼，为当年准备结婚的新郎家上门“送崽”

续表 4

月份	节日名称	农历时间	天数	主要活动
九月	重阳节	九月初九	1	打重阳粑、煮重阳饭、酿重阳酒
腊月	过年（除夕）	十二月最后一天	1	烧太平纸、讨桥饭、烧香纸、放炮、贴对联、贴门神、点神灯、点天灯、吃团圆饭、守岁、接天地

◉ 信仰　禁忌

信仰

隆里所人的信仰较杂，大致可分为宗教信仰和民俗信仰。信仰人群以妇女为多，态度也很虔诚。

宗教信仰　隆里所人宗教信仰主要有道教和佛教。所城内外建有观音庙、城隍庙、玉皇阁、二郎庙，城外建有真武寺等。

民俗信仰　隆里所人的民俗信仰，首先是崇拜祖先，每家中堂都设有天地牌和祖先神位，族中建有宗祠、清明扫墓、中元节祭祖；其次是崇拜英雄和神话人物，如建有文庙、武庙、关圣庙、飞山庙、董（三谟）张（应诏）合祠等；三是相信万物有神，崇拜和祭祀的神较多，如土地神、树神、桥神、井神、碑神、钟鼓神等。所有的祭祀活动，祭品中都离不开神香、冥钱、刀头、酒，祭拜时所念的祈语基本上都是求先人和神灵保

堂屋天地牌和神龛（2016 年）　江滋根　摄

供于神龛上的先人牌位（2016 年）　　　　江滋根　摄

佑安康吉祥之类，祭拜时无不恭敬虔诚。

禁忌

隆里所禁忌较多，涉及婚丧嫁娶、起房造屋等大事及日常生产和衣食住行等生活的各个方面。

婚育　接亲时忌与另一支接亲队伍迎头相遇，路上忌有孕妇跟随，新娘进屋忌与孕妇相遇；接亲路上忌马灯熄灭（认为夫妻不登头），新娘出门和回门忌走一条路，背新娘出门时忌半途落地；家中有孕妇，忌在板壁上钉钉子，忌敲打门枋。

丧葬　病人临终忌挂蚊帐（认为挂蚊帐会使死者灵魂不能升天）；殓尸忌铜、铁、铝质器物入棺。

起造房屋　“发墨”的中柱忌落地；砍宝梁木忌天亮出门和砍伐，砍梁木忌向西方倒，梁木扛到家时忌落地；杀鸡印梁时忌把鸡杀死。

日常生产生活　大年初一忌上井挑水，忌舂米，忌扫地，忌拿针线，忌动刀斧，忌泼水出门外，忌说“死”字；立夏节忌犁田；牲畜怀孕时忌除粪。

其他　烧香祭祖敬菩萨忌点双根香；装修神龛壁板忌装倒头板；上厕所忌听阳雀（杜鹃鸟）叫；上山忌捡死禽兽；出远门前忌吃夹生饭，忌听到乌鸦叫；上山砍树和拖运木材时，忌煮饭不熟；忌七日（初七、十七、二七）出门。

20世纪80年代以后，许多禁忌逐渐被打破，但婚丧禁忌仍为多数人遵守。

◉ 方言土语

语系归属 隆里所的汉语与贵州省锦屏地区流行的汉语，均属带有湖南方言特点的北方方言之西南官话。西南官话又分为黎平话与黔东话两个次方言，隆里所语言处于两个次方言的交接部，偏靠黎平方言。

隆里所汉语方言特点较突出。在语音方面，有5个声调，即除了阴平、阳平、上声、去声四调外，古入声字自成一调。在声母上，锦屏地区汉语方言一般没有[n] 、[l]之区别，而隆里语言却有[n] 、[l]的区别，但无撮口呼，相应字读为齐齿呼。在韵母上，隆里所无撮口呼韵母，读为相应的齐齿呼韵母。但隆里话多一个韵母[iu]。在词汇方面，主要表现为隆里所不同于一般汉语通俗语言的、特有的方言词。

语法特征

隆里所村的方言，在语法上较一般西南官话稍有差别，主要体现在副词和语气词上。

副词 最突出的是否定词中没有“不”字，而是用“没”字（音“miè”）替代，如“不怕”读为“没怕”，“不爱”读为“没爱”，“不晓得”读为“没晓得”，“拿不动”读为“拿没动”，等等。有时，“没”字也常用于过去未曾发生的表达式，如“昨天他没来”；有时也常用于是非疑问句句尾，如“是你家的没？”此外，还有“莫”字和“guáng”，“莫”字相当于普通话中的“别”和“不要”的意思，如“莫摸”“莫开玩笑”“莫小看人”等；“guán”是普通话“个人”两字的合音，意指“自己”或“另自”，在隆里一带使用频率很高，如“是我guán的”“他不是隆里的，guán是黎平的”等。

语气词 隆里所村的语气词较突出的有“嘎”（a^{35}）、“啊”（a^{33}）、“呵”（a^{35}）、“嘞”（lei^{42}–le^{42}）、“呃”（ei^{35}）。

“嘎”（a^{35}），表示已然，如“下雨嘎”（下雨了），“来嘎”（来了），“没来嘎”（不来了），“早走嘎”（早已走了）。

“啊”（a^{33}），表示催促、请求、命令提醒或句子中间停顿，如“是你去啊，还是我去？”“你上前啊”“快走啊”。

“呵”（a^{35}），用于是非疑问句句末，其音变情况与“啊”相同，表示疑问，如“难道你不是他们家的亲戚呵？”“你不认识我呵？”

“嘞”（lei^{42}–le^{42}），用于祈使句末表示要求、劝告，或用于陈述句末表示指明事实，如“小心点嘞！”“红军那年得到过我们隆里嘞。”

“呃”（ei^{35}），用于名词性成分之后构成疑问句，如“呃，你崽呢？”

隆里方言与现代汉语对照表

表 5

类别	隆里方言	现代汉语
天时地令类	天边红	彩霞
	天麻亮或麻麻亮	拂晓
	打火闪	闪电
	天河	银河
	杠	彩虹
	扫把星	彗星
	浪篙雨	大雨
	擦黑	傍晚
	星子屙屎	流星
	河沙坝	河滩
	三十晚	除夕
	正（音 zhēn）年	今年
	门年	明年
	毛毛雨	小雨
植物类	谷子	稻谷
	苞谷	玉米
	黄豆	大豆
	胡豆	蚕豆
	洋芋	马铃薯
	辣子	辣椒
	薯子	红薯
	葛薯	地瓜
	海茄	番茄
	白果	银杏子
	杨咪	杨梅
	鸦屁烟	鸦片
	叶子烟	土烟
	红饭豆	红竹豆
	豇豆	江豆
	羊桃	猕猴桃
动物类	课马	母马
	牛崽	牛犊
	骚牯	公牛
动物类	草狗	母狗
	龙狗	公狗
	豺狗	狼
	星贴子	蜻蜓
	岩鹰	老鹰
	岸鹅	大雁
	飞老鼠	蝙蝠
	叫叽叽	蟋蟀
	虫鳝	蚯蚓
	绿蚊子	苍蝇
	泥壳子	蚌壳
	偷油婆	蟑螂
	母鲤	母鱼
	盖鲤	公鱼
	黄鳝	鳝鱼
物品类	单车	自行车
	洋火	火柴
	车子	汽车
	拐棍	手杖
	寿木	棺材
	火捋	厨房
	茅厮	厕所
	被窝	被子
	垫单	床单
	上装	衣服
	下装	裤子
人物称谓类	保爷	干爹
	保娘	干妈
	公	外公
	婆	外婆
	爹	祖父
	奶奶	祖母
	家（音 diā）	父亲

续表 5

类别	隆里方言	现代汉语	类别	隆里方言	现代汉语
人物称谓类	娘	母亲	人情世故类	刷坛子	取笑
	亲爷	岳父		捧抛	拍马屁
	亲妈	岳母		裹绞	复杂
	男人	丈夫		垮杆	垮台
	婆娘	妻子		接烂	收拾
	姑娘、虐	未婚少女		摊子	残局
	崽	男孩子		栽筋斗	失败
	俩爷伙	父子俩		着冤枉	受委屈
	俩嘎老	夫妇俩		惯事	放纵
行为类	屙尿	小便		红眉毛绿眼睛	互相生气
	屙格	大便		瞎眉鼠眼	视力不好
	克	去		垮眉垮脸	不高兴、沉脸
	利索	办事干净		憨包	傻瓜
	讪谈子	开玩笑		敦笃	壮实
身躯行为类	脑壳	头		麻利	办事干净
	格下窝	腋下		开黄腔	说外行话
	颈（音“jiǎng”）根	脖子		玩板眼	卖弄
	打瞌睡	睡觉		延皮塔脸	调皮
	扯卜鼾	打鼾	其他类	过早	吃早餐
	咪咪	乳房		牢实	坚固
	肚脐眼	肚脐		外头	外面
	波罗盖	膝盖		以头	里面
	不舒服	生病		是你	这里
	屙肚子	腹泻		呛呛话	调皮、不投机话
	打摆了	疟疾		拢共	合计
	杀阁	扫尾		背时	倒霉
	冒火	愤怒		总成	撮合
	丢了	遗失		二溜子	流氓
	扯伙	合伙		关羊	拦路抢劫

隆里“三宝”

花脸龙、汉戏、迎故事，是隆里所的“三宝”，是人们长期精心培育出来的思乡情绪载体和精神寄托物。

花脸龙、汉戏、故事，是隆里所人长期精心培育出来的思乡情绪载体和精神寄托物，被称为隆里所的文化“三宝”。每年正月间，这“三宝”同时激活，使隆里成为一座狂欢之城。龙是隆里所的文化符号和象征，在城里无处不在。其中舞花脸龙属全中国独有，以其别具一格的豪放和狂野，展示着这里的人们曾经是“皇帝派来的”的强大自信心理。演汉戏，是这些屯军的后裔，用抑扬的唱腔和夸张的脸谱，追忆着曾经的金戈铁马生活，并表现其数百年来回望千里乡关的绵绵情愫。迎故事，用糅合着戏剧、杂技和装饰等艺术的表现形式，演绎着一个个在隆里可找到踪影的美丽故事，令人产生无限的遐思。

◉ 舞龙

舞龙，隆里所俗称“玩龙”或“耍龙”。隆里所人自古崇拜龙的神性和魔力，希望通过舞龙活动祈求风调雨顺、五谷丰登、驱邪保泰。1970 年以前，隆里所玩龙有草把龙、节子龙（亦称过街龙）、蛇龙、花脸龙等多种形式。但龙体的扎制较为简单，舞玩的动作也较单一。而且所城内不同区域，龙的形式也有所区别：东门和北门玩蛇龙，南门和西门玩节子龙。舞龙时还常配合以舞狮子、迎故事等活动。但不同区域也有所分工：西门和北门舞狮子，东门和南门迎故事。过去，所城里东门龙王、胡姓有“私龙”，即固定由该族姓人集资而成；其他的龙皆为同一居团同姓或不同姓氏人集资而成，执龙股者不固定。舞狮子和迎故事活动的组织亦大抵如此。

20 世纪 70 年代中期，隆里公社文化站工作人员江滋伦（隆里所南门人）到外地学习，将外地舞龙形式和技术引入，对所城内的龙加以改造。90 年代初期，隆里所村党支部书记胡炳祥到贵阳参加舞龙技艺培训班。回来后，将所学的技艺与隆里的风情相结合，对所城内所舞的龙进一步改造，使龙的扎制和舞玩动作更加精湛。此后，所人对龙不断改造提炼，龙的扎制和玩舞技艺不断提高。每年正月初一至元宵节的半个月里，是隆里所龙的节日，尤其是正月十五元宵节“花脸龙”出动，把整个活动推到高潮，整座古城仿佛变成了一条腾舞的巨龙。元宵节于是被称为隆里所的“狂欢节”。清光绪（1875—1908）时，中林廪生吴尚恭到隆里所观看舞龙后作有《观隆里舞龙》进行描绘：

舞龙过街（2006 年）

杨胜屏 摄

舞龙迎宾（2015 年）　　杨胜屏　摄

来观隆里耍龙灯，腾跃滚翻舞不停。

旋转身躯摇摆摆，狰狞面目活生生。

家家朝贺言祥瑞，巷巷游行闪亮晶。

锣鼓频敲真热闹，满城老少喜盈盈。

送龙　送龙既是舞龙活动的开始，也是舞龙活动的结束。送龙也即以抽签的形式将龙传交给下家，此活动在每年除夕举行。这天早饭后，由送龙队把当年正月舞玩坏了的龙骨架，从贮放的地方拿出来，送到当年有喜事（儿子结婚或有新生儿）的人家，由这些人家负责将龙体修复一新。如有多家，则把龙分为龙头、龙身、龙尾几个部位，由这几家通过抽签来定。抽到龙头者，视为大吉大利，称为“抢龙头”。过去，常有因抢龙头而出现争吵的情况。抽得龙签的人家，无不尽职尽责地将龙体修复（编制一个龙头，2016 年成本价约 500 元）。修复龙体工作，一般要求在正月初四至初六完成，然后交给舞龙队统一放在专门的场所，以备舞玩时用。

状元桥上祭龙（2008 年）　　县委宣传部　供图

请龙　舞龙活动开始之前，先要进行“请龙”。请龙有特定的仪式，一般由舞龙队员把修好的龙抬举到龙溪边。在“请龙师”的指挥下，在溪边用一张桌子摆上各种供品，烧香化纸，然后由“请龙师”诵念“请龙词”，舞龙队表演请龙动作。仪式结束，即意为“龙魂”依附在新龙身上，所舞之龙就有了灵性，能如人所愿，护佑地方平安。

龙朝贺　即龙到各户赐送吉祥。每年农历正月十三日夜幕降临后，家家户户准备“接龙”，即在大门口、堂屋中，摆案桌、列供品、封“红包”。当舞龙队来到家门口时，立即焚香烧纸，燃放鞭炮。炮声和舞龙队的锣鼓声停止后，“判龙先生”便高声诵念“贺龙词”，他念完一句，众舞龙者就随着高声应一声“贺”，直到诵念完毕。这时，扛龙宝（龙珠）者向主人作揖，然后带引全条龙进其堂屋绕一圈，以示龙神进屋，百灾消除，全家吉祥。之后，接过主人馈赠的“红包”，再往另一家，直到把负责该片区的所有住户全朝贺完毕。

“龙朝贺”活动不仅在隆里所内进行，还延伸到附近村寨。凡去别的村寨活动，该村寨都要杀猪设宴款待，称“放猪头”。下一年，该村寨会组织龙到隆里所来回访舞玩，称为“讨嘴”。通过舞龙活动互相往来，互送吉祥，隆里所与邻近村寨因而建立起友好关系。20 世纪 90 年代后，隆里所的龙还经常到锦屏县城及至州府凯里的国家机关、企事业单位朝贺，颇受欢迎。

五龙朝贺（2005 年）　　吴展先　摄

附：1997 年春赴凯里表演贺龙词

公元一九九七春，古城隆里耍龙灯。
龙灯耍到凯里市，特来朝拜领导们。
党的领导是根本，四项原则牢记清。
方针政策贯彻好，农民致富谢党恩。
中央政策指航向，六中全会合民心。
精神文明花开放，反腐倡廉助振兴。
领导有方党风正，国有特色气象新。
人民笑走脱贫路，百姓欢歌贺太平。
社会主义千般好，党的领导似明灯。
人大政府和政协，团结一致紧紧跟。
领导全州脱贫困，各族同胞喜在心。
同声歌颂共产党，不愧人民大救星。
来朝贺！

龙送子 正月十三日深夜“龙朝贺”活动结束后，舞龙队伍稍作休息，接着就进行“龙送子”活动。舞龙队负责人将已准备好的、用红纸剪成的一对小红纸人，连同“贺贴”一起放在红漆盘中，由一人捧起与龙队同行，敲锣打鼓鸣炮送往当年有儿子结婚的人家，祝贺该家幸福吉祥，早生贵子，故称“龙送子”。当年有儿子结婚的人家也都早作准备，在大门口摆上案桌及香纸、刀头、糖果、酒水等，全家人虔诚恭候“送子”龙的到来。

“送子”龙来到，接龙之家立即烧香化纸放炮迎接，将送来的一对小红纸人，双手接过，奉置于新人床上。这时，贺龙者开始不紧不慢地高声念贺词：

老龙奉旨下天庭，特送贵子到府门。
易养成人易长大，发富发贵发人丁。

念完，主人赠以“红包”，接着又捧出准备好的甜酒、粑粑、米花、麻叶、糖果等给舞龙队员吃。吃毕，舞龙队伍便收龙往另一家，直到全部送完后便高高兴兴地收龙。

送龙下海 送龙下海是隆里所舞龙活动的结束仪式。20 世纪 90 年代以前在正月十六日举行，90 年代以后出于发展旅游业的需要，提前到正月十五元宵节举行。在 20 世纪 50 年代以前，送龙仪式其实是打清醮活动的扫尾仪式。正月十六日，隆里所都要

五龙抱柱（2005 年） 杨胜屏 摄

组织打清醮活动。这天白天，全城吃斋，舞花脸龙。按照打清醮活动的仪式要求，组织者要组织“谢土招龙”，到所城周边的高山上安置水缸或给水缸加水，对全城每家每户进行消防安全大检查。最后，在下午举行“送瘟神”。20 世纪 50 年代以后，正月十六日组织打清醮活动日渐稀少，大多只是简单地送龙神“下海”。晚上，各门组织少年扛龙游街。游街结束，在街上送龙神“下海”，即点烛火把龙纸烧掉，只剩下龙骨架，然后把龙骨架送至平常贮放舞龙道具处贮放，待到来年重新送龙，开始活动。送龙“下海”后，每条龙的扛舞者都得到一块“龙肉”回家。次日上午，所有持龙股者，集中分“龙肉”（即用集资得到的龙基金买的猪肉），均分给每家每户，一家一小块，用香签穿带回家给家人吃，以示分享龙所带给的平安吉祥。

花脸龙

花脸龙为隆里所独有，2007 年被列为贵州省“非物质文化遗产保护名录”，隆里所因而被称为“花脸龙之乡”。

花脸丑角用米粑腻人（一）（2006 年） 杨胜屏 摄

花脸丑角用米粑腻人（二）（2006 年） 杨胜屏 摄

花脸龙造型表演（2006 年） 杨胜屏 摄

扛龙尾的丑角（2006 年） 杨胜屏 摄

由来 花脸龙，因所有舞龙者的脸上，按照古代京剧生、旦、净、末、丑角色，用颜色画成不同的脸谱，故而得名。又因舞玩游街时，扛龙尾者常用所持的粑粑腻[①]虐观众，故又称为“腻粑龙”。

隆里花脸龙在明代由屯军从中原带入，经长期不断地加工提炼，至 20 世纪 90 年代以后逐渐成熟。花脸龙取材于北宋汉戏“蓝季子会大哥”（又名“戏皇嫂”）故事。传说宋太祖赵匡胤陈桥兵变建立宋王朝后，大宴群臣，论功行赏。其十二个结拜弟兄皆得到封赐，却忘了其最小的义弟蓝季子。蓝季子心下不平，便闷头饮酒，唉声叹气。喝醉之后，抹成花脸，装癫扮狂，用暗语刺激赵匡胤大哥，并故意戏弄皇嫂，借以发泄胸中闷气。花脸龙舞玩者所画的脸谱及表演形式，兼有较浓的傩戏色彩。

表演 过去，隆里所花脸龙在每年正月十六日白天舞玩，20 世纪 90 年代后改在正月十五元宵节白天舞玩。花脸龙多时有 12 条，少时也有 5 条，平时一般由赤、白、黑、黄各 2 条共 8 条龙组成，城中每个门各出 2 条（有时规定每条街出一条）。每条花脸龙，连龙头共 9 节或 11 节、13 节，每节一个人。舞龙者脸谱十分讲究，以宋太祖赵匡胤结拜的十二兄弟为原型。舞龙者的角色与扛龙的位置有关，扛龙宝者为“先行官”，画红花脸；扛龙头者象征皇帝赵匡胤，画红色脸；扛第二节者为大将，扛第三节者为副将，扛第四节者为皇嫂（女子或男扮女装），第五节者为痞子（专戏皇嫂），扛第六节者为丫鬟（女子或男扮女装，护卫皇嫂），以后至倒数第二节者均为普通将官，扛龙尾者为“蓝季子”。扛龙尾者扮成丑角，需以锅烟或墨水将脸面涂画，上身裸露半边，下身一边裤腿高挽，赤裸大腿，浑身画上彩色花点，身背竹篓破罐，头戴扎有草辫的破草帽，脚穿草鞋。出龙之前，需饮半斤酒，吃半斤猪肉，让自已有六七分酒意。舞玩时，一手扛龙尾，一手拿糍粑，行动滑稽夸张。开始时，整条龙随龙头前进。舞至高潮时，扛龙尾的“蓝季子”摇身一变成为主角，而原来的龙头反而成为配角，整条龙的进退皆由扛龙尾的“蓝季子”把控。“蓝季子”疯疯癫癫，丑态百出，时而取出篓中的糍粑自己吃，时而用糍粑去塞或抹两旁围观人的嘴巴，时而用扫帚醮街侧沟水（当日隆里所人视为观音菩萨的“净水”），洒向观众。据说谁吃了扛龙尾者的糯粑（隆里所人称“太上老君的炼丹粑”），或谁被扫帚洒了一下“净水”，就能百病消除，四季平安。人们既怕被腻到粑和洒到水，但心里又希望能被腻和洒到而获得吉祥平安。过去花脸龙舞得较“粗野”，

① 腻：隆里方言，强行往别人嘴里塞东西，或强行往别人脸上、身上涂抹东西。

有扛龙尾者狂追人腻粑，以致在民国时期有三条“定规”：一、不准放龙追人；二、不准追老人和小孩；三、不准追上门坎。至今，这条原则仍得到普遍遵循。

20 世纪 90 年代以后，舞龙者有统一服装，青布蓝条对襟衫，绿裤子，头扎黄巾。但画花脸不严格按照赵匡胤十二结拜兄弟身份画，而是较随意。扛龙尾的丑角大多不喝酒，舞玩时装醉。

花脸龙表演时，还伴有舞狮、舞蚌壳、耍花灯、舞金钱棍等表演，以及锣鼓声、鞭炮声。伴随着龙翻江倒海的狂舞和“蓝季子”的疯癫表演，四周人群笑声、尖叫声不绝，整个古城热闹非凡。

动作造型 过去，隆里所花脸龙的表演动作较简单，只有 3 种造型。20 世纪 90 年代经胡炳祥等改造提炼后，动作造型不断增多，且加强了艺术性。2016 年动作造型已发展到 20 余种，如迎宾龙、大盘龙、小盘龙、滚地龙、串花龙、梅花龙、“中国龙”、蝶蝶龙、龙船龙、龙下海、龙盘树、龙翻身、双龙抢宝、五龙抱柱、青龙抱柱、黄龙吐丝、天龙穿雾、坐龙轿、二龙戏珠、白龙绞水等。

舞龙过西江桥（2015 年） 潘存有 摄

从小学舞龙（一）（2010 年）　　王宗勋　摄

从小学舞龙（二）（2011 年）　　谭元勇　摄

传承　隆里花脸龙的传承以家传为主，师传较少。1950 年以前，花脸龙技艺传承人主要有李荣春、王植燊、胡植高、王家骝、王占元等。1951 年以后，主要有夏宗其、李平治、江滋伦、王世全、王邦金、胡炳河、江滋鹏、王新盛、王先吉、胡坤河、王植勇、江灿平等。花脸画师主要有杨枝坤、姚文星、江化远、陶炳均、江灿国、吴隆河、王泽生、杨恒跃、胡炳坤、王泽瑞、王声红、杨正菊、干作良、胡成、胡坤坚等。20 世纪 80 年代以后，动作教练主要有胡炳祥、王先锦、王振伟、胡爱如、杨茂明、李作云、王长德、王振江、王振芳、江琴莲等。2010 年以后，在锦屏县文化和教育部门的主导下，舞龙技艺被带入校园，隆里龙标书院、隆里生态博物馆、隆里中学、锦屏县城关二小均办有舞龙传习所。

在传承人中，被列入县级以上非物质文化遗产项目代表性传承人的有：江化远，擅长花脸龙表演动作设计和脸谱绘画，2009 年 6 月被黔东南州人民政府命名为“民族民间文化优秀传承人”，2012 年被评为非物质文化遗产项目名录“隆里花脸龙”省级代表性传承人，先后整理编写出版《古城隆里》等反映隆里所民间文化的书籍 4 本，还在《贵州日报》等报刊发表介绍隆里花脸龙的文章。王先锦（女，侗族），系花脸龙表演技术教练，2012 年 9 月被评为黔东南州隆里花脸龙代表性传承人。王振伟，曾组建隆里古城 5 支花脸龙表演队，并担任总教练，2015 年被评为州级非物质文化遗产项目传承人。陶柄均，擅长花脸龙脸谱绘画，系县级非物质文化遗产项目传承人，其所绘花脸龙脸谱作品在 2013 年“金沙回沙杯 · 多彩贵州”黔东南州旅游商品比赛中被评为“优秀旅游商品设计作品”。江琴莲（女），隆里花脸龙县级代表性传承人，2006 年组建女子花脸龙表演队，并担任技术教和隆里中小学舞龙教练。江灿国，擅长脸谱绘画，系县级非物质文化遗产项目代表性传承人，2013 年 2 月 25 日《中国青年报》头版刊登江灿国画花脸新闻图片。

舞龙表演　20 世纪 90 年代以后，随着旅游业的发展，隆里所的舞龙表演已渐成为锦屏乃至黔东南州所有重大节庆和体育活动必不可少的表演节目。至 2016 年年底，隆里所舞龙队在隆里所为前往参观考察的各级官员和游客表演 100 余场次，外出至锦屏县城、天柱县城、黎平县城、州府凯里和广西、湖南、北京等地表演 50 余场次，并多次获奖。

1995 年 2 月，隆里所成立龙灯文化艺术协会。1997 年春节，为迎接香港回归，隆里所组织有 200 余人参加的 5 条龙，自费到锦屏和天柱县城、州府凯里进行宣传表演，受到观众热烈欢迎。1998 年，隆里舞龙队获贵州省体委表彰。2005 年 11 月 6 日，黎平机场举行通航庆典仪式，隆里古城 100 名演员及 5 条彩龙应邀参加通航仪式表演，深受好评。2006 年 7 月应邀参加黔东南苗族侗族自治州建州 50 周年庆典，得到普遍赞扬。2008 年到贵阳参加贵州省首届农民运动会舞龙比赛，获第三名。2011 年 11 月 21

东门舞龙表演（2016 年）　　江滋根　摄

日，参加广西龙胜侗族自治县建县60周年县庆舞龙大赛，获第一名。2015年在锦屏中学举行的黔东南州高中篮球运动会和锦屏举办的首届“中国·锦屏文书文化节”，隆里舞龙队均应邀参加表演，获得观众高度评价。2016年7月参加黔东南州建州60周年庆典活动。同年11月30日—12月1日，参加由黔东南州人民政府主办，锦屏县委、县政府与黔东南州旅游发展委员会承办的“2016黔东南州（锦屏县）深圳、广州旅游宣传暨招商推介”活动，隆里舞龙队表演成为该活动的一大亮点。同年12月12日，隆里舞龙队还到北京参加中央电视台《开门大吉》栏目的舞龙表演。12月29日，参加湖南卫视《天天向上》节目。

隆里舞龙队在中央电视台留影（2016年） 王振伟 摄

链接：隆里龙道具制作流程[1]

隆里所人自明代以来即把龙视为最吉祥之物，人人都喜欢玩龙，家家户户都乐于接龙，以祈求保佑风调雨顺、国泰民安。制作道具龙更是隆里所传承已久的一项传统工艺。

隆里所龙的制作材料主要有阴山里的三年楠竹和小杉木。此外，还有绳子、白布、彩布、毛线、扎丝（旧时用丝绵纸）、废弃电灯泡、钢丝等。龙头是整条龙中工序最复杂、最难做的部分。制作时先将小杉木加工成把和小板，把和板做成十字形，并在上面钻洞眼，将劈好的楠竹篾（分厚薄和大小不同规格）插入洞眼中，再削几根大篾用扎丝捆扎在筷状篾上，在板后捆成一圆圈，完成主篾的捆扎。然后用大小不一的小篾捆扎在主篾上，制作成龙的鼻

① 作者：江化远。

梁、腮、鬃须、眼、角、舌、下巴等。捆扎完后，用白布包缝在捆扎成形的篾笼上，然后按部位涂上各种颜色。待颜色干后，安装下巴、舌、眼、牙、须等部位，龙头便基本制作完成。

接下来制作龙身。先将杉木做成把和板，然后将杉木把穿入板中央成十字状，并在板侧面钻上洞眼，完成后把楠竹劈成大小一样的篾条，有的直接圈成直径30厘米的圆圈，有的先穿入板洞后再圈成直径30厘米的圆圈，用绳子把各圆圈连成一串间隔10厘米笼筒，再把连成串的圆圈筒与带把和板的圆圈连在一起，成为龙身，把彩布剪成大小一样的鱼鳞状若干，然后缝在一块长18米、宽0.9米的白布上，缝完后在中间缝上彩布做成的鸡冠状冠子，两边缝上彩布剪成的划水，完后形成一块龙皮。这样，龙身基本完成。

龙尾制作颇有讲究。也是用杉木把和侧面钻眼的木板做成，圆圈的直径比龙身稍小，约28厘米，后面做上鬃须形状如泥鳅尾，全用扎丝捆扎，完后缝上白布并涂上和龙身相同的颜色，然后与龙身连在一起，把用彩布做成的龙皮搭在龙身上，整条彩龙基本完成。

龙珠，俗称“龙宝”。其制作材料也是杉木和竹篾，把劈成大小一样的篾丝圈捆成大小不一的两个球形状，分为内宝和外套，内宝比外套直径小2厘米左右，把内宝用红布缝好后放入用彩布绞好的外套里，放入完毕后入插杉木把，再用扎丝捆牢，套上毛线做的须，大红龙珠完成，整条龙即完成。

彩绘龙头（2015年）　　杨胜屏　摄

◉ 演汉戏

由来 隆里所汉戏最初由明代屯军从中原带入。民国初年，湖南刘家班等汉剧社受邀到锦屏县城王寨参加两湖会馆落成庆典，演出大型汉戏，观者甚众。随后，王寨、隆里所、新化所、瑶白等村寨均请湖南戏师到村教授汉戏编排技艺。隆里所的江天秩等人将所学到的汉戏编演知识与其先人所带来的京剧编演技艺杂合，形成隆里所的汉戏。整体而言，隆里所汉戏是“京剧”的变种，其唱腔、剧中人物、衣服行头等均与京剧基本相同，只是唱词有所修改，唱腔上夹带地方音。目前保留的剧目，主要有《薛刚反唐》《郭麻》《穆桂英挂帅》《岳飞传》《铡美案》，以及《三国演义》中的折子选段。

特征 隆里所汉戏的语言，是采用“中州韵”拼读标准与本地方言相结合，打击乐器主要有双钹路子，其声腔包括高、昆、弹及民间小调；其表演动作以杀伐打斗、炽烈火暴的弓马戏见长。角色分有生、旦、净、丑四大行，基本功分内外“八大块”，即喜、怒、悲、愁、惊、疑、呆、癫 8 种心理表演技巧，以及头、眼、口、手、腰、腿、裆、罡 8 门外形功夫。

戏班子 隆里所很早就有戏班子。清乾隆年间（1736—1795），隆里古城南门外校场，住有三四十户，多是湖南、江西等外省到此经商的生意人家。此处是隆里所最早

演汉戏（2016 年） 江滋根 摄

的贸易集市，称“兴隆市”。每逢农历一、六日赶集，附近村寨民众也来交易。

汉戏演员（2016 年） 江滋根 摄

此时，离隆里所不远的鳌市业已成为贸易集市。为争取和吸引周边民众到兴隆市赶集，隆里所戏剧爱好者于是在校场头搭建一座戏楼，每逢节庆和赶集日，在戏楼上为四方赶集的民众演唱一两场戏，校场一带便成为隆里所最繁华之处。兴隆市的汉戏表演，吸引一部分周边民众到此处赶集，丰富了隆里古城的文化生活。清咸丰六年（1856），隆里所遭受兵灾，校场被烧毁，戏楼遗址尚存。隆里所历史上较著名的戏班子，有乾隆时期的“金大诰班子”、清后期的“江天秩班子”。

民国时期，隆里所的汉戏爱好者，自发组织起汉戏班，集资捐款置办服装道具，也仿制了一些行头，将汉戏表演传承下来。此时期汉戏班的主要成员有黄来友（京胡师）、王绍科、姚全隆、胡万鹄、杨枝坤、王和保、杨恒丰、杨枝瑞、王德茂、王世金等，生、旦、净、丑各色俱全。

20 世纪 50 年代初，以王绍科为首，组织了有 20 人参加的汉戏班子（也称“文化俱乐部”），演出古装戏和流行戏。演汉戏需要的服装道具，除部分购置外，大多由演员自己制作，如用竹篾编制头盔，外糊纸张并涂以色彩，用牛皮纸制画龙袍等。他们常在城内观音堂、南门口等大街上搭临时戏台，为村民义演，深受百姓喜爱。1956 年，该戏班参加黔东南州文艺调演，获得全州一等奖。1957 年，黔东南州文化部门将隆里所戏班子自制的古装服饰作为藏品收入州博物馆，并授予戏班“百花齐放，推陈出新”锦旗。此时期，该戏班子每年正月初一至十五，都在南门口鼓楼上或祠堂中搭戏台，白天晚上都进行演出，还应邀到外地义务演出。1963 年，县文化主管部门为支持隆里所汉戏传承和发展，下拨资金给隆里“汉戏班”充实服装道具，培训年轻演员。当时，隆里所掀起了振兴汉戏文化的高潮，学汉戏、唱汉戏、演汉戏蔚然成风，学校、街巷、田野间都常听到男女老少学唱汉戏的声音。

20 世纪 60 年代中期，隆里所汉戏班子推陈出新，演出了一些歌舞、京剧样板戏，深受好评。“文化大革命”期间，汉戏受到冲击，被批为宣传帝王将相和“牛鬼蛇神”的工具，一度禁演。1970 年以后，戏班人马年龄老化，演员青黄不接，汉戏停演。

链接：重修南城外戏楼碑[①]记

自古金台玉宇，有废则必思兴；宝塔琼楼，图终无忘创始。我所素号名区，殊绕胜地，图围新耶院。前人既喜重修少伯旧乡祠，后辈无烦再造。今有城外西南角戏楼者，溯其先，创始于前明，重修于清乾隆壬寅之岁，再修于嘉庆庚午之年。楼则天然耸翠，脉接双鱼；台则突尔横空，形追五马。虽属戏局之观，实关火星之镇。花砖碧瓦，严胜雕龙；月榭风楹，彩同造凤。期诚为一邑之观瞻，宜永作千秋之鼓吹。无如时遇兵灾，彩场几度荒野。风雨消磨，乐地俱为废墟。既颓坏之有日，岂复兴之无时？浅见者，视同旷野之凄凉；识徽者，实系外城之锁匙。是以合所士庶人等，公议捐修，同商募化。庀材购料，兴土在癸巳之秋；砌石营基，告竣于甲午正月。规模仍乎其旧，无庸易辙改弦；气象忽尔维新，□卜腾蛟起凤。如庇广厦以千间，宛类蜃楼之万状。东凌文笔之山尖，北峙螺峰之水口。于斯时也，际斯境也，有时则逢场作戏，萃一方之文物衣冠；有时而古调独弹，谱百代之风琴雅管；有时曲奏天仙，响应南楼钟鼓；有时而令赓新水，音流夜月西江。又况传忠唱孝，演喜振奋龙标。因而革故鼎新，快增雀跃。从此人欢神喜，群相偃望于春台。袖舞笙歌，共叶和鸣于盛世。则期楼何难追美龙标书院之重修，媲少伯乡祠之再造哉！爰乐而为之记。

嘉庆庚午　江文光　撰

传承　隆里所汉戏传承人先后有王家骝、胡植高、陶万喜、李平治、王承谋、胡炳坤等。20 世纪 80 年代以后，随着电影、电视等高科技文化事业的发展，各种新文化和新文艺大有逐渐取代汉戏之势。特别是汉戏的演唱人员逐年老故，而年轻一代又对学汉戏、唱汉戏的兴趣逐渐淡薄，汉戏传承堪忧。

① 碑原存隆里所南城外戏楼间，现已毁。

链接：隆里汉戏《薛刚反唐》节选

汉戏剧目：《薛刚反唐》

节选片段：跑城

人物：徐策、家院、薛刚、薛姣、薛魁、纪鸾美

表演：隆里古城汉戏班

场景：

姣：（出来跑场）某末将薛姣！（站一边）

刚：（出场）本都，薛刚！（另站一边）

魁：（出场跳场）某，薛魁也！（站一边）

纪氏：（出场）末将，纪鸾美！（站一边）

刚：前面来的敢莫是老子的儿子！

魁：前面来的敢莫是儿子的老子！

刚：父也黑来——

魁：子也黑！

刚、魁：父子生来两块铁！

刚：父是英雄——

魁：儿是好汉。

刚：薛家后辈出豪杰，呀哈！

魁：出豪杰！

刚：哟，哟，哟——

魁：出豪杰！

刚：本都薛刚。可恨奸臣无道，将我薛家三百六十余口满门抄斩，不知我老夫遭人痛恨。魁儿，带马来！（刚、魁、姣、纪全部进场）

徐：（出场后随家院）我儿去领兵，未见转回城。

院：启禀相爷，薛家带领人马前来反唐。

策：哦！薛家带人来反唐？

唱：听说薛家来反唐，不由得我不惊心怀。家院带路城楼上，看看薛家发来多少兵。（徐、院上城楼）

姣（出场）唱：在寒山，领了三书令，报以爹爹得知情，扬鞭催动能行马，不觉来到是皇城。举目抬头来观定，城楼上站的是年迈人。双膝跪在尘埃地，儿问爹爹可安宁？

院：启禀相爷，薛家带领人马前来反唐。

策唱：忽听家院报一声，老徐策在城楼上，我的耳又聋，眼又花哎。耳又聋，眼又花，看不见城楼上儿郎是哪一个，你就跪在城楼边。你家住在哪府，哪州，哪个县，哪个村庄有家门？你的父母姓甚名甚，你家弟兄有几人，你哪里说得清来，道得明，我在这里开了城。你说不清来道不明，要想进城万不能！你快报上一个花名姓！

姣唱：爹爹，您把儿臣忘怀了，儿是薛姣转回城。

策：家院，是哪个？

院：是大相公回来了。

策：哦，是你大相公回来了？

院：正是。

策唱：哈哈！听说我儿领兵回，不由老夫喜心头。开言便把姣儿问，寒家山发来多少兵？

姣唱：寒家山发来三千七百人马，青龙会上有八百兵。

策问：家院，有多少人马？

院：有三千七百人马。

策：有三千七百人马？

院：正是。

策：那还不少，哈哈哈。

院：启禀相爷，青龙会上还有八百人马。

策：哦，青龙会上还有八百人马。

院：正是。

策唱：前站先行哪一个，督兵儿帅是何人？

姣答（唱）：前站先行孙儿做，督兵元帅叔父亲。

策：哪一个叔父？

院答：薛刚三叔父。

策：那位奴才不在？今在哪里？叫他前来会会老夫！

姣：有请三叔。

刚（出场）唱：身听薛姣一声请，城楼下来个惹祸精。举目抬头来观定，城楼上站的年迈人。双膝跪在尘埃地，儿问伯父可安宁？

策：下面来的敢莫是通城府？

刚：不敢。

策：双孝王？

刚：不敢。

策：薛刚？

刚：在！

策唱：一见奴才怒气生，咬定牙关骂几声。爹娘为你丧了命，兄嫂为你问斩刑，恨不得一口将儿咬，哪知惊动黑煞神。

刚唱：老伯父，骂得我。

…………

◉ 迎故事

由来 迎故事，亦称“玩故事”“迎春”，系明代由屯军引入隆里，实际是演戏，剧情、人物、衣着等与演戏大致相似，只是无固定舞台，游动表演。“迎故事”原本是江南的民俗活动，与苏州一带的“抬阁”颇为相似。

表演 隆里所迎故事表演活动一般在元宵节前后，与舞龙、唱汉戏一起，连续三天。游演前，扮好角色（多为男性），扎好游动表演台。表演台分上下两层，下层木架宽约 3 米，其下以巨石堆压，以使平衡稳定。上层用一根高约 4 ～ 5 米、手腕粗呈波浪形的硬韧性较强的油茶树木杆立在中间。游演时剧中人物施彩妆立于舞台，上层仅 1 人，多为主角，立于杆上顶端，用布匹将其身体缠稳。下层一般 3 ～ 5 人，立于木架上。木架由 16 人肩抬，中途有人轮换。为保安全，起落时，有 2 人用长杆支撑舞台上层演员的两腋。众人将舞台抬起，敲锣打鼓前行。头天表演《观音洒净》，第二天表演《仙姬送子》，第三天表演《唐僧取经》。此外还有《八仙献寿》《天女散花》《七姐下凡》等剧目。

迎故事《天女散花》活动游演（2015 年）　　彭泽良　摄

迎故事活动意在驱邪祈福，歌颂美好。每日游玩前，先向每家每户下帖子。活动在早饭后 11 时左右开始。游至下帖人家门前时，将舞台放下，主人燃烛烧香放炮，供奉米花、麻叶、糖果等。表演者向主人赠送祝福语。

迎故事《唐僧取经》活动游演（2016 年）　　江滋根　摄

迎故事活动除故事本身的精彩之外，还在于精美的服装、道具和锣鼓管弦的配合伴奏随行，呈现热烈、喜庆的节日气氛。

传承　自清末至今，汉戏传承人先后有江天恩、胡植高、江钧远、王植燊、王世兴、杨枝坤、李平治、王德茂、姚文星、王世金、江滋伦等。然而，今年轻人对传统民俗活动的兴趣减弱，传承人呈现断档之势。

姓氏宗族

隆里所的姓氏宗族，是600多年前一群从中原各地奉命迁徙过来屯戍边地的军人保留下来的悠久记忆。

隆里所的姓氏宗族，是600多年前一群从中原各地奉命迁徙过来屯戍边地军人保留下来的记忆。隆里所曾有“七十二姓人，七十二口井”，然而因历次战乱，尤其是清顺治六年（1649）和咸丰六年（1856）的两次兵灾，城中居民或死或逃，至今留下来的姓氏不及盛时的三分之一。这些留下来的姓氏，无不以最顽强的方式，保存着他们曾经作为中原子民的荣耀，建宗祠，纂族谱，联族聚会，等等。同时，也因孤悬于少数民族腹地，为了族群的繁衍，他们也因地制宜地实行同姓相婚。

◉ 屯军后裔

隆里所村现在的居民和姓氏以明代屯军后裔为主，主要居住在隆里所城。

明洪武三十年（1397），龙里所城被林宽部队攻破，所有军户悉战死，所城荒废。永乐二年（1404），朝廷从五开卫派王胜率360名屯军往龙里所重建所城。永乐三年，户部派曹郎中到龙里所清理军籍，按人分田纳粮编制黄册（户口册）。黄册统计，当时龙里守御千户所军户共有72个姓氏，其中有13员官户（指挥王胜、都司庄荣实驻卫城，不驻龙里所）。这72姓人中，同一姓氏大都集中居住在一个居团，共掘用一口井，故有“七二十姓人，七十二口井”之说。这72个姓氏，被后人编成四字诀至今流传：“胡陈童王，陶李姚江，会龙利夏，吴廖刘黄，罗鲍何顾，郑周朱张，靳侯肖董，袁孔徐长，范舒熊陆，彭曾吕杨，潘欧帅单，孙钱晏庄，贡马冯艾，任石程姜，田佟邵郭，赵高司蒋，覃宋傅谢，严梅贺梁。”

据隆里所所王氏族谱记载，明成化十九年（1483）龙里所派300名军人随右都督李震进兵清水江白岩塘镇压当地苗民反叛。在白岩塘战斗中，龙里所军人大部战死，仅剩71人回所，谱上记录有64人姓名，其中有王、董、付、杨、施、郭、何、蔡、梁、张、叶、刘、郑、安、俞、李、胡、吴、龙、苗、童、吕、谭、孙、姜、赵、曾、周、邵、陈、丁、江、陶、姚、潘、靳、夏、马、黄、艾、钱41个姓氏。

在明崇祯二年（1629）新建状元桥碑记记载的捐款人中，可看出46姓：王、刘、胡、陈、张、江、夏、杨、陶、周、董、钱、施、司、黄、郑、童、姜、李、金、员、吴、罗、鲁、龙、姚、下、曾、邹、孙、孔、何、傅、梁、冬、冯、潘、贡、明、朱、蒋、马、长、宋、郭、吕。清顺治六年（1649）经郝永忠部屠城后，顺治十一年回到所城的姓氏仅十余姓。2016年，隆里所城内有王、胡、江、陈、夏、姚、杨、李、陶、姜、童、张、黄、龙、吴、罗、廖、何、顾 19 个姓。

王姓

隆里所王姓有 4 支：龙王氏、所王氏、西王氏、魏王氏。郡望有“三槐第”“太原世第”“指挥第”“开科第”“科甲第”“书香第”。明永乐时（1403—1424）因来自中原和江南不同地方，按其来源地不同，分别居住在隆里所城东、南、西、北四门。为便于区分，根据居住方位分别称为东王氏、南王氏、西王氏、北王氏。后东王氏也称“龙王氏”，南王氏也称“魏王氏”，北王氏也称“所王氏”。

隆里古城“龙脉”来自东方，东门大街故称“来龙街”。东王氏一族为图吉利，遂将族称更为“龙王氏”。南王氏在明代前期实力最强，是捍卫龙里城的主要力量，曾名为“卫王氏”。该王姓又认为其来源地是历史上魏国所在地，故又更称为“魏王氏”。北王氏在战乱时曾一度迁出龙里所，后重返龙里所复建家园时，自称为“所王氏”，表示他们一直以来都是隆里所的人。西王氏称谓自始至今不变，他们绝大多数居住在西门的仁寿街和桂花街。

另一说，隆里王姓之所以为分 4 个支系，是为了便于通婚。因隆里古城作为戍守“边疆”城堡，与周边少数民族长期不通婚，所城人的嫁娶，只能局限在城内。而在封建礼教下，同姓不能通婚。为便于通婚，王姓遂按来源不同和居住位置，划分为 4 个支系。之后，不同支系之间便可以通婚，此即隆里所的“破姓通婚”之说。

龙王　又称东王氏、东王。祖籍原为直隶河州太和县，后移居山西太原，复徙入江西吉安府。明洪武二年（1369），王胜奉派随大将军邓愈、傅友德领兵征讨五开蛮，随后建五开卫（黎平）并留守。明永乐二年（1404），王胜率 13 名本部官员和 360 名士兵入龙里重建所城，开基繁衍。除居今隆里所外，桐梓县和锦屏县内美乐、宰格、瑶里、扣文、韶霭、南河、文斗、稿炳、新化所，以及黎平县鳌市、宰牙、尚重、王家寨，榕江县八龙、朗洞、盖宝、柳金、柳开等地均有其后裔。2016 年，龙王氏已发展到近 1000 人，其中隆里所有近百户。其字辈为：“胜思福和晋，瑗京悦勇量；之心梦汝学，运言朝元培；植德作型万，世为人之忠。”

该族自在隆里所开基后，便人才辈出。如立于明崇祯二年（1629）的新建状元桥碑，其碑文的撰写人王之臣为举人，在南康府为官；王之臣之子王心一、王心一之孙王师泰，为举人和官员。族中人擅长木工，木匠众多，技艺高超。

族人于清代在南门上小街头建有龙王氏宗祠一座，与江氏宗祠为邻。龙王氏主要聚居于东门街。坟山主要有华寨坪龙形山、狮子头至狮子尾、小坳尾至坡头等二十余处，其开基始祖王胜墓位于华寨坪。存有嘉庆年间修的《王氏宗谱》一本和民国版《龙王家谱》一本。2005 年重修《龙王家谱》。

西王 祖籍江南府上元县。明洪武五年（1372），王福从江阴侯吴良之平定黎平一带洞民反叛有功，以千户职留守。永乐二年（1404）奉派复建龙里守御千户所而定居于此。至今历 23 代，字辈原为“大命廷昌，秉家治国”，后改为“声名万代光，顺世永安康。根培枝茂发，源远水恒长”。2016 年，有 108 户 396 人。该支堂号为“开科第”，主要聚居于西门木马街、背街，分布于大巷子、上小街、南门城外。明万历年间（1573—1620）在王家巷建有宗祠一座，因战争而毁，清同治年间（1862—1874）复建有“王氏宗祠”（俗称“九公祠”）。其坟山主要有铲形火把山、信郎冲、西门江坡脚和塔上、虎形等十余处。

族中名人有清乾隆举人王师泰。此外，有贡士多人，在山东、四川、云南、贵州等省任县令、主簿、教谕、府学教授等职。

所王 也称北王氏，祖籍安徽凤阳县。明永乐二年（1404），王达善由江南入黔，以功授指挥职入龙里所，故称“所王氏”，堂号“三槐第”。该支自达善以降至今历 23 代。1996 年第三次修谱前，字辈排列分为甫仁公与甫辰公两支。甫仁公支为：“命伯显昌玉，仁凤恩家邦。新建文明业，万世永荣光。”甫辰公支为：“家犹廷凤献，永吉子昌荣。”1996 年第三次修《隆里所王氏宗谱》后两支字辈统一为：“万世忠和德，光明继国宏。”

所王氏原居北门，清初战乱时曾一度迁出隆里所，二次入所后主要聚居于西门张所街和南门上小街。2016 年，隆里所城内有 59 户 291 人。明、清时期因战乱迁出隆里所较多，分布 8 个省市 23 个县市 61 个村，2016 年已发展到 490 户 3000 多人。其中，清雍正四年（1726）迁至榕江县朗洞镇八书村的后裔已发展至 600 多人。清代中期，该族在王家巷内建有“王氏宗祠”。坟山分布于四门外，主要有飘带形坡、南门虎形坡、营盘冲坡、北门虎形坡等十余处。

魏王 曾称卫王氏，也称南王氏、南王。祖籍山西太原金斗乡（今山西祁县），其堂号为“书香第”。明洪武三十年（1397），始祖王忠随朱桢征剿林宽，有功，授武信文郎。至今已历22代，字辈为：“述化漠仪有，胜大恩宇秀，绍世振家声，光荣必德厚，礼义维福源，文武开先贤，富贵超群体，英豪裕中天，春江飞鸿远，浩强正华年，国和民安乐，兴隆志鹏传。”2016 年，该族分为三小支，计有 39 户 195 人。另有部分因战乱

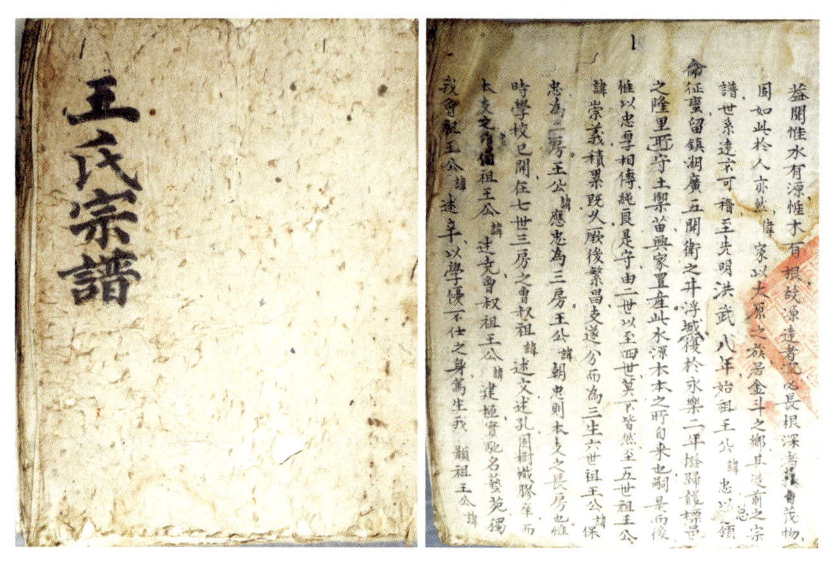

魏王氏清乾隆年间王伟编纂《王氏宗谱》　　王伟《王氏宗谱》手迹

迁至榕江、黎平等地，已发展到200余户。族中名人有进士王之干、举人王伟、清末民初隆里所“文武双全”王绍槐等。

魏王至隆里定居以来曾5次修谱，前几次谱因战乱而失落。现存有乾隆年间（1736—1795）由举人王伟编修的《王氏宗谱》。2004年重修《隆里所魏王氏宗谱》。在南门上小街存有清代所建宗祠，但损毁严重。坟山主要有锣鼓山（月亮塘）、北门秦寨冲（盆形）、南门葫芦形等十余处。

胡姓　隆里所胡姓源于安徽省明经胡氏，始祖胡海于明洪武年间（1368—1398）随军征五开蛮后屯居于此。该支郡望为“苏湖世第”“安定堂”，主要居住在北门安定街一带。另有同宗胡德忠，与胡海同于明洪武年间随军征蛮，屯居新化所。其十四世嗣孙胡天秩，于清康熙二十八年（1689）携家眷从营盘湾迁入隆里所，居南门胡家院子，后扩散至东门。2016年，隆里所胡姓有168户652人，其中胡海支系154户586人，胡德忠支系14户63人。胡姓人口数在隆里所仅次于王姓。另有部分于咸丰年间（1851—1861）为避战乱而迁居榕江、黎平县和锦屏裕和等村寨,2016年计有约300户1000多人。2012年清明节，隆里所胡氏族人发起组织锦屏、黎平、榕江诸县胡氏家族集中至隆里所祭祖扫墓，各支系族人均应邀派人参加，并决定每五年举行一次大型扫墓祭祖活动。

隆里胡氏存有《胡氏历代源流》《胡氏历代源流宗谱》和《胡氏宗谱》3本族谱。2011年，两支系族谱联合重修，并与《胡氏世界通谱》联接。清代建有胡氏宗祠，现基

胡氏宗谱　　江滋根　摄

本朽坏。其坟茔分布在隆里所周边山冈。胡德忠支系坟山，主要有东门方向塘冲、西门方向筛子坡（蜈蚣形）、南门方向打滚塘、北门方向旗形等处。胡海支系坟山，主要有东门方向新化所（龙形、凤形）、南门方向观音寨、西门方向金鳅形、北门方向黄断杠等处。

隆里胡氏名人有胡德忠十四世孙举人胡之凤，官授四川省安岳县知县；胡光熙清嘉庆时为龙标书院“名师”；胡植高民国末期曾编《隆里所志》。当代人物有系统工程学博士胡炳群。

杨姓　隆里所杨姓祖籍江西南昌白马寨。始祖杨明于明永乐初年随军入隆里所屯居。郡望为“弘农第”“关西第”“清白家风”“四知堂”。最初的字辈为“春天廷钟，飞廷德章”，后改为“万配枝恒茂，家声世泽长。继先培建远，承新钰永传”。2016 年，有 156 户 642 人。另有因战乱迁出部分，分居于黎平县尚重、乌朝、背浪、格里和锦屏县裕和、河口等地。2016 年，有 80 余户 300 多人。2012 年，修有《隆里所杨氏宗谱》。坟山主要在北门坡（虎形）、跑马坪、石简杨家山、哲家冲西边坡等地。

江姓　隆里所江姓祖籍山东，后迁居江宁县（今南京）。明洪武十三年（1380），江造从南京随军征西南，次年以功升授五开卫五品千户。其子江通袭父职，屯守定居龙里守御千户所。江通之子江澄后分发三房，名望为“将军第”“科甲第”，堂号为“济阳第”“兰陵堂”。江姓与杨姓主要住在南门口（正阳门）周围和城南外，故隆里姓氏歌谣称为“江杨口”。2016 年，隆里所内江姓有 101 户 409 人。族中名人有清乾隆三十一年

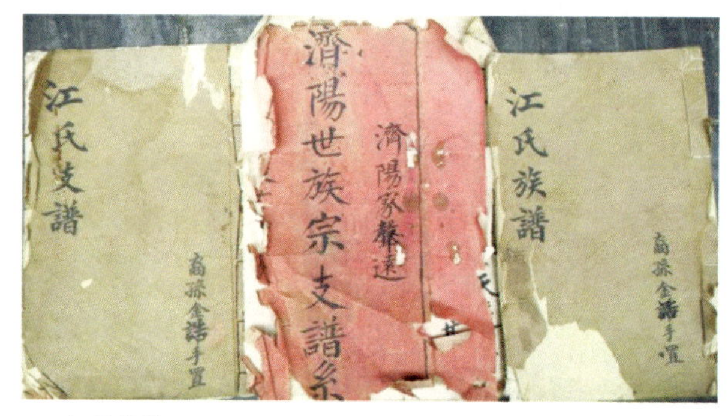

江氏族谱　　江滋根　摄

（1766）进士江有本，光绪恩进士、直隶分州知州江化龙，乡贤江广澜、江金浩等。存有《济阳世族宗支谱系》《江氏族谱》《江氏支谱》《隆里所江氏宗谱》4 本族谱。其字辈为：“有玉光广照，金天远草滋。嗣昌宜慎德，志达善匡时。家声承忠孝，国政胜明师。”清康熙年间（1662—1722）建有江氏宗祠一座，位于南门上小街头，与龙王氏宗祠并排。坟山墓地主要有老山虎形、冈形、凤形山、姑娘冲、马形山、龙里司等十余处。

清顺治（1644—1661）以后，族人因避战乱，三次迁居今锦屏、黎平、榕江三县交界大山间。雍正七年（1729），江永良迁往榕江县寨蒿镇丰裕堡，后散居至周边正邦、平堡等地，现有 700 余人；嘉庆七年（1802）三房后裔江耿迁往黎平县平寨乡岑同，后散居周边 3 个村寨，现有 300 余人；咸丰年间（1851—1861）有两支分别迁锦屏县固本乡扣文村格朗寨和黎平县尚重镇美德，现格朗一支有 18 户 86 人，美德一支有 10 户 47 人。

陈姓　隆里所陈姓祖籍福建福清县，郡望为“颍川郡”，堂号为“颍川世第”“德星堂”。主要居住在隆里所西大街、张所街。陈姓先人陈彦斌于明洪武三年（1370）随军迁至五开，稍后移屯龙里所。族人陈素养明末入仕，官至四川成都按察使兼布政使参议，获封“中宪大夫”。陈敏乾隆二十年（1755）武举。其字辈为：“峻凤华章，吉学元良。修齐家政，治国文章。宗恩泽远，世代永长。”其中“宗恩泽远，世代永长”为 1995 年重修族谱时所加。2016 年，有 38 户 172 人。另有部分在清咸丰年间（1851—1861）迁榕江朗洞、高王居住。2016 年，发展到 75 户 381 人。1995 年，族人陈殿元编有族谱一本，记录自明代陈氏始祖迁入隆里至 1995 年各代简况。陈素养辞官回乡后，组织隆里所族人修建宗祠。该宗祠因战火所毁，清乾隆年间（1736—1795）陈敏组织族人复修。坟山主要有东门凤形、新化寨冈形、乘凉坡（掌形、人形、盆形）、回首屯（寨崩）等十余处。

陈姓为隆里所中草医世家，历史上多有良医。如康熙年间（1662—1722）的陈继周，救人无数，甚有名望，曾获贵州按察使张越赠送“应手活人”匾额一块。其子陈大鹏乾隆年间被黎平府知府郑肇奎称为“神医”。生于雍正年间（1723—1735）的陈之模，医术高，医德好，还著有医书《藏方速验》。

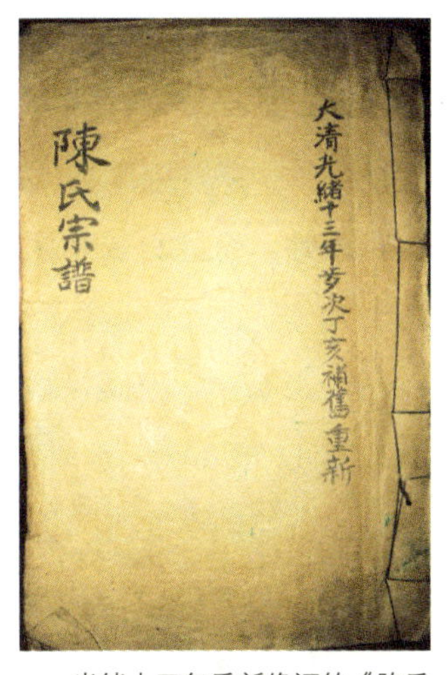

光绪十三年重新修订的《陈氏宗谱》　龙道炽　摄

附：《陈氏宗谱》陈素养训词

予祖代清白传家，忠厚孝友，布施积德，广行方便，贻厥孙谋。是以子孙繁衍，世接书香。予癸巳年正月初一日生，叨乡荐历仕二十载，由广文履任三知，转升屯田、钱法、盐法、按察使兼布政使参议。未尝酷吏虐民，惟两袖清风，毋负君父，毋愧神灵，毋惭衾影耳。予居清淡，弗能创业置产贻尔子孙，特志芸窗：善继父志，名成俭用，衣布而饮清泉，谨守祖宗德泽；以贻尔辈：勿赌博、勿滥费、勿怠惰，输钱粮、勤耕读，勿嫉妒、勿害人，以承忠厚孝友之脉，庶尔子孙绵衍，亦善继善达，增光前代，家业兴隆永矣，矢弗谖矣。予拙笔楷书，流示后裔云。

岁永历七年三月吉旦

童姓　祖籍安徽，郡望为“雁门第”。元朝初期，开基始祖童永发带领8人迁至今隆里所。此地时地称“井巫”，无人居住。童永发等人见此地土地肥沃，适宜居住，遂于此定居，开垦土地，繁衍生息。明洪武年间（1368—1398），明军在此筑城建千户所。永乐年间（1403—1424），又有童叔安随军至此。至今已繁衍有30余代。

隆里所童姓现有户数27户，人口135人，主要住在所厅街、东门城门外和隆里新区。其宗谱字辈为：“永星再叔兴，信守正应先。振帮盛世继，文学有子玉。汝植宏泽学，开祥广大照。”坟山主要在童家坳、牛形弯、大坳（交椅形）、陶家坡、北门坡（象形）、老筒冲（蛇形）、春雷林场内的大枧冲。

陶姓　祖籍山东定陶县，郡望为“浔阳第”“五柳堂”。主要居住在东门街、东门小街、西门街。2016年，有22户108人。其字辈为：“……虞尚廷升佩，家本诗书贵。文明维邦定，仁大知乾坤。武举登金榜，富贵永继承。”坟山主要有华寨枇杷形、北门钟形、小坳西边坡、南门对门河陶家坡等十余处。

因战乱缘故，有部分迁至黎平县尚重、归脚榜、中黄，榕江县东里子鲁、寨蒿，剑河县南加，以及锦屏县固本乡扣文村居住。2016 年，发展到 40 余户 200 余人。

李姓 李姓祖籍山西太原，明永乐年间（1403—1424）迁入，开基始祖为李占先，郡望为“陇西第”。主要住在南门城外和南门下小街等处。清代战乱时，大部分迁至榕江高表、朗洞、盘假等地居住，发展繁衍至 700 余户 3000 余人。2016 年，居住在隆里所的有 14 户 80 余人。其字辈为：“平作邦基永，绍春蕃昌益。茂乐璨如珍，昭明盛世逢……”坟山主要在隆里所城附近李家油山、常田埂、坡嘴、跑马坪、南伞坡、粮站背后等处。

姚姓 隆里所姚姓祖籍江西，始祖于明永乐二年（1404）随军迁入屯驻，郡望为“重华第”。因战乱，大多迁往今黎平县尚重、归已、育洞、岑优、腊亮，榕江县半溪、朗洞、外榜、平定普、孖楼、高扒等地。2016 年，发展至 3000 余人。现居住隆里所的有 16 户 70 人。其字辈先为“再政通光昌胜秀”，后新改为“世文思志子，天永必通维。正大贤名启……”坟山主要有隆里所城附近姚家牛形、排楼地、姑娘冲母猪形、五马坡、羊古脑、姚家地坡等处。

张姓 隆里所张姓，祖籍江西某郡豆腐街猪屎巷，郡望为“清河第”。2016 年，有 12 户 62 人，主要居住在所城张所街、背街。另有部分清咸丰时（1851—1861）因避战乱迁至榕江县寨蒿和锦屏裕和一带。2016 年发展到 200 余人。坟山主要有张家冲、小巴浮标（盆形）、半田坝（木椅形）、猛虎跳岸、夜马归南等处。张姓至今无家谱，亦无统一字辈。族中名人有清康熙（1662—1722）鸿胪寺少卿张应诏。

吴姓 隆里所吴姓有两支，一支为屯军后裔，具体情况不详；另一支为 20 世纪 50 年代从今启蒙镇腊洞迁入，与腊洞吴姓联谱。2016 年，所城内有 14 户 60 余人，主要住在江家巷、东门城外、陆家巷、西门城外、长寿街。屯军支系以明洪武时期（1368—1398）龙里所千户吴得为先祖。

此外，隆里所村龙吾寨的吴姓来源与隆里所城内又有所不同。其始祖吴明周于明万历年间（1573—1620）从今敦寨镇亮司迁入，与天柱县远口吴姓联合修谱。

夏姓 隆里所夏姓祖籍浙江绍兴。明永乐时（1403—1424）随军入居龙里所，始祖夏玉，郡望为“会稽第”，至今历 24 代。字辈为：“昆化信其佛，□友玉名清。太大继良臣，启天有元旺。声魁永景文，万世逢先泽……”清同治时（1862—1874）族人夏天祥为黎平府游击，被派守黎平府东北要隘验洞大卡，防台拱张秀眉和天柱姜映芳军队，获授“武毅将军”，被尊为隆里“乡贤”之一，入祀隆里状元祠。

黄姓 隆里所黄姓祖籍江西。明永乐时（1403—1424）入住龙里所，开基始祖黄延汗，郡望为“江夏第”。2016 年，有 7 户 33 人。主要居住在西门街、长寿街、南门下小街。字辈为：“正国家甲日，金承中士光。有道昭美大，多映显文章。孝弟礼之本……” 坟山主要在对门河塔上凹子、黄断杠。

姜姓 隆里所姜姓有两支。一支为屯军后裔，明永乐时（1403—1424）从江南随军而来，文献可溯查至 8 代，郡望为“天水第”。2016 年，有 4 户 17 人。居住在西门街、南门刘家树。另有 3 户迁居黎平县境内。另一支从河口乡塘东搬迁而来，至今已有 5 代。姜姓坟山主要在波丝形、刘家树、风树榜、龙吾冲等处。

◉ 其他姓氏

隆里所村内除了屯军后裔，其他姓氏大多为清中后期至民国时期从周边迁入，也有少数是在 1951 年以后迁入。有些姓氏如吴、杨、王、姚、陈姓，虽与所城内部分屯军后裔同姓，但来源各异，且有的住隆里所城内，有的住周围卫星村寨。除隆里所以外，龙吾寨有吴、刘、杨、冉、杜、龙 6 姓，马背有龙、杨、刘、王、姚、廖 6 姓，烂塘有谢、杨、刘、陈 4 姓，七岔冲有杨姓，付瓜山有石、吴、杨、汤、龙 5 姓，归凤有杨、龙 2 姓。同一姓氏中，不同自然寨，有的来源相同，有的来源各异。诸姓氏中，人口较少的有何、顾、冉、杜、谢、汤等姓氏，何、顾两姓各只有一户。

龙姓 隆里所龙姓先人龙显怀，民国时期因逃抓壮丁，从剑河县南加逃至隆里所后定居于此。当时地方官员问其名字，他随口说“龙光财”，此后便以此为名。至今历经 4 代人，发展到 7 户 26 人，居住在张所街、下小街，坟山在大潭（船形）、龙吾冲屋背（盆形）。无族谱和统一字辈。此外，龙吾寨、马背、付瓜山、归凤等自然村寨都居住有从附近村寨迁移来的龙姓。

刘姓 隆里所刘姓祖籍湖南衡阳，清后期经商至隆里定居，已历 5 代。主要住在城南门外、南门街。2016 年，有 5 户 19 人。坟山主要在黎平县鳌市境内。另外，龙吾寨、马背、烂塘 3 个自然寨亦住有来源不同的刘姓。

罗姓 隆里所罗姓有两支，一支祖籍湖南隆回团山冲，住城南门城外，已历 3 代。

2016 年，有户数 2 户 7 人，坟山在黎平县鳌市附近。另一支住东门小街，2016 年，有 2 户 8 人。

廖姓 隆里所廖姓祖籍江西临江府清江县千岁庄，先迁居黎平县鳌市（现该地仍有 40 多人）。民国时期有一户迁居马背，郡口“威武第”。2016 年，有 4 户 17 人。其字辈为：“作立承家远，伦为继正先。文章昭尚园，礼小少明贤。”坟山主要在黎平县鳌市江西坡、隆里所村龙吾寨后夜马归南、钟灵乡阳艾湾青龙点水。

名人与名村

隆里所是一块人才荟萃之地，民国时期杨操白有诗称赞："自古龙标称胜迹，层层文士折琼花。"

明代中期以后，龙里所军户逐渐变为土著。为了不致“久居夷地，受其所染，易其服，从其俗，习其语，成为夷也”[①]，隆里所人积极攻读，努力跻身国家科举仕途。自嘉靖以后至及清末，隆里所先后有 3 人考中进士，19 人考中举人，74 人获贡生，21 人先后出任知县、知府等官职，成为黎平府人才荟萃之地。其中明末清初的陈素养官至成都按察使；清康熙时的张应诏，官至两淮盐运司盐法道、鸿胪寺少卿，成为受康熙皇帝褒奖的少数“廉臣”之一。近人杨操白有诗赞云：“自古龙标称胜迹，层层文士折琼花。”

◉ 人物传略

吴得、井孚（生卒年不详） 明洪武十八年（1385），朝廷镇压黎平吴勉起义后，建龙里守御千户所，派千户吴得、镇抚井孚率 60 名军户屯守。洪武三十年春，婆洞（今锦屏县启蒙镇）侗民林宽率众起义反抗朝廷，首攻龙里所，吴得、井孚等率部抵抗。因力量对比悬殊，兼城防简陋，未几城破，吴得、井孚以及驻守 60 户军户悉被歼灭。事闻于朝廷，皇帝朱元璋褒奖道：“吴得、井孚临难捐身，因忠显孝，非烈丈夫不能也。”下诏追赠吴得为指挥佥事，井孚为正千户，令其子各袭其职，优恤其家。

王大臣（1533—？） 字以道，隆里所西门人。大臣幼有大志，学贯经史。初时，五开卫及所属各千户所皆属湖广，距首府武昌二千余里，应举诸生厄于洞庭等险阻，虽然皓首穷经，却多未能应岁贡。嘉靖四十五年（1566），五开卫学改附贵州省之黎平府，当时黔省尚未设考棚，学子需远赴云南参加乡试。是年，大臣跋涉千里，赴云南应试。因道途耽搁，考期已过，叹息不已。至云南时，幸因考棚失火，考试延至第二年，大臣于是得以参考，当时已为隆庆元年（1567）。考试结束，大臣自我感觉良好，于是提笔写下《丁卯试毕口占》：“读罢月初上，吟余夜未央。黎阳寂寥久，好与破天荒。”榜出，大臣中丁卯科第十七名举人，与永从人胡之相同为黎平府开科举人，后人称之“王开科”。当时，黎平府还在今隆里所城内为其建造功名坊。王大臣出任云南大理府太和县令，其在官位，勤廉爱民，有政声。晚年辞官归里，设馆授徒。隆里所以后人文蔚起，大臣开科以及回乡兴学功不可没。

董三谟（？—1634） 隆里所人。明天启四年（1624）乡试中举，获授陕西山阳知

---

① 原文引自清《天柱县龙氏族谱》。

县。不久，三谟之父嗣成、妻李氏、弟三元及两个未成年子女都随之附居山阳。在山阳任上，三谟勤于政务，体恤人民，慎理讼狱，颇得名声。崇祯七年（1634），李自成军进攻山阳县城，当时三谟正率兵丁在乡下催粮。从属以城如垒卵、早晚将破而劝三谟不要回城。三谟怒斥道："我身为县令，守土有责，岂能弃民而逃？"遂驰回县城，组织民众抵御。山阳小邑，无兵无粮，未几日被李部攻破，三谟被擒，大骂而死。同时被杀的还有三谟父亲嗣成、妻子、弟三元及两个未成年子女。事报至朝廷，崇祯皇帝以其尽职尽责尽忠，追赠三谟为光禄寺丞，令在山阳为其立祠，其父与弟入祠并祀，其妻与女儿另建牌坊供祀。稍后，一家尸骨遥返龙里，安葬于龙里所北边龙吾寨后莲花山上。董三谟与何腾蛟、朱万年被并称为明末"黎平三忠"，黎平府城内建有"忠靖坊"专祀董三谟，上镌崇祯皇帝所赐"节烈可风"四字匾额，龙里所内建有董公祠。其事迹《明史·列传·忠义》有记载。

三谟长子董廷献未随附居山阳而仅存，明廷遂荫封为户部主事。未几明亡，廷献未获实任。廷献英年辞世，后其妻王氏携其幼子肇昆改嫁龙里所内杨门。肇昆无嗣。

王心一（生卒年不详） 字权行，隆里所龙王氏人。王心一为明天启四年（1624）甲子科第二十九名举人，任顺天府宛平县知县，后任山西平阳府解州知州牧，因勤政廉洁，颇有政声。明末李自成攻打宛平县时，王心一因守城有功，受皇帝嘉奖。后年迈请辞返乡，朝廷特许其在家乡修缮住宅时可占官街三尺。

陈素养（1593—1680） 隆里所人。明天启七年（1627）出贡。曾先后任江宁（南京）宁国府教授、广西来宾县知县、云南宾川州知州、云南姚安府知府、湖广荆南兵备道、四川盐法道兼理钱法道、贵州平越府兼都匀新镇道、四川成都按察使兼布政使参议等职。其为官四十余年，辗转数省，谨慎清廉，有良声。曾获吏部赠联："学可尊经业已光昌平北斗，政能伏虎洵堪观察于川东。"清顺治十八年（1661），获封"中宪大夫"名号。御职回乡后，先带领隆里所民重修残破的隆里所城，继率族人建陈氏宗祠。居乡二十余年，因为人仁孝忠直，颇受尊重。去世之日，阖所皆恸。

张应诏（1654—1730） 字采臣，号图园，隆里所人。少年家贫，父母与人为佣。应诏出生当年，正值龙里所被郝永忠部屠洗，家中藏书悉毁。应诏至启蒙之时，其父六翼遂向应诏口授五经、《史记》《汉书》及唐、宋诗文。应诏勤奋好学，康熙二十一年（1682）乡试中举，遂步入仕途。先后出任直隶河间府肃宁县知县、顺天府霸州文安县知县、江南扬州泰安州知州、四川潼川直隶州知州、广东潮州知府、陕西清吏司员外郎、兵部武库清吏司郎中、两准盐运司盐法道、江南道监察御史、鸿胪寺少卿等职，总计 11 任。应诏任文安知县时，当地突降暴雨，洪水泛滥，百姓无家可归，哀鸿遍野。巡抚李文贞巡察灾情，应诏驾船迎接，当面报告灾情并请减免课税、赈济百姓。巡抚迟疑未复，应诏以为无望，遂悲痛欲绝道："我身为县令，不能为百姓排忧解难，有何颜面苟活人世？"说罢，纵身跳入江中。百姓见县令以死救民，痛哭失声。巡抚急令将其救起，几经抢救，应诏苏醒。巡抚感其心诚，据实呈报，灾民得以赈济，课税免除。为防水患重演，应诏率众修筑堤防，疏泄洪水，与民工同劳动。康熙末年，应诏任两准盐运司盐法道道台。当时，人们把在盐运机构工作视为"肥缺"。但应诏廉洁自重，在职期间，不私取分文。康熙皇帝闻其事迹，下旨褒奖，并用其品行与政绩勉励百官。雍正初年，应诏改任江南道监察御史，依旧办事勤恳，洁身奉公，雍正皇帝赐给银 400 两及房屋数间。

雍正三年（1725），应诏以鸿胪寺少卿职告老还乡。离京时，全部家产只是十几箱书籍。同僚见其清贫，馈赠银两。应诏将获赠之银购置书和犁、耙、锄、刀等农具带回家乡。农具分送四邻，自家房屋都没增添寸椽片瓦。隆里人敬慕唐时诗人王昌龄，自以为隆里所即王昌龄所贬谪之地龙标。应诏归里后，明时所建龙标书院早已无存，子弟无读书场所，遂倡议复建龙标书院，以借王昌龄名气激励学子。应诏首先捐出家中可为正柱杉树数十根，又拆自己小楼三间辅助。家乡父老也随之慷慨捐资。书院建成，应诏将皇帝赐赠图书及自己家中所藏经、史、子、集与有关农、医各类书籍 60 多种 2300 余卷悉捐入书院，还捐农田 12 亩作为学田。重建后的龙标书院，在《开泰县志》中被列为黎平府"八大书院"之一。应诏一生著有《六六记》《问生编》《心字图集说》《楚辞评注》《将南子注》《图园集》等著作。乾隆《开泰县志・艺文志》录其《图园序》《学莲说》及诗 10 首。

雍正八年（1730），张应诏病逝。其好友、时著名学者陈仪为其撰写墓志铭。

附 1：张应诏墓简介[①]

张应诏墓，在隆里所西边飞凤山上，距所城约 1 千米，墓高 1.15 米，宽 0.6

① 原载《锦屏县志》，贵州人民出版社，1995 年。

米，长 2.9 米，全系 0.33 米宽、0.66 米长、0.17 米厚的青石块砌成。墓前立石表一对，高 3.3 米，其方斗形，腰部下方镌对联一副 ：“归兮应化入川鹤 ；去也难闻子敬琴。”其墓系夫妇合葬，左为张应诏，右为其妻杨氏。张应诏墓碑顶横刻“奕光流世”4 字，中刻“皇清诰封朝议大夫外升中议大夫内转奉政大夫张公讳应诏字采臣之墓”，左刻张应诏生卒年月时及卜葬方位，右刻历任官职，末尾特标明“乾隆十一年奉旨崇祀乡贤”，落款“孝男张德熙张苏年孙男如禾同奉祀”。杨氏墓顶横刻“永世传香”4 字，中刻有“皇清诰封恭人张母杨氏太君之墓”，左刻杨氏生卒年月日时，右刻卜葬方位，落款为“孝男张德熙奉祀孙男张珂同祀”。两碑之间另有一碑石，上刻康熙五十二年皇帝诰封张应诏之父张六翼为朝议大夫、其母王氏为恭人，张应诏为朝议大夫、其妻钱氏为恭人诏文。1987 年 10 月 20 日，该墓被列为县级文物保护单位。

附 2：鸿胪寺少卿图园张公墓志铭 [①]

天以黔多锐峰，陡坂幽壑，盘溪点缀。天南偏奇秀，足与寰中名都会为兄弟，欲有以著山川之灵。辟黔生面，吐奇气，露秀色，而挺生伟人。伟人何？图园张鸿胪也。何伟人乎？鸿胪。鸿胪与余交久谊真，如手与足。知之确，故伟之。

闻者谓余阿所好，然则余于鸿胪，果何以伟之焉。今夫为子当孝，孝至格鬼神，动禽兽，止矣。鸿胪母尝病，痰嗽，每发数十日，夜鸿胪侍床侧，欵格格相应，不懈亦不困，精诚感恪，梦神赐方膏 ：金樱子饵之。良已，身自采掇丛棘中，豹子突厥出，从者咸见，惊走，鸿胪不见也。继复入深箐，陟层崖，遇虬石狰狞，怪松盘屈，疑为豹。心悸呼跳，虬石辄坠，怪松则折。从者骇然，邦人以此异之。且居官者，几能与吾民共生死，与灵神共往来，与冰柏共清冷乎！鸿胪尝令文安，河决，哭声震野，民无食，积逋者重。适抚军踏灾，鸿胪扁舟迎，跽请赈兼请蠲。抚军逡巡未应，鸿胪呼天搥胸，跃身入水。岸上

① 作者：陈仪，河北直隶人，清康熙至乾隆时期（1662—1795）人，著名学者、治水专家，曾任侍讲学士、营田按察使、鸿胪寺少卿等职。

百姓皆哭失声，抚军急令吏抱起，良久乃苏。鸿胪尝守潼川，有命案，无从得凶者，恍见神遗李一粒，心触，及素不法李姓者，索讯之。良是，狱遂决。尝巡按两淮，饷缺，捐百万以助，自甘冰蘖，率诸商衣食用物竟有贫人所不堪者。天子深嘉之，屡举以风励百官，“清官”之名盈天下。

旋里，囊无长物，惟古书数簏而已，茅舍数间不能增寸椽片瓦。授徒讲学，藉脩脯供朝夕。日限所得，古书披读，盛寒溽暑不倦。先是，鸿胪尊人正垣先生，以耆宿为邦人师。兵燹后，无所得书，口授鸿胪以五经、《史记》、《汉书》、唐宋大家。长，益力于学，成通儒。所著《六六记》《问生编》《心学图说》《孝子图说》，皆能揭圣贤之心而发其未发。游情于诗歌、古文辞，如《图园集》《楚词评说》《八仙歌》，皆奇秀有风骨。贫无资，不能尽寿梨枣。

呜呼！余于梦金樱、遇豹子，知其孝之至；于跃身入水，知其至慈；于见神遗李，知其至明；于捐俸助饷、脩脯供餐，知其至廉；且于所著书，知其学问文章之至醇。且卓如此，可谓伟人矣！娶钱氏，褒曰“恭人”。子二：长德熙，次苏年。女一，适其同里明经王圣谟。

鸿胪生于顺治甲午年四月二十六日刻时，卒于雍正八年六月二十六日，在家告终正寝，享年七十有六。黔人谒选来京者，其次子苏年附书于余曰：“公与先大人交谊同手足，知之确。将卜葬于城西祖茔飞凤坡之原，乞铭以垂不朽焉。”呜呼！德熙以文艺冠军，食饩，及冠而殒。今苏年甫离襁褓，乃能附书万里以乞铭。天乎！孝子之后有人矣。

铭曰：黔山其高，黔水其长。大有人在，行卓徽芳。闵曾肺腑，召杜肺肠。冬冰手抱，秋月心囊。文章学问，孟奥孔堂。飞凤之坡，奇柏秀杨。呜呼伟人，其宅其藏。

江有本（1723—1790） 字自岷，号济川，隆里所人。清乾隆二十四年（1759）中己卯科第十八名举人，出任贵州平越府儒学教授。乾隆三十一年中丙戌科第一百二十三名进士，授四川邻水县令。乾隆三十四年擢牧忠州知州。任内，教民开垦沃田，振兴水利，创设水车，得朝廷嘉奖，实授顺庆府正堂。在顺庆府，曾自撰大堂联云：“口体之享用，为衣为食能几何，试想到，钟鸣漏尽，富贵于我总成空，奚必薄民而肥己；子孙之流传，或盛或衰皆数定，每念及，物换星移，功过在天终有报，尚须积德以贻谋。”有本老归故里后，重修扩建家学“作舟馆”，招收族内外子弟，亲自主讲。有本授徒之余，兼乡里事务，首倡筹资重建状元桥。

王师泰（1744—？） 字治中，隆里所西王氏人。其祖父为岁贡，曾主讲龙标书院，并修撰《隆里所册》。其父王家望，亦系岁贡。师泰天赋过人，勤奋好学，从小熟读经文，十七岁入贡。清乾隆十七年（1752）以俊秀参加开泰县儒学训导陈文政等编纂的《开泰县志》，主要承担隆里等开泰县北部资料的调查收集和整理。隆里所事物尤其王昌龄之与龙标之事迹于是始载于官书。乾隆三十五年中庚寅科第四名举人，时年二十六岁。乾隆五十八年，赴京应考，中“北围”天都榜经魁，与王大臣并称隆里“南北开科”。初任云南大理府易县令，继任楚雄府大姚县令和广通县令。告老归乡后，执鞭授童。师泰才思敏捷，文采风流，著述颇多，然而多散佚，今仅存诗数十首和碑文数通。

王之干（1776—1833） 隆里所魏王氏人，字名世，号里亭。四岁丧父，家境贫寒。其天资聪敏，读书过目不忘。十二岁时考获开泰县儒学鸿案第一。主考官见其相貌平常，以一联相考：“细鱼无鳞，怎跃龙门三级浪？”之干不假思索，随即答道：“大鹏有翅，能飞凤阁九重楼。”乡人是称之为“神童”。清乾隆五十一年（1786），十六岁入选优贡。嘉庆九年（1804）中甲子科第三十名举人。嘉庆十四年中己巳科第一百三十名进士，获选任山西大同府阳高县知县，后升任大同府知府。在任期间，时常格外推恩，不取民一线，不枉成一事，深受当地百姓敬爱。因政绩昭著，留任三次，获封“文林郎”名号。

江广澜（1812—1856） 清道光二十三年（1843）入选岁贡。咸丰元年（1851）被推举为乡正，总理隆里所地方事务。咸丰六年，贵州台拱张秀眉苗军攻掠黎平府北部各地，江广澜奉命将隆里所内丁壮组成乡兵，守护所城。同年十月二十八日，张秀眉军围攻隆里所，江广澜率丁死守。未几，城破。江广澜率乡丁与其巷战，失败，广澜及全家老小被杀。事后，官府赏封其“云骑尉”名号，隆里所人为其立“义士殉难碑”于城南外戏楼边。江广澜热心地方公益事业，道光年间（1821—1850），曾两度解囊出资修复隆里所西江平水桥。

王培义（1874—1935） 字体全，号用宜，又名正甫，隆里所龙王氏人。1913 年出任隆里团防自治公所理事。1913—1916 年任永从县知县。在永从任上，家乡一带遇旱灾，粮食奇缺，培义遂在永从县多方筹措，运来一批粮食，使隆里、阳艾一带乡民得以度过灾荒。其为政清廉，重视教育，深受当地民众敬爱。离任时获“清水明镜”匾送行，当地百姓为其立有“德政碑”。

江天秩（1869—1944） 隆里所人。身材高大魁梧，为人耿直。自幼爱好文艺，因家境殷实，清光绪二十一年（1895）自费到锦屏县城王寨师从湖南艺人学习汉戏。回家后精心研习，并自筹经费将隆里所十多个戏曲爱好者组建成戏班子，常到黎平和附近的新化、敦寨、鳌市，以及今锦屏县城王寨等地演出，受到各地乡绅、百姓欢迎。1911 年 11 月，辛亥革命爆发。革命运动虽然波及贵州省，但全省政权仍掌握在清王朝旧势力的手上。1911 年腊月二十四日，黎平府派人送来请阑，强请隆里戏班子到府城演出，不准有误，且要求连续演出至大年初一，大年三十晚亦不准回家过年。演到大年二十九，演出人员都强烈要求回家，但府官不准，要求演到新年初一。见众演出人员回家过年心切，天秩遂将当晚戏目擅作改动，增加了赞同革命党的内容。演出不久，府官发现戏内容不对，立即下令停演，并将天秩和全体演出人员羁押牢中。后经一番恳求，府官同意放回全体演员，但需缴纳一笔不菲的保费。天秩于是连夜回家，变卖山林、农田和房屋，以及所有汉戏服装道具，凑齐赎款，将全体演出人员赎释回家。

经此变故，江天秩由隆里富户变成破产之家，隆里所汉戏也因此消失了很长一段时间。此后，天秩在隆里所担任塾师以糊口。

李荣春（生卒年不详） 又名李光尧，新化所人，清光绪中期秀才。民国前期即在隆里所任教，后定居隆里所。他一生以教育为职业，在隆里中心小学任教员二十余年，桃李满门，为隆里所近代“名师”，人称“李大先生”。1934 年 12 月，中国工农红军第二次过隆里时，李荣春非但不逃避，还主动与红军接触。红军离时，作诗相赠。

李荣春爱好广泛，喜诗联、通医理，兼通绘画、缝纫、木工等诸多手艺，尤其擅长制作花灯、跑马灯。

江金诰（1905—1983） 字宝文，号祝三，晚年号雪翁。自幼好读书，尤其好读古诗词。其品性端方，严取与，重信义。一生以舌耕自给，曾先后在榕江、平茶、黎平等地执鞭课徒，任隆里小学校长，桃李满门。兼通医理，热心救人。1948 年，参加编修《隆里所志》。金浩工诗作，其诗严谨绪密，遗有《易学楼》诗文集 4 卷传世。

◉ 名人与隆里

王昌龄与隆里　王昌龄（698—756），字少伯，京兆（今陕西西安）人，生于唐圣历元年（698）。开元十五年（727）中进士，任秘书省校书郎。开元二十二年再中博学宏词科第一。开元二十八年被贬江宁丞。天宝六年（747），被贬龙标尉。得知王昌龄被贬迁龙标后，诗友李白作有《闻王昌龄左迁龙标遥有此寄》一诗，表达对王昌龄人生际遇的同情与慰藉：

杨花落尽子规啼，闻道龙标过五溪。

我寄愁心与明月，随风直到夜郎西。

王昌龄贬任龙标尉期间，公务之余，或与意合者饮酒赋诗，或独自在江滨沉吟。天宝十五年（756），“安史之乱”爆发，昌龄遂弃职返乡。行至河南亳州时，为刺史闾丘晓所杀。昌龄工诗，绪密而思清。其诗雄浑自然，韵调铿锵，华美而蕴藉。与同时期高适、王之涣等齐名。因其贬地，又称“王江宁”“王龙标”。又因其擅长七言绝句，或称之“开天圣手”“七绝之王”“诗家夫子”。其贬龙标期间，留有诗作 29 首。清道光年间（1821—1850），黔阳知县龙光甸将之辑成《王昌龄宦楚诗》一书面世。

明代中期以后，随着屯政荒废，隆里所屯军被冷落，沦为土著，所民们以前那种高人一等的优越感不再，心里感到空前寂落。为弥补这种寂落，人们积极抗争，努力地强大自我。一方面极力攻读，跻身科举仕途；另一方面积极营造人文居境，修宗祠、纂宗谱、建庙宇，在“同是天涯沦落人”的感情背景和所域内王姓人的主导下，同情和追慕才华横溢却命运多舛的流寓诗人王昌龄。因王昌龄中进士后又中博学宏词科第一，隆里人遂将其尊为“状元”。自明万历起至清乾隆年间（1573—1795），先后为其建造衣冠冢、祀祠、纪念桥、纪念亭，并分别称为“状元墓”“状元祠”“状元桥”“状元亭”，所创建的书院也名为“龙标书院”。对于王昌龄以及所建的“一院”“四状元”，历代骚人墨客，竞相作诗属文凭吊。清乾隆以后，王昌龄被隆里人尊为“人文始祖”和文化符号。

约翰·杰斯特龙与隆里　约翰·杰斯特龙（1952—2001），挪威人，著名生态博物馆学专家、中挪文化合作项目贵州生态博物馆群科学顾问。曾先后于 1995 年、2000 年两次到隆里所考察，并积极筹划隆里古城生态博物馆的建设。

1995 年 4 月上旬，约翰·杰斯特龙及中国博物馆学家苏东海等一行到隆里所城考

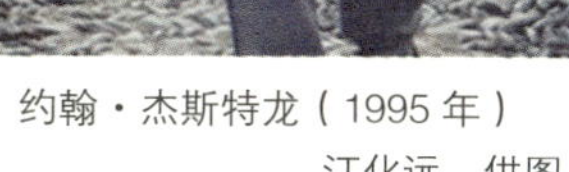

约翰·杰斯特龙（1995 年）
江化远　供图

立于状元祠旁的约翰·杰斯特龙塑像（2016 年）　江滋根　摄

察，俩人分别题词“将来希望你们幸福快乐”和“古城春色永存”。2000 年 8 月 11 日，约翰·杰斯特龙与挪威王国国家文物局副局长达格·梅克勤布斯特、挪威王国驻华使馆环境参赞里维·雷郎泽再次到隆里所考察。2001 年 4 月 6 日，约翰·杰斯特龙在俄罗斯西伯利亚进行科学考察时，因心脏病突发，猝然去世，享年 49 岁。约翰·杰斯特龙喜爱隆里古城文化，尊重隆里古城风俗习惯，因而得到隆里民众的尊重。2001 年 5 月，为纪念这位国际友人，隆里民众在状元祠原址旁立一碑，并种下了一株雪松，以铭记约翰·杰斯特龙与隆里古城的跨国友谊，其树名为“约翰·杰斯特龙纪念树”。

挪威大使白山在隆里　1995 年 4 月，挪威王国驻华大使白山（SverreBerghJo-hansen）在挪威《博物馆学》主编、生态博物馆专家约翰·杰斯特龙和中国国家文物局专家组研究员苏东海的陪同下，专程到贵州黔东南考察民族文化。在参观了榕江寨头、摆贝侗寨后，到隆里所，发出深情的赞叹：“黔东南有如此丰富的民族文化，这是你们的财富，也是国际的共同文化财富。我希望长久地给以保护。200 多年来，世界上许多少数民族，用树皮盖房子已很少见到了，这里的苗村侗寨还保持着，很了不起。我相信不久的将来，这里的生态博物保护会得到安排，我回去后会有新的建议。”

1995 年 4 月 7 日，白山和斯竹娜女士在中国博物馆学会秘书长安来顺和省文化厅副厅长李嘉琪等人的陪同下，再次来到隆里古城，受到隆里所民众的热烈欢迎，由 150 位男女村民组成的 5 支舞龙队舞起“五龙迎宾”式，广场上、大街间，舞龙队以娴熟高超的技巧表演了串花龙、滚地龙、大盘龙、小盘龙、二龙抢宝、双龙戏珠、金龙抱柱、黄

挪威大使白山考察状元桥　　陆景川　供图

龙翻身、青龙吐丝和五龙相会等十多种动作花样，令白山耳目一新，叹为奇观。随后，白山到村民夏宗才家做客。主人特意摆满了丰盛的隆里特色食品。白山品尝了香喷喷的油茶、香甜的甜滕粑、酥脆的米花麻叶，以及醇香的重阳糯米酒，称赞不已。

面对隆里所村民的热情，白山非常激动，他说："我这次贵州之行来到隆里，看到隆里传统文化这么富有特色，感到非常精彩，非常神奇，非常难得。我走进这个村寨，看到舞龙，我被震惊了。我过去在泰国曾经看过舞龙，但像隆里这样雄奇壮观的还是第一次。隆里舞的龙特别有力，栩栩如生，富有强劲的生命力，这才是中国真正的传统舞龙。像隆里这样对民族文化遗产保存得那么好，我也感到震惊。这里的苗族、侗族与汉族相互团结，和睦相处，这也是很令人震惊的。今天的所见所闻，在我心中留下了深刻的印象，使我终身难忘。"

最后，白山在龙标书院题词"难忘的贵州之行——衷心祝愿隆里繁荣昌盛！"

余秋雨评隆里　2007 年 7 月 17 日下午，著名学者、散文作家余秋雨在中共黔东南州委常委、州委宣传部部长耿生茂和贵州省文联副主席、国家一级作曲家崔文玉等人的陪同下，与先期抵达隆里古城的北京大学教授、中国民俗学会副理事长、国家非物质文化遗产保护委员会专家委员段宝林等，进行"余秋雨与原生态民族文化对话"活动。隆里古城群众在隆里所东门广场舞玩"花脸龙"，迎接余秋雨等人的到来。余秋雨和段宝林等先后参观了龙标书院、南门、下官街、董家井，以及隆里生态博物馆。

随后，在隆里古城东门口，余秋雨就隆里古城以汉族文化为主体的“文化孤岛”现象与耿生茂和段宝林等讨论。在讨论中，余秋雨认为，隆里古城提供了第四种文明冲撞的模式。第一种是被侵略的文化孤岛，例如埃及，尼罗河西岸，还能找到法老时代的影子。为了自守他们不和外人通婚，这个群体渐渐微弱。第二种是侵略者的文化孤岛，例如巴基斯坦和印度等地的亚历山大大帝遗迹。第三种是冤冤相报的互相制造的文化孤岛，如在犹太人的世界里有阿拉伯人，在阿拉伯人世界里也有犹太人。余秋雨认为，在隆里所，可以看到带有半军事化的明代以来的民居方式和半军事化的城市生活方式。隆里所的“文化孤岛”现象告诉我们，一切军事冲突与政治冲突最后留下的成果是文化成果，所以我们要以保护文化成果的方式来保护整体历史。总之，隆里是人类互生和谐的“文化孤岛”，是人类文明的一种典范。①

① 参见余秋雨：《隆里——互生和谐的文化孤岛》，《杉乡文学》2011年第5期。

书香第（2018 年）　　王宗勋　摄

艺文杂记

隆里所是一块文墨厚积之地，在这里可以追逐和体验到远去的唐风明韵。

隆里所堪称文墨厚积之地。600 多年来，隆里所一直延续着从中原带来的耕读传家良习。尤其是明代万历以后，在追慕唐代流寓诗人王昌龄和悼念“忠烈”董三谟等题材的引领下，隆里所艺文大兴，诗词、楹联、碑记等层出不穷，使隆里所成为令人景仰的文化高地。

20 世纪 90 年代以后，隆里所的独特存在逐渐引起人们关注。国内外的专家学者和文艺爱好者纷纷到隆里所参观考察，产生了不少关于隆里的研究文论和报道文章，以及数量可观的文艺作品。

◉ 诗联

明代中期起，隆里所开始出现文化人。受时代影响，隆里所的文化人多喜吟诗作对，吟诗作对成为常见的应酬内容。隆里所内各种人文建筑大都题刻有楹联于其上，人们也以能有自己的诗词楹联作品刻于其上为荣。此外，域外文人官宦游历隆里，受环境影响，亦常有赋诗作对。其诗联内容多以隆里人物和名胜古迹为题，尤其以追慕唐代流寓诗人王昌龄和明末“忠烈”董三谟者最多。清光绪时，黎平府文士彭应珠将乾隆时期纪念董三谟的诗文汇集成《莲花山集》刊印。这些诗联，有不少文质兼美，堪称佳作。

状元桥雪景（2011 年）　　谭元勇　供图

诗词

王少伯墓

〔明〕龙起雷[①]

龙标天远接龙溪，黯黯青山月欲低。
千载羁魂应不怨，诗荒开遍夜郎西。

天仙子・半月松台

〔清〕张应诏

青山山外青山塞，山下流溪清一派。
面山临水小株松，
月常在，人常在。
听松玩月知谁解。
原不少多情冤债，也不用蒲团深拜。
一卷黄庭一碗茶，
心自快，神自快。
幽幽静静清凉界。

龙溪夜月

〔清〕王家望[②]

龙溪如带碧无尘，独坐芳洲夜色新。
一片状元桥上月，曾从野宴照归人。

---

① 龙起雷，字时声，明万历十六年（1588）举人，十七年（1589）进士，为黎平府进士第一人。先后任江西临江府清江县知县、南京大理寺评事等职。

② 王家望，清代前期隆里所人，贡生。

隆里集兴

〔清〕陈文政[①]

清风劲节系人思，底事逢今得可为。
瘴岭南封迁客墓，蛮村旨沕烈臣碑。
井孚虽死城犹在，白杜非遥诗欲追。
我是五开官外史，葵窗草荐凤凰池。

王龙标先生祠中歌

〔清〕杨渤[②]

先生旷世才，生憎时命否。
万里投荒过五溪，天道非欤何至此。
五溪本属西南夷，邛筰牂牁古犍为。
决眦高望极天表，瘴雨蛮烟未了时。
嵑嶭遥天走怪石，阴霾白日迷山魑。
左迁一旦栖于内，毋乃唾壶壶欲碎。
回忆旗亭画壁年，不堪人事珠襬襶。
我谓先生别有天，先生风味依然在。
呜呼！
水潺湲，山岌嶫，愁心漫许寄明月。
山岌嶫，水潺湲，春涨何妨客不还。
此邦谪宦都如是，岂独先生历苦艰。
鹤楼祠，南皋宅，读书堂继龙场驿。
或留大节炳丹青，或阐良知承道脉。
丈夫蒙难自文明，枳棘胡能羁六翮。
君不见，龙溪头，瓣香坛坫几春秋。
梨花辞赋悬日月，销尽茫茫万古愁。

① 陈文政，号冠山，贵筑县人，清乾隆十五至二十年（1750—1755）任开泰县儒学训导，与王师泰等编纂《开泰县志》。

② 杨渤，字淮海，今锦屏县钟灵村人，清乾隆三十年（1765）第三十二名举人，任龙泉县教谕。

吊董三谟墓

〔清〕胡之干[①]

读书何事畏身亡，是好男儿性决刚。
万里孤忠殉社稷，一门争死立纲常。
古祠月笼悲幽谷，烈骨云封冷夜郎。
赖有贤明搜秩事，龙标共识董山阳。

龙标山

〔清〕王应模[②]

龙标谁作尉，谪贬有诗人。
今尚荒凉甚，山中住几春。

游龙标述怀二首

〔清〕吴师贤[③]

一

龙标古镇实雄奇，衢巷纵横入望迷。
少伯梨花伤谪此，引来骚客广吟题。

二

龙标书院景清幽，碧水盈池映画楼。
荷放几枝迎夏至，师生徐入拜尼丘。

赴黎平途经隆里访友留言

吴慕尧[④]

返乡访友到龙标，犹忆昌龄贬昔朝。

---

① 胡之干，隆里所人，生活于清代中期。

② 王应模，江苏吴江人，荫生。道光十二年（1832）任黎平知府。

③ 吴师贤，锦屏县钟灵乡寨稿村人，道光时举人，曾任四川荣县知县。

④ 吴慕尧，锦屏县钟灵乡寨稿村人，中国同盟会会员、“南社”成员。1915 年因行刺袁世凯失败被杀。

隆里一隅（2005 年）　　杨胜屏　摄

谁个帝王容尔赋，古今无不独权操。

龙标书院

吴学海

龙标书院我来迟，为拜高人幸有时。
传道村居旧蒲井，喜看桥架碧莲池。
黉宫两栋书声郎，天井一方雨露滋。
桃李芬芳香四野，王张先哲实堪师。

山上望龙标

杨操白[①]

芳城遥望五云斜，尽是书香及第家。
楼阁重重辉日丽，台防叠叠锁烟霞。

① 杨操白（1885—1951），锦屏县启蒙镇地茶村人，乡村教师，擅诗联。

地灵毓秀生人杰，天宝钟英产物华。
自古龙标称胜迹，层层文士折琼花。

龙标八景

江金诰

五骢春晓

五骢高处偶徜徉，恰喜曦和降大荒。
江水未曾分鸭绿，岭枫先已染鹅黄。
长空风紧鸢争戏，细草花开蝶斗狂。
布谷数声催稼早，南阡北陌载耕忙。

文笔流云

巍然矗立插层霄，雨后风前景更饶。
一片氤氲笼笔顶，几番缥缈断山腰。
人来采药常迷径，鸟出衔花屡失巢。
贫病又增时事感，结庐日日望岩峣。

螺岫松涛

一湾渊碧拥螺峰，胜境天开迥不同。
百丈烟萝缭曲径，四时松浪逐长风。
奔腾云外嘶神骏，澎湃江干斗孽龙。
避暑当窗聊偃息，哪知凉涤热情空。

金星晚照

百鸟还林已倦飞，斜峰倒影满江湄。
山分豹雾封樵径，天散晚霞映钓矶。
锦绣横披小米画，光华直夺老莱衣。
浮图不幸成焦土，犹剩苍松挂夕晖。

凌云飞瀑

高僧遗迹久传闻，烟霭溟濛认不真。
一水陡从天际落，两山争向涧边分。
玉虹挂处常飞雨，银汉倾时直透云。
避世何须求绝境，余流端可洗尘氛。

禹门残雪

禹门日暖雪翻山，遣兴遥遥独对看。
冷艳时时流绝壁，清光点点耀重峦。
妆梅已着风前韵，泻竹犹余月水澜。
鸦鹊无声真寂境，此中恰好住袁安。

龙潭虹影

跃龙潭上草萋萋，今古游人驻马蹄。
三境连环挟石起，一虹飞饮带天低。
剑光岁岁翻桃浪，弓影时时拂柳堤。
日暮临流斜竚望，苍黄远映夜郎西。

龙溪夜月

龙溪磨洗几经年，才得光明照大千。
敢为升沉忘黑夜，休将圆缺问苍天。
星稀绝谢云推旦，露重翻疑水浸帘。
野宴人归山寂寞，冰心常抱玉壶眠。

楹联

东门鼓楼二联

〔清〕陶履阳

蔚起文人，骈肩虎榜无双鲤；
宏开地脉，洁领龙标第一门。

此阁脉接双鱼，依旧址以重修，功德常留，定卜人文鹊起；
斯楼瑞迎五马，统群情而再造，馨香永荐，更新科甲蝉联。

南厢城楼联

〔清〕佚名

门吞东岭云霞，文明启象；
楼作南厢屏幛，锦秀成春。

北门鼓楼联

〔清〕佚名

一道同风瞻舜禹；
四时共聚乐尧天。

状元祠联

〔清〕蔡时豫

贬状元公到此间，寻古墓千年，瘴雨蛮烟余想象；
问芙蓉楼在何处，瞻祠堂一所，雪泥鸿爪总迷离。

董公祠联

〔清〕张焕云

大节炳山阳，同郡三忠成鼎足；
全家殉国难，有明一代著丹心。

董张合祠联

江金诰

惠政著山阳，可怜合宅成仁，殁后长留千古节；
廉名垂淮北，最是故乡关念，归来惟载五车书。

江氏宗祠联

溯造祖代义从征，蛮服论功，命除隆里膺千户；
追通公帅师入险，洞平晋秋，诰授将军焕五溪。

胡氏宗祠联

派衍自凤阳，忆我先人，当日奉命行军，曾垂伟绩丰功荣增史册；
族聚于隆里，斯尔后辈，及时追踪步武，共播令名寄誉光耀祖宗。

龙王氏宗祠联

始祖籍绍江西，忆昔立志从戎，卓著奇勋，特授指挥佥使；
后裔支著黎北，迄今鸠工启志，敷陈遗泽，咸追世袭人传。

西王氏宗祠联

积德后人昌，想当初南北开科，文武馨名垂胜典；
培根枝叶茂，到今日子孙福荫，频繁治址荐香祠。

所王氏宗祠联

江左发祥，曾逾千载，回思我先代，人才崛起，门第增辉，
只凭孝弟两端，孕育公卿种子；
黔南聚族，已立三朝，深望尔后生，堂构相承，箕裘克绍，
贯彻家邦一理，讲求治化根营。

陈氏宗祠联

〔清〕佚名

祖籍绍闽候，李唐时开拓漳州，忠肝义胆，收拾山河朝天阙；
圣旨传京燕，朱明季遣创楚域，铁骨丹心，远移香火镇龙标。

杨氏宗祠联

义著节昭，青简丹书留胜迹；

春赏秋祀，频蘩蕴藻展孝思。

龙标书院联

〔清〕江汝涛

龙门捷足即先登，试想三年一度，转瞬光阴，勿教岁月优游学业可期成少壮；
标榜虚声无实获，须将四书五经，潜心探讨，若到功夫纯熟科名自不让前人。

关圣庙联

生解州，事豫州，保荆州，战徐州，神州万古，万古神州；
兄玄德，弟翼德，擒庞德，纵孟德，智德千秋，千秋智德。

王昌龄墓石表联

〔清〕蔡时豫

戛玉敲金，在昔文章飞凤阁；
瞻山仰斗，于今德望著龙标。

◉ 散文

由于龙标书院和作舟馆的创办，明代后期至及清末，隆里涌现出了一批贡生、举人和进士，其中举人王大臣、张应诏、王伟、王云鹤、王师泰、江士林等文笔深厚，是隆里文学方面的代表人物。张应诏著有《六六记》《问生编》《心字图集说》《楚辞评注》《图园集》等著作。民国后期，胡植高等编纂的《隆里所志》，其中的《龙标事纪》既可当作史书，也可视为散文。20 世纪 90 年代后，随着隆里所旅游业的发展，到隆里旅游考察的文人墨客增多，写下了不少散文佳作。

荷花池（2010 年）　　王宗勋　摄

学莲说[①]

张应诏

濂溪茂叔周先生，宋之隐君子也。所著《太极图说》，千百世好学君子，群奉为理学之宗矣。又有“爱莲”一说。其辞曰：“莲，花之君子者也。”余维先生以君子之学，成君子之道，并美其所爱之莲以君子之名，君子者，莲耶？爱莲者，君子耶？吾固不敢同于爱莲之君子也。窃于君子所爱之莲，寄愿学之思者，盖亦有年。虽不知其所就，有当于莲之可爱与否。若他日因学莲而幸登君子之堂，则以所得于先生《太极图》之“问生”一编以为质。

本色隆里[②]

杨秀廷[③]

走进时光斑驳的隆里古城，仿佛一脚跨入六百年前的明朝，我匆匆的脚步，被这里的古风古韵轻轻地拽了一下。

① 原载清乾隆《开泰县志·艺文》。

② 原载《杉乡文学》2013 年第 1 期。

③ 杨秀廷：锦屏县人，苗族，1967 年出生，现为中共锦屏县委政策研究室主任、锦屏县文联主席、贵州省作家协会会员。

隆里古城的居民是明代洪武年间“调北征南”的军人后裔，六百多年来，这些军人后代一直固守着故土——江南和中原的文化习俗，玩“花脸龙”、迎“故事”、唱汉戏是他们一代又一代沿袭乡愁的文化传承方式。那些古宅门楣上的“郡口”、墨迹依稀的对联，镶嵌着鹅卵石的丁字花街，马头墙上的彩绘等等，都以丰富的表情在那里守望着，而且这一等就是六百多年。

一

在中国南方诸多盛满故事的古城中，地处湘黔桂边地的隆里古城风骨独具，因明王朝经营西南的军事行动和文化输入，造致隆里气韵雄沉的性格里蕴含着许许多多柔美的细节。军人、商户、民夫，官衙、书院、民居，城墙、戍楼、护城河，织机、水碾、龙骨车，掘井、蚕桑、种棉，蒸米花、炸麻叶、做印盒粑，玩花脸龙、迎故事、演汉戏……这些物象，如一帧帧流动的册页，流布在这方土地上，延展成隆里古城“七十二人姓，七十二眼井”“城内三千七，城外七千三”的繁华记忆。

隆里古城南门“正阳门”内的一通古碑，记述着这座“亦兵亦农、能战能防”的古城，经由征战离乱之痛，到休养生息“中兴”，继而迎来民族融合“隆盛”的前朝往事。而今，铅华隐去，隆里古城也由曾经的军事城堡，变成农业乡村，再以转身回望历史深处的缱绻姿态，成为新兴的旅游古镇。这六百年的跌宕起伏，浸透着沉郁苍凉，也收藏有几分晴暖。

岁月越久远，那些隐藏在隆里古城古街、古巷深处的影像却愈加清晰。

明洪武十一年（1378）八月，湖广上里坪司（今贵州黎平）人吴勉揭竿举事，称“铲平王”，黎平、锦屏一带十二长官司纷纷响应，其队伍迅速发展，“号二十万众”，攻铜鼓，克黎平，陷靖州，袭通道，战武冈，激荡于湘黔桂毗邻地区，历时八年，声震朝廷。朝廷派楚王朱桢统兵三十四万弹压，洪武十八年（1385）吴勉兵败被俘。十二年后的洪武三十年（1397），锦屏婆洞林宽再次揭竿而起，率领十万“黑苗”，占隆里，攻新化，打平茶（今属湖南），围困黎平千户所达十余日，朝廷震惊。是年秋，清水江两岸已是层林尽染，一队队人马在丛林中奔驰，军旗猎猎，战马嘶鸣，打破了山林的寂静。楚王朱桢“率军三十万，由沅州（今湖南芷江）伐木开道二百里，直抵天柱”。军旅铁蹄再次踏上这片土地。林宽部两面受敌，铜鼓一战，“苗军”损失万余人，林宽被俘。今日铜鼓古城外，楚王营、楚王妃子墓、林家堡、林家营盘尚在，六百多年后，那些刀光剑影的风云人物，依旧丰润着这方乡土的传说。

作为明王朝在大西南实施滇黔经营而开辟"苗疆走廊"的战略大手笔之一，"调北征南"的结果是在贵州设立了七百多个屯堡，"拨军下屯，拨民下寨"，实行屯田制。明洪武十八年（1385），按照军事"能攻能防"需要构建成"三街六巷九院子"的隆里千户所，在龙溪河畔的田畴中卓然兴起，就像隆里古城里那些足以迷惑游客的"丁"字街一样，这枚明王朝的铆钉从此铆在了湘黔桂边界处的青山绿水间。

天地间多了一座城池，也多了一段跌宕起伏的故事。

二

"龙溪如带碧无尘，独坐芳洲夜色新。一片状元桥上月，曾从野宴照归人。"清乾隆时隆里贡生王家望的这首《龙溪夜月》，写出了隆里古城边龙溪出尘的清幽和灵秀，同时也把盛唐"七绝圣手"王昌龄从龙溪踏青野宴的传说中迁延而出。

隆里故事，总绕不开王昌龄的身世传说和诗韵遗风。

遥想当年，夜郎古道上马蹄得得，杨花飘落，子规声声，正值华年的王少伯怀着两度"去国怀乡"的惆怅，且行且回望，不知乡关何处，归程杳杳。

正是春风剪剪，龙溪柳絮堆烟。岁月的风尘，早已席卷着诗人如春草般葳蕤的羁旅情愁。

五溪各族人民以炽热的胸怀迎接这位流落边地的"诗家夫子"，龙标山水慢慢温润了这一骑孤旅。

于是，夜郎古道上就有了诗人"春酒相携就竹丛""青山明月不曾空"的遣怀寄兴，坐落于湘黔桂交界处的隆里古城的传说里滋生了"诗荒开遍夜郎西"的绵绵期许。

身处逆境的王昌龄，寂寞、失落，他悲愤，但他没有沉沦，而是融入五溪少数民族中，"传教授学，以变风俗"，成为汉文化与南方少数民族文化交流的使者，在积极传播先进的中原文化实践中实现了作为一个诗人的社会价值。以王昌龄的声望，以他的边塞诗广为流布的影响，王昌龄贬谪龙标，是以他身世的不幸，赢得了文化交流之幸。

在隆里古城，有一种情怀敌得过岁月的消蚀，那就是一代代古城人对王昌龄的景仰和怀念。跨溪锁秀的状元桥，古木荫护处复建的王昌龄祠，六百年临溪相守的怀伯亭，古韵犹存的龙标书院，龙标冲香火年年的王昌龄衣冠冢，都在以坚拒遗忘的姿态，深深烙印着一个过客、一个诗人的情怀和气度。王昌龄是否踏上过隆里古城这片土地，已经不重要。龙标衣冠冢前春草年年绿，古城人前来踏青祭扫的风尚一直沿袭至今。这里虽然没有诗人的遗骨，但人们相信，王昌龄的人品修为、道德遗风已经播撒在这片土地上。

状元桥石级（2018 年） 王宗勋 摄

龙标墓前，矗立着一对精工雕刻的石桅，石桅上“戛玉敲金，在昔文章辉凤阁；瞻山仰斗，于今德望著龙标”的对联，在告诉我们，这方山水，与一个唐代著名诗人有着精神上的血脉关联。

王昌龄贬谪龙标这一段苍凉的传说，已演绎成一则浓情的古典，经由传说和古典中蜿蜒而出的是牵挂，是“丛竹春江新醅酒，青山明月古风期”的绵绵期许。

羁旅情愁，书香剑气，是夜郎古道上的一席盛宴，多少官宦士子，流寓离途遣道，借得一弯新月、半樽浊酒，相逢一握，自此相忘于江湖。

自况也好，遣怀也罢。乡愁总是因天地万物的生息和表情，随着漫涨的溪河，又一次，轻轻浅浅地漫上离人的心间。

清代乾隆时黎平府举人胡定之，任四川岳池知县，回乡省亲至龙溪凭吊，作《龙标祠怀王少伯》：“赋献来迁谪，诗名纪盛唐。故巢辞锦里，别业寄遐荒。古木云岩寿，山猿月夜狂。传言居止处，翰墨带泉香。”这样的笔法，可谓一花一世界，一草一春秋，惆怅中透出安谧，景仰间传达出欣悦。

自明洪武初年“调北征南”肇始，隆里古城就承接了中原和江南的香火，时光远去，中原文化的记忆清晰依旧。只要捧读缘起龙标踏青的一卷卷诗作，这种余韵与沉响

古城民居（2007 年）　　杨胜屏　摄

又上心头。

雍正三年（1725），隆里所举人张应诏以鸿胪寺少卿告老还乡，这位曾任两淮盐运道台等要职的隆里人，归梓之日，除友人赠送的两千多卷书外别无长物。他倡修龙标书院，承继王昌龄当年贬谪龙标时“传教授学，以变风俗”之善举，为后学仰慕。其《吊王昌龄》，直抒胸臆，情溢纸背。其一为：“五溪未过渡湘江，定有骚吟学楚腔。鹏鸟已偕媒鸠偶，梨花又匹橘橙双。王孙芳草蛄鸣夜，山鬼怀人猿啸窗。独恨愁心明月外，何无离思寄蛮邦。”其二云：“高山仰止拜荒坵，一瓣香飘一瓣愁。草色倍青妃子冢，葵心争赤寿亭侯。岂无人续招魂赋，尚有尊称唤状头。诗伯千秋宁寂寞，于今许我气相求。”溪畔寻春，悟顿如此，若登至境。

这样的情怀，添却的不只是绵绵诗意，更有锦绣情怀。

三

庆春的锣鼓一响，隆里古城的日子就一天天敞亮起来，生动起来。

古城“三街六巷九院子”里，一座座铭刻着明清风采、传承着中原余音的门楣上，喜庆鲜亮的春联展开了俏丽的容颜，与石库门上“三槐第”“济阳第”“会稽第”“关西第”“苏湖第”“指挥第”“五柳堂”这些“郡口”和“堂名”相互映衬，神采焕然。

古典力量与新生动力，在隆里古城蓬勃、抑扬、激荡，一如龙标书院守望百年琅琅书声的荷塘，一如流连于古城街巷中南来北往游客的惊叹。

明王朝推行“屯田戍边”的新政，在这片土地衍生了经由冲突到融合的故事，其间的起承转合，早已如马头墙上曾经的斑斑雨痕，淡了，远了。

繁复的往事终敌不过奔跑而来的日子，屯军后裔在回望乡关的期许中，找到了契合历史的呈现方式。

彩妆的“迎故事”，妆扮巡游的“天女散花”“西天取经”“观音送子”，把隆里古城从古装的传说中托举而出。

汉戏，是隆里古城的一径文化血脉，那些折子戏，一折一折的，从征战、结义到歌颂忠烈，豪放中透出婉约的音韵。

“花脸龙”则是隆里古城别具风骨的一道风景。舞龙者皆画“花脸”，旦、末、净、丑咸集，每条龙的舞者因位置不同而脸谱不一，一条舞动的“花脸龙”即如一出京剧。“花脸龙”是用来娱人的，而这种娱人的境界之高妙、之峭拔，只要看到每条龙都是龙尾居首，“丑角”居上，带动整条龙进退自如，人们不得不发出赞叹之声。

“三街六巷九院子”的灯笼映暖元宵的日子，平日里安详静雅如淑女般的隆里古城，

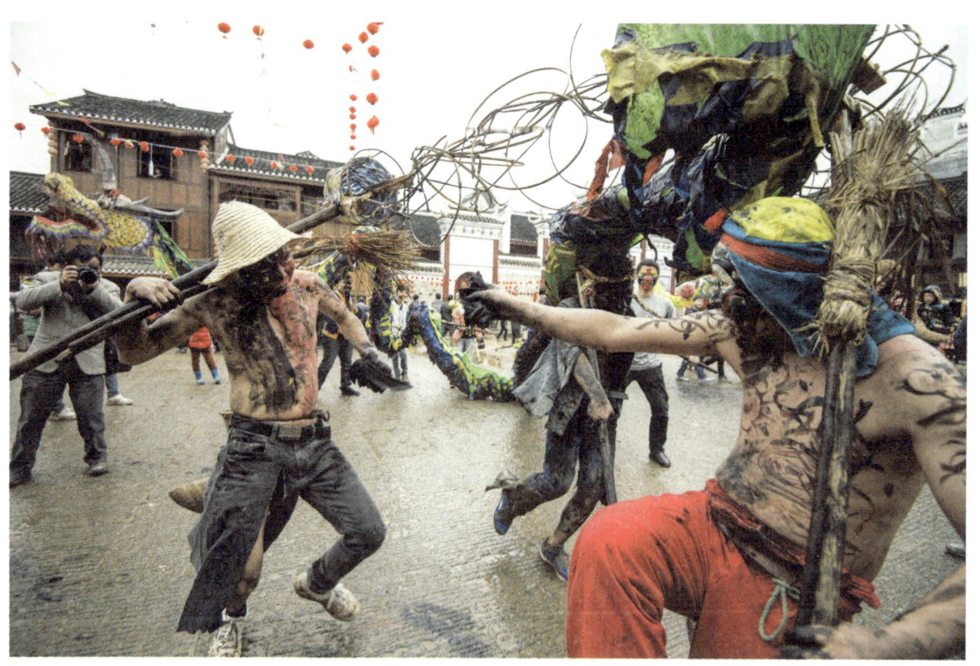

花脸龙丑角表演（2015 年） 江滋根　摄

像被一只无形的手，拧紧发条，然后在铿锵激越的锣鼓声中，在汉戏响遏行云的高腔里，在“蓝季子”有几分醉意的打逗笑闹中，跃动起来，鲜活起来。

激越的锣鼓依然如六百年过往时空一样，引领古城人又一年的舞龙狂欢热潮。

“花脸龙”取材于宋朝初期“蓝季子会大哥赵匡胤”的故事，隆里先民将具有浓郁军傩色彩的汉戏《蓝季子会大哥》和舞龙结合在一起，以舞龙形式来表现古老的传说。舞花脸龙其实就是演汉戏，于锣钹的铿锵激荡中，时而盘龙压顶，时而神龙穿雾，“滚地龙”“大盘龙”，花样迭出，势若翻江倒海，活灵活现，令人目不暇接。

每年参加表演的龙，有彩龙、节子龙、花灯龙、草龙等十多条。时辰一到，所有参加狂欢的龙汇集古城东门的广场上，“出龙”“祭龙”“点睛”仪式一结束，舞龙者便开始展示各种绝活。

舞龙的人群中，最抢眼的是执掌龙尾的丑角“蓝季子”，一副狂放不羁之相，以龙尾牵动整条龙，打、逗、追、戏，尽显其能，把舞龙者和观众搅和成一出互动的戏剧。

人潮融入了狂欢中。执龙尾的“蓝季子”摇着蒲扇，摇头晃脑，一边拽着整条龙往后奔，一边把手中的糍粑往观众的脸上涂抹。人们既想亲近“蓝季子”，以求得“赐福”，又担心“蓝季子”那已有几分醉态的狂放举止会使自己难堪。看到“蓝季子”奔过来，人们像潮水一样迅速向后退去，而当“蓝季子”转身而去时，观众又像潮水一样朝“蓝季子”涌过来。有胆大的游客或是懂得其中机巧的古城人，便上前与“蓝季子”打闹逗趣，欢笑声随着人潮荡漾起来，涨满了古城的街街巷巷。此时走进隆里，让人顿生一种迷失桃花源的快意。

在“调北征南”大熔炉里淬炼的花脸龙，承袭了京剧和民间传说中孤傲、峭拔却不失狂野的精血气质，烙上了隆里古城前世今生的深深印痕。

固守祖先传统的隆里人，奇迹般地保存了部分中原地区的古汉族文化，并与当地苗侗文化相融合，形成了一种独特奇异的文化传统。隆里人以前所未有的色彩和想象，绘就了“花脸如云”的壮观景象，以龙尾领先、丑角居上的人性高蹈，复活了延续六百年的传说。

六百年岁月消长，消却了曾经的鼓角争鸣，而永远也淡不去的，是隆里人在花脸龙狂舞中“我从哪里来”的身世追问？

岁月倏忽而逝，“调北征南”的悠悠往事已随隆里古城状元桥下的龙溪水淡淡远去，流走的是岁月，是转身处繁华谢尽后的寂寞，而留下的，是怀想，是花脸龙遗世的容颜和情怀。

四

傲岸的城墙，坚挺的鼓楼，筑起了一方城池，也成就了隆里古城的伟岸与孤傲。这样的风骨，在隆里汉戏的做、打、说、唱等戏法中，如城外的龙溪水流淌至今。

古城汉戏班子有十多人，那天只到了八个，就连司职画脸谱的陶师傅也只到场指点一下便忙农活去了，七十四岁的江化远老人便赶来“支场子”。“锣齐鼓不齐”，所以演出也只是象征性的两个折子，一折是传统剧目《三气周瑜》，一折为新创作的《花脸龙》。

场子与上演的剧情很是相宜。隆里古城生态博物馆资料信息中心的天井里不仅有专门培育的花草四面罗列，而且摆放有纹饰雅致的石桌、石凳和衮龙浮雕的“太平缸”，水缸旁是一块木牌，上面刻有一句话：“讲述隆里人自己的故事”。天井前面，两边为资料信息中心的“隆里古城传统民居和生产生活”展示区，中间摆放着古城居民平日用来表演的五条彩龙，天井后面是清代中期隆里古城貌沙盘。

那戏也是别样的出彩。掌锣者是八十八岁的美髯翁王世新，随着一声铜锣响起，《三气周瑜》的三个角子相继登场。小生周瑜由七十岁的老戏人姚文星饰演，他身披盔甲，手执纸扇，一招一式，英气逼人。张飞的饰演者是五十多岁的李连培，身材魁梧，一副黑脸扮相，一声“末将张飞来也！”，一下把全场镇住。而孙权的妹妹孙尚香则由六十三岁的胡炳兰担纲，她是古城汉戏班子中目前唯一的旦角。操弄京胡的胡炳坤是位老村干，司鼓胡炳胜为退休教师。演出时，锣和鼓表现得很兴奋，在伴奏乐音中，京胡的峭拔和绵长尖音成了主角。最急切的却是童林祥执掌的铜钵了，那种声调，起初是嘈嘈切切，忽而似洪流翻卷，涛声震天，若千军万马狂奔而来。

只需一声高古的清唱，就铺垫出隆里古城浑厚的文化底色。

汉戏是隆里古城的三大文化瑰宝之一，清代从湖南传入，流传至今已有两百多年，汉戏类似于京剧，表演时锣鼓助兴，京胡伴奏，生旦净丑俱全，唱词优美，唱腔圆润。清代，隆里“金大诰戏班”“江天秩戏班”名冠黎平府，演出剧目有《罗成战山》《夜战马超》《刘备过江》《薛仁贵征东》《岳飞传》《白蛇传》《铡美案》《梁祝》等十几出。

一个族群，在明王朝“调北征南”的烽烟里，由北而南，自东往西，在大西南的崇山峻岭间扎下了根，六百年后，这些屯军的后裔，用抑扬的唱腔和夸张的脸谱，追忆铁马金戈，回望千里乡关。

花旦（2015 年）　　谭元勇　摄

岁月流走，那些残破的戏服已经被新的戏装取代，不变的是隆里人代代传承的激情鼓点。

刚卸下饰演周瑜的戏装，姚文星老人又扮起了“蓝季子”，咋一看去，这个“丑角”少了几分“落魄”之气，反而多了几分俊俏。

“天上星子朗朗稀，莫笑我穷人穿破衣。十个指头有长短，荷花出水有高低……”

这是汉戏《花脸龙》中丑角“蓝季子”的几句唱词，姚文星老人唱完后，一边卸妆，一边高兴地说：“我们是用汉戏来演花脸龙的故事。”

此时，锣、钹、鼓和京胡都安静了下来，仿佛与正在慢慢卸妆的老戏人们一道，沉浸在对往事的怀想中。

五

一个俊俏的“仙子”在众人的仰视中，凌空而来，水袖轻拂，美艳惊人。

那是隆里古城的民俗游演——迎故事，每一次，只要迎故事出场，都会激荡起观众一波又一波的欢呼。

隆里迎故事也叫“迎春”，实际上也是演戏，剧情、人物、衣着等与演戏一样，不同的是演出的舞台是活动的。迎故事的舞台“故事架”分上下两层，下层木架宽三米，下部以石块堆压，目的是使“故事架”平衡稳定。上层为一根“S”形粗如手腕的坚硬杂木树立中间，高约五米。剧中人物彩妆立于舞台上，他们所穿的衣服，都按照所饰演的人物朝代、身份来订制，以绫罗绸缎制成，色彩艳丽。下层一般三至六人，上层仅一人，为主

天女散花（2008 年）　　吴育瑞　摄

角，由长相俊美的男孩或女孩扮演。主角立于杆上顶端，“扎故事”的人用布匹将主角身子缠稳。

迎故事一般在元宵节前后，持续三天时间。演出的剧目有《仙姬送子》《观音洒净》《天女散花》《桃园结义》《唐僧取经》《八仙献寿》等，意在驱邪迎祥，祈求风调雨顺、国泰民安，把祝福带给各家各户。每日游演之前，先向各家各户“下帖子”。游演时，众人敲锣打鼓，十六名壮汉抬着舞台在街巷间移动，舞台上的人物凌空游走于古城上空，美轮美奂，所到之处锣鼓喧天，一片喜气热闹的景象。至迎接“故事”的人家门前，将舞台放下，主人燃烛烧香放鞭炮，供奉米花、麻叶、糖果等茶点，接受祝福。

隆里迎故事糅合戏剧、杂技和装饰艺术，演绎着一个个美丽的故事，故有“活动的舞台、凝固的戏剧”之称。“故事”游演，以锣、钹、鼓助兴，形成声、色、艺组合表演的流动立体舞台。人们看过“故事”表演之后，尽情联想，其乐无穷。

迎故事可以游走于古城的大街小巷，主要在古城南大街、西大街、官街或者古城东门广场游演。每一次“迎故事”，隆里人总要舞起花脸龙、唱起汉戏来庆贺，推演出隆里古城一年一度的文化盛景。

代代传承的民俗文化活动勾连起隆里古城牢固的文化链条，从明洪武初年肇起，环环相扣，沿袭到今。隆里古城用这种方式追赶记忆，“仙子”回眸浅笑间，流光飞逝，刹那千年。而古城的一颗剑胆文心，漾动的是对山水草木别样的柔情。

隆里迎故事以色彩艳丽、造型优美、装置奇妙、艺术感染力强而别具一格。一个

“迎”字，道出了人们对传统文化心怀景仰的虔敬心态。每一个到隆里观看迎故事的人，不管身居高位还是一介布衣，都须首先这样引颈仰望，那样的时刻，是隆里古城最美的时光。

隆里这座收藏着历史记忆的文化古城，就在人们的仰望中，且歌且行，六百年一路灿烂。

◉ 碑记

隆里所村境内至今存有的古碑众多，其中多数为架桥碑、建庙碑、掘井碑、建祠碑、鼓楼碑、建校碑、节孝碑、修墓碑。

诸碑中，最著名的是位于隆里所状元桥旁并排的 4 块大石碑，系隆里人为纪念唐代著名诗人王昌龄而新修、复建“状元桥”而刊立，其中刊于明崇祯二年（1629）的《新建状元桥碑记》系隆里所最早的碑刻。这块碑是隆里所众多碑刻之“母”，是破解隆里所“王昌龄现象”的“密码”。其次，是隆里所城内的“节孝碑”及各种石坊、石台、石表等。如江琬妻刘氏为江恩光之母在南门大街头建立青石节孝碑坊（嘉庆二十五年贵

状元桥头碑群（2018 年）　　王宗勋　摄

州巡抚张题请旌表，咸丰六年战乱被损，1942 年为安全起见撤除）；道光十九年（1839），江辉光妻刘氏在南门大街尾为江广澜之母建青石节孝牌坊（咸丰六年战乱被毁）。

诸坊、台、表主要用来表明人物的特殊身份，碑上的文字很少，也没有碑记。架桥、建庙、掘井、建祠、建鼓楼、建校、节孝、修墓类碑刻，一般都有碑记。有的碑记内容丰富、语言精练、情景交融、文采飞扬。

重修龙标书院碑记[①]

人才之生不择地，其所以成就教育者，则必先于其地有人焉。古者七岁入小学，十五入大学。大学者，即今府、州、县所建官学也。董之以博士，惟春秋奉祀，以奉先师先贤先儒。至宋乃设为书院，俾师儒子弟之讲学者，群处其中。无论乡村辟壤，通都大邑，有志者皆可为之，所以补学校之不及也。即以湖南，论其最著者，曰“岳麓”，曰“濂溪”。厥后文公仕潭州，风教所记，渠城亦建“紫阳书院”；魏文靖公贬诚州，复建鹤山书院。自兵燹荒残而后，遗址虽存，鞠为茂草。邦无贤师友，家无贤父兄。且典籍缺如，无以广见闻而开慧性。如是而欲风化之兴，人才之出，此必不得之数也。是岂人才之果限于边荒辟壤也哉！隆里所为少伯王先生谪贬之乡，即古龙标地也。水势回环，山形秀拔，而各得其所。然风气完固，当有贤人君子生于其间。前朝隆、万而后，科贡蝉联，有仕至方面者。国朝笃生图园先生，孝友性成，砥躬励行。自筮仕为县令，遂动主知，特简两淮，以侍御巡视盐政，留任数载。天子嘉其清廉，民怀其德，兹不备书。予告归田之日，惟有古书数簏而已。性嗜读书，且汲汲以培植人才、训诲乡里为己任。昔庞籍以显官致仕。家无长物，唯读书自娱。有诗曰：“田园贫宰相，图史旧书生。”其风致犹可想也。今先生念后进读书不可无其地，乃谋于里中多士及父老子弟，议将旧龙标书院遗址重建书院。正厅五楹，大门五楹，廊庑庖湢，甃以石级，缭以垣墙。先生首捐己山杉木可为正柱者数十株，又拆所居小楼三间以佐之。里中乐助而外，任事诸生量其多寡以相补助。中置先师、先贤及龙标木主，春秋奉祀。先生乃以御赐之书，并家藏经、史、子集及农圃医卜诸书共六十余种，为卷二千三百七十有奇，尽捐入于中为公物，贮以巨柜，以便有志好学者诵读繙阅。仍捐己田十二亩，膳处守之人。始事于雍正三年乙巳三月，竣工于本年十一月。其木石砖瓦、材料丹艧、匠役禀饩之费，

① 作者：胡奉衡。碑原存隆里龙标书院内，现已毁。此文录于道光《黎平府志》。

共计银三百两。先生及当事诸友欲记其颠末，勒之贞石以垂不朽。嘱衡为之记，而弗敢辞也。君子谓是举也，有三善焉：崇祀先贤，一也；里中子弟肄业弦诵有其地，二也；睹御府颁赐之典籍，读人间未见之奇书，三也。诸君子率后进之课业于斯也，以孝友诚敬为根柢，以文章事业为英华，出则如先生之政孚民望，清动主知；入则如先生之读书修品，安贫乐道。毋即于惰媮，勿习于浅薄。是兹书院之功于乡党也，岂不多乎？昔范文正公宦成，置得钱氏南园，欲治第宅，形家者言："此吉壤也，所出宦爵不可以数计。"公即捐其地为学宫。今吴中甲弟禄秩之盛赫如也。岳仲远为武穆裔孙，尽捐其家赀，置书千万卷，凡远近好学之士，恁其搜讨诵读，一时名士多出其门。今先生之心即文正公之心，而其事即岳公之事也。后之人可不知所以自励乎！犹忆庚子之秋，与先生嗣君懋和从黄州置舟而还，洪涛巨浪激流五千余里。舟中尽皆书箧，尝语余曰："吾乡渺见寡闻，欲与此拮据而还，为同侪别开生面耳！"予深服其言。抵家后，造书楼三楹以贮之。今此及楼皆安妥为公物，懋和之志遂，而惜其不及见矣。后之人又可忘其所自乎！故并记之，以相传于勿替云。

雍正三年湖广黄州府教授胡奉衡　撰

新建状元桥碑[①]记

粤稽所制，先汉宝宁，唐龙标古邑，迄我大明始改设，远驭疆隅绮分肆。今荒服厥开，西北谷口，鼎新建虹桥，遥锁长江。遥在唐状元昌龄王公，忠英盘博，降鸾笔示，所来自矣。公当大唐谪尉斯邑，抱胡鼠之恨，涉夜郎之西，屡朝于昭僻所。昔太白李翁与先生为同谱兄弟。万历甲午岁，五城处士王子德高，每业其鸾，一日出诗示予曰："吾友少伯远谪龙标，至今遗冢犹存，欲封墓为尔诸士福庇，毋堕命。"余即勉任，遂拉孝廉梅子友月等诣所，登扶寻冢。上下原埜，莫识攸往，白翁大露，灵引以前，禽指以乩笔，果得瘗所，即竖碑封墓。尔时人文甫造，余无似先诸士一步，力孤未克锲祀。逮万历中，诸士彬彬鹊起，乃相地，得回龙庵左，贵峰双耸，带水腰环，洵育才胜地。遂各捐资建祠绘像，春秋崇祀，历三十年于兹矣。先生止遭逢阏困敦之朝吐，为今日文运维新之会。甲子得传，登贤书者二，丁卯仍领衣钵。诚谓地灵人

① 碑在隆里所北面 0.5 千米处状元桥东端、真武山麓。由序碑和人名碑组成，碑高 3.55 米，宽 1.07 米；碑帽高 0.40 米，宽 0.80 米，帽厚 0.40 米。此碑裂成数块，系"文化大革命"时破坏所致。

杰，科甲隆隆。苗发伊始，士心愈励，复各捐金易田为住持饩。旋命匠引斤，新以楹闳，竣以桥泮。其间析栌棁楶，匪不中制。然跨江锁秀，建桥喫紧。公先注意，特殷诸方家佥谋，与二三长者多方布众，一时钱刀布谷约计三百余金。随鸠工庀材，估计培建。维时人心踊跃，诸士登临轮督。工程繁灏，匠石拮据，经年聿观厥成。溯其源要，自矗翠蜿蜒而入，前天马横空，后锦屏峙立。北极梵刹护于左右，二水浩浩会入桥西。建瓴而下，不有鲆鲱鲸鲲作唇楼雷雨之势，为士人截海之貌哉！嗣后风气四塞，景运重开，赤水有珠，荆山有璞，他日中原一面，当不羞称，诚媲美于泱泱大国风也。以先生焦吻呕心，一片忠肝化为诸子俊骨；以唐帝丰蔀煬灶，难扶赤日留为明主水天。合抔土咸覆其下者，安知不变为列星、为金精？俾后世之吊先生者，其不在太山梁木之咏，而在东壁图书之焕乎。余愿多士云龙矫翰，露豹腾文，吐词林则秋实冬华，扬学海则河流江汇。若石燕灵蛇，齐如宝藏；游鱼秣马，定有赏音。则射斗干霄，追风逐电，上当步武先生矣。至通所肩摩毂击，尽游华胥，上光汉唐二邑，讵不称纯嘏哉。余缘诸君嘱记，僭纪颠末，深识发祥，佑启大都。是公灵异主张，因题名曰“状元桥”。愿附之为多士券。

岁进士任南康府外翰王之臣顿首拜撰　督工浙江金华府金华县任本所首领朱应星

武岗州石匠潘继山等　住持道士杨政龙

皇明崇祯二年岁次己巳仲春谷旦　立

（建桥捐资人姓名及数额略）

重修状元桥碑[①]记

状元何以称桥也？昔在盛唐，绪密思清，心同冰玉，诵其诗者，莫不韪江宁少伯先生为诗家巨擘。先生讳昌龄，以开元进士复擢博学宏词科第一，世咸以状元荣之。为秘书郎，迁汜水县。后以《梨花赋》内寓规讽，天宝中左迁龙标尉。读前明崇祯二年先辈王公之臣碑记，墓曰“状元墓”、祠曰“状元祠”，并斯桥亦称“状元”。地以人传，既彰彰矣。

圣清雍正乙巳，先辈张公应诏以鸿胪卿告归，因旧址为龙标书院。乾隆癸亥，太守蔡公时豫拜墓，为诗吊之，捐资重建祠，贵东观察徐公立御为碑记之。乾隆甲寅，所中

① 碑存状元桥头公路边，计2块。

耆旧以斯桥之岁久而圮也，前明所遗，西倚祠墓，东倚真武山麓，旧址依然，谋重新之。鸠工选石，估计一千八百余金。肇始于甲寅九月，竣事于乙卯三月。维时人心踊跃，不数月而虹梁疎彩，焕然耀目，增伟于前明所建矣！少伯诗“龙溪只在龙标上”。龙溪自南来，至龙溪之西，溪流少宽，别有桥以通行旅。兹则当龙溪北折而下注亮江，不但行旅恃以利涉，凡秀气聚而成彩，祥晖跃而留云，于斯桥大有关焉。从此舆梁平稳，宜遄往而庆。何天之衢，云浪安恬待承恩，而喜春江之涨。携来春酒，坐桥端而野宴，勿辜负明月青山；笑彼洛阳，任夜雨之连江，幸共识玉壶冰片。想当年八音飞韵，惊聆彩笔作歌；看今日三镜连珠，照见潜蛟起舞。游梁而怀诗伯，锦心绣口导前；履石而晤状元，规矩璋华耀眼。状元宜不朽耳，斯桥讵可少哉！

募首：王之杰、江琛、王朝大、陈俊道、王思大、江广涵、胡茂林

天都榜金魁特受云南楚雄府广通县里人王师泰撰

孙王滨敬书　石匠庆府罗仲义、谢吉发

大清嘉庆十年岁次乙丑桂月初八日谷旦

隆里所村碑刻存目表

表 6

碑名	立碑时间	立碑地点	撰写人
新建状元桥碑文	明崇祯二年（1629）	状元桥旁	王之臣
重修龙标书院碑记	清雍正三年（1725）	龙标书院内	胡奉衡
董公祠碑记	清戊辰年（1748）	隆里小学内	周文郁
王公祠碑文	清乾隆十年（1745）	真武山坡脚	徐立御
泉远井碑记	清乾隆十八年（1753）	隆里所泉远井旁	王廷桢
风流千古・碑题状元桥后记	清乾隆廿年（1755）	状元桥旁	赵廷亮
重修图园书院碑记	清乾隆丁酉（1777）	回龙观	王师泰
重修图园书院碑记	清乾隆五十年（1785）	龙标书院内	王师泰
重修西江桥碑记	清乾隆五十五年（1790）	西江桥旁	陈俊道
重修真武山寺状元桥碑引	清乾隆乙卯（1795）	真武山寺内	—
马田井碑记	清嘉庆七年（1802）	南城外马田井边	王之弼
重修状元桥碑记	清嘉庆十年（1805）	状元桥旁	王师泰
重修南城外戏楼碑记	清嘉庆庚午年（1810）	南城外戏楼间旁	江文光
重修状元桥碑记	清嘉庆廿五年（1820）	状元桥旁	陈　熙

续表 6

碑名	立碑时间	立碑地点	撰写人
长发桥碑记	清道光二年（1822）	南城外戏楼间旁	陈光朝
重修延嗣桥碑记	清道光五年（1825）	南城外戏楼间旁	王之宾
天灯会碑记	清道光十九年（1839）	北门老城墙上	—
功德碑记	清道光十九年（1839）	北门老城墙上	胡述学
重修西江桥碑记	清道光廿七年（1847）	西江桥旁	陈天瑞
永垂不朽	清光绪三年（1877）	南门鼓楼脚	江化龙
旌表节孝碑记	清光绪十八年（1892）	生态博物馆内	江长春
旌表节孝碑记	清光绪十八年（1892）	生态博物馆内	王云鹤
旌表节孝碑记	清光绪十八年（1892）	—	杨万春
重修状元祠碑记	清光绪廿年（1894）	真武山坡脚	江长春
旌表节孝碑记	清光绪二十八年（1902）	—	江长春
红仪会碑记	清光绪二十九年（1903）	龙标书院门口	杨万春
旌表节孝碑记	清光绪丁未（1907）	江氏宗祠内	张志宾
旌表节孝碑记	1923 年	陈氏宗祠内	江士林
新建隆里中学纪念碑文	1985 年	隆里中学内	陈殿元　江富远
修复真武山寺碑序	1999 年	真武山寺内	江富远

考辨文论

隆里，或传为唐代龙标县治所在或辖地，然持反对意见者亦多。较有代表性的争论文章有清龙绍讷的《龙标考》，今人唐莫尧的《王昌龄贬谪龙标的考辨》、王宗勋的《唐时龙标何处是？——王昌龄谪地考辨》、吴才茂的《论明代贵州隆里千户所官军后裔的身份坚持与生存策略》、王健的《“草民”与“皇帝 ”：隆里人的话语与历史》等。

新修的龙里千户所衙署（2018 年）　　王宗勋　摄

龙标考[①]

龙绍讷[②]

龙标，古号龙標。梁隶武陵，陈隶沅陵，隋隶辰州，唐亦隶辰州。贞观八年，析龙标置巫州。巫州即沅州，后改叙州。本朝缙于沅州附郭之芷江县冠以巫州，于沅州所属之黔阳县冠以龙标。沅州既为巫州，则黔阳之为龙标无疑矣！《一统地舆志》亦云，龙标县属唐叙州潭阳郡。即今湖南黔阳县也，城中尚有少伯祠。

里人或以今龙里所即龙标，王昌龄谪尉处在此，现有少伯墓可据。《贵州通志》亦谓龙标即开泰县之龙里所。龙里所去黔阳二百余里，恐未必确。第龙标在唐本属羁縻之地，所隶甚广。贞观八年析龙标置巫州，领朗溪诸县；先天元年析龙标置潭阳县。朗溪即今会同，潭阳即今潭溪，其疆圉之广可知。潭阳既是潭溪，则龙里亦在龙标管辖之内。县在黔阳，而尉在龙里，固不得以为疑也。又考《唐书·文艺》及《文翰列传》，并言少伯谪后避乱回籍，为刺史闾丘晓所杀。则此处之墓何有焉？是又不可解者也！

论明代贵州隆里千户所官军后裔的身份坚持与生存策略[③]

吴才茂[④]

一、前言

隆里所，即明代龙里千户所，亦称井孚城，于顺治十五年（1658）更龙里为隆里，取“隆盛更新”之意。其建置与侗苗反乱有关。洪武十一年（1378）五开洞民吴勉反乱，为辰州卫和靖州卫官军所平。洪武十八年（1385），吴勉再反乱，为楚王朱桢与征虏将军汤和平息。洪武十九年（1386）于隆里筑土城，洪武二十五年（1392）置龙里守御千户所，隶湖广五开卫。洪武三十年（1397），古州上婆侗民林宽聚众变乱，攻占龙里守御千户所。永乐二年（1404）重驻并修复城垣。天顺元年（1457），“变土城为石城”。而真正完整则到成化八年（1472），当年整修后之规模为：“城垣皆石包砌，周围二百七十八丈，高一丈四尺，濠阔两丈，深一丈，为门三，串楼、敌楼具备”。其城门三：东曰清阳，南曰正阳，西曰迎恩。北为闭门，而是在东北角设一隐蔽便门供出入，

① 原载《亮川集》。

② 龙绍讷：锦屏县亮司人，晚清苗族学者。

③ 原载《中州学报》2016 年第 11 期，收录时有删节。

④ 吴才茂：苗族，凯里学院副教授、博士，贵州原生态民族文化研究中心研究员。

每座城门均设瓮城，即两道门，进出需拐个弯，称之“勒马回头”，所谓“明通暗塞，暗通明阻”。另有地道通往城外，成为名副其实的军事堡垒。清康熙二十七年（1688），贵州巡抚田雯上《黔府楚卫同城疏》以划拨五开卫归黔未果。至雍正二年（1724）云贵总督高其倬上《请改五开卫归黔疏略》，终于雍正三年（1725）拨五开、铜鼓二卫隶黔。雍正五年（1727），改五开卫置开泰县，隆里所属开泰县。雍正八年（1730）废所改汛，隆里汛辖地茶、地稠、婆洞、苗绥 4 塘。至此，其作为卫所功能的使命结束。然自明初以降迁入的卫所军户后裔，并未散去，而是仍居住在隆里所城里。六百多年来，这群是如何在四周皆苗、侗族的环境中坚守身份不变的？又通过何策略来实现？随着政治、经济和文化环境的变动而不断调整，其与周边苗侗人群产生了怎样的互动？何以形成了所谓“汉文化孤岛”现象？此一社会文化现象运行的社会机制究竟缘何？此实为治卫所制度史尤其“边卫”者不容忽视的问题。

然而，就明代卫所制度之研究言，自吴晗《明代的军兵》刊印至今已有 70 多年之研究基础，但主要集中在卫所军事制度（包括军户研究）、卫所经济制度（以军屯为中心）、卫所政治制度（包括与行政区划的关系）及区域视阈下的卫所变迁等方面的研究，有关千户所这一层级的专门研究尚未多见，且多着力于建置考辩与变迁的研究。而明代贵州境内的卫所研究，亦停留在制度及宏观层面，仅在州卫同城、府卫纠纷及清代变迁上有所推进。至若因卫所制度之推行而出现在贵州尤以安顺地区为中心的“屯堡文化”，则多成为民族学或民俗学的研究对象。肇始者应为日本学者鸟居龙藏，其著《从人类学看中国西南》专辟“明代的遗民凤头鸡”一章，描述了该人群历史及生活现貌，并尤感“不可思议”。上世纪 80 年代以后，“屯堡文化”的群体来源、形成原因及其社会建构过程成为学者研究的集中方向，并继续拓延了民族学、民俗学及社会学的研究领域。而尤值注意者，系日本学者塚田诚之的研究，他通过爬梳清代历史文献和近代以来民族学调查与研究的成果指出：在民族学的语境中，“屯堡人“经历了由“汉”到“苗”再回归“汉”的过程，表现的是一种民族关系的发展动态。然与贵州安顺“屯堡人”不同的是，隆里所系明代一个千户所，并未被析分，自明迄民国亦未经历由“汉→苗→汉”的身份变换，而是近六百年来都坚守着卫所官军后裔的身份，基于这样的人群历史发展进程，本文需要回答之问题，即在隆里所的生活世界里，究竟何种社会文化机制促使了其牢固的身份坚守？尽管促使这一社会文化现象产生的原因殊为复杂，然本文通过对田野调查资料、民间历史文献和正史等史料的研究，发现至要者有三：一是隆里所人通过身份记忆与歌谣传唱来表达其作为大明王朝卫所官军后裔的事实；二是对王昌龄遗迹的筑建和重修，来激励所中子弟参加科考之决心，而科举的成功，更是其身份得以坚守的重要动力；三是自明迄民国，尽管其所处的政治、经济、文化环境随时代的更迭而不断变动，但在与周边土司及少数民族人群的交往中，一直保持着泾渭分明的边界，其交往策略游离于“你中有我，我中有你”之外，时常保持警惕，坚守着“我族”身份而不致变迁。

二、卫所官军后裔：隆里所人的身份记忆与歌谣传唱

2012 年 7 月，骄阳似火，我们一群人来到贵州省锦屏县的隆里所村进行田野调查。这座现存据闻系仿古都南京规划建筑的古城，城内大街小巷布局有致，计有 30 条街道，相互穿插联通，主街道12条，以所丁街最宽，达10米，南大街宽8米，西门至玉皇阁、木马街至南门鼓楼、北门鼓楼至东门口均宽 5 米，其余巷道 2 ～ 3 米，有“三街六巷九院子，内有三拱人不知”之谣。而每当我们漫步于隆里所城里用鹅卵石镶嵌的花街、走进一色三间兼风火墙包裹的民居、摩挲着斑驳陆离的青石城墙、瞭望那耸立于城墙上的古色戍楼、来回于龙溪上 50 余米长的石桥时，很容易让人沉浸于这种“回到历史现场”而带来的震撼。那些天里，笔者常坐在城门下漫无边际地与隆里所人聊天，听闻最多者，还是关于其作为卫所官军后裔的身份叙述，“我们祖先是朱元璋和永乐帝派来镇守边疆的”成了他们最为惯用的说辞，年老长者，甚至能清楚地说出明初以降其祖先的字辈，且多来自江南。现隆里所宗族祠堂门联，几乎众口一词，诉说了这段历史，比如江氏宗祠门联曰：“祖籍肇江南溯前代芳声子尽孝臣尽忠斓陵世序传香远，孙支繁黎北忆先人勋业武封候文封相济水根源启运长”；又如胡氏宗祠门联曰：“派衍自凤阳忆我先人当日奉命行军曾垂伟绩丰功荣增史册，族聚于隆里斯尔后辈及时追踪步武共播令名寄誉光耀祖宗”；再如西王氏宗祠门联曰：“祖籍绍江南武纬文经光世序，君恩来冀北汉儒宗相振家邦”。而揆诸史籍，其说亦未误，且看《明实录》有关隆里千户所之记载：

> 古州上婆洞蛮林宽，自号小师，聚众作乱，攻龙里守御千户所。千户吴得，镇抚井孚，议城守之计，令人驰报贵州都指挥使司，坚守以待援。至贼纵火烧四门，攻城益急。得曰：我等为国守边，又有父母在城，今贼势如此，徒守无益，即上马率精锐开城门击贼。或谓得曰：贼势方盛，宜俟其怠击之。得

曰：城破在顷刻，何俟之有，若城不能守，父母不能救，是不忠于君不孝于亲，吾何用生为。即率麾下驰入贼阵中，杀数十人，转战不已，遂中毒弩死。孚继战，亦死于阵，城遂陷。事闻，上曰：忠孝立身之大节，能两全者古人所难，今吴得、井孚临难捐身，因忠显孝，非烈丈夫不能。命追赠得为指挥佥事，孚为正千户，各令其子袭职，仍以钞帛恤其家。得，滁之全椒人。孚，泗之盱眙人。

很明显，作为边疆之地的千户所官军，因忠而被朱元璋大加称赞，这是今隆里所人最引以为傲的谈资之一。而史料本身透露出来的讯息，重要者有二：一是契合了隆里所人所言“我们祖先是朱元璋和永乐帝派来镇守边疆的”的正确性，而“（吴）得，滁之全椒人，（井）孚，泗之盱眙人”，亦证其祖先来自江南之说无误；二是尽管到正统元年（1436）才规定新解军丁都须携带妻子同赴卫所，但此处透露当时卫所官军已把父母迎来卫所，即“又有父母在城”是也。另与之相印的史料来自洪武三十一年六月的《宣谕武臣敕》，当中提及隆里千户所城破之后的情形：“及至点视尸骸，老幼男女八百人口，皆是父母妻子兄弟。”顾诚先生藉此并结合山西洪洞和云南大理的史料，“说明到洪武末年卫所军人都已与妻小完聚，甚至还有将父母迎来卫所的”。实际上，早在洪武二十三年（1390）对贵州普定、贵州、平越等卫所的月粮发放之谕令中即有“军士有家小者，月支粮一石，无家小者支五斗”一说，此亦足资证明，贵州卫所军士带家眷戍边的情况并非仅隆里所而已。由此开始出现了卫所军人在戍地培育后代之可能，隆里所之事例可资参证，比如《隆里所江氏宗谱》记其始迁隆里所祖先江通，因平五开侗民反乱有功，授武职，由江宁府江宁县举家入隆里所戍边，繁衍至今 24 代。又如隆里《西王氏族分支谱》记其一世祖王福，洪武十八年戍卫隆里所，至二十七年病殁，其子王祖贤与母鲁氏、妻徐氏定居隆里所，王祖贤于永乐年间成为百户，繁衍至今 25 代。

值得注意的是，永乐二年（1404）系隆里所中极为重要的年份，因洪武末年隆里所为侗民林宽反乱时攻陷，所城一度荒废。在隆里所人的历史记忆里，永乐二年（1404）朝廷从五开卫派 13 名军官和 360 名军士进驻隆里所，按官职分给田地，亦兵亦农，下分寨杜、寨扒、郭寨、八所、四所、巴开、界头、密岩、金竹、刘家、苏基等 11 屯。并传言时人将 13 员官户按姓氏和官衔编成三字哥谣：“陶姚王、鲍尹张、七百户、加所王，三千户、江李杨，镇抚胡、都司庄、指挥一、是东王”，此歌谣流传至今天的隆里所，传唱极为频繁。对此，民间历史文献《龙标事纪》亦载曰：“永乐二年，拨指挥一员，王户之祖也；都指挥一，庄姓氏之祖也；三千户，江、李、杨三姓也；百户七，陶、姚、尹、张、鲍、西王户、北王户之祖也；镇抚一，胡氏始祖也。……十三户官籍，余皆军籍，此由自卫迁所可考稽矣”。更为重要者，是书还保存了一份隆里千户所的清军册，当中细致地记录了歌谣里的将官之田土授予和赋税承担。为示说明，兹抄录如下：

一正军千户三员：江腾蛟，田二十四亩，粮六石三斗；李占先，田二十四亩，粮六石零七升，杨钟秀，田二十五亩，粮六石八斗。

一正副百户七员：陶舜臣，田二十亩，粮六石；姚世臣，田二十亩，粮六石；王老清，田二十亩，粮六石；王廷聘，田二十亩，粮六石；尹仲义，田二十亩，粮六石；鲍承勋，田十九亩，粮五石九斗；张起龙，田二十亩，粮六石。

一镇抚一：胡起凤，田二十亩，粮三石三斗。

此份清册系成化十九年（1483）九月一次清查隆里所屯粮而保留下来的，从中可知所谓“陶姚王、鲍尹张、七百户、加所王，三千户、江李杨，镇抚胡”，均能一一对应。在隆里现存的族谱里，亦有与之对应者，比如“所王”，即王廷聘，永乐二年（1404）由凤阳府凤阳县入隆里千户所戍卫，居家生二子可继、可述，族谱世系排延至今。“镇抚胡”即胡德之后胡起凤，其十五世孙胡独青曾作《咏祖籍江南辟隆里所》曰：“祖籍江南千百年，辟居隆里独为先，于今派衍相传递，镇抚良谋保国全”。值得一提的是，洪武三十年，千户吴得，镇抚井孚，朱元璋曾令其子世袭。但至永乐二年（1404），隆里所的武官并未见到吴、井二姓，基本换成了另外一群人。因此，现今隆里所人多系永乐二年（1404）官军的后裔，此亦系其日常生活中那句口头禅“我们祖先是朱元璋和永乐帝派来镇守边疆的”的历史记忆所在。

另外，13 名武官和 360 名军士这一数字表达值得注意，说明永乐二年（1404）至隆里千户所的人数不多，未达到明制一千户所 1120 人标配的三分之一，令人费解。然而，隆里所又流传着另外一首歌谣：“城内三千七，城外七千三，七十二姓氏，七十二眼井”，系唱隆里千户所的总人口问题，即有 10000 人左右，远超千户所的标配额数。而因“黔中各卫所军士旧志俱不载”，隆里所官军具体人口总数，未能在明代的史籍中有明确记载，从 300 多到近万人的时间变点并未能准确稽出。直到清代，雍正《湖广通志》才载五开卫明初官军数为 32260 名，较之乾隆《开泰县志》所载明初五开卫官军 33460 名少 1200 名，即相差一个千户所还多之额数，且两书亦未提及各所之分配情形。五开卫系内外十六所，为湖广都司下辖最大的卫，兹取平均数计算，两书所记之平均数每所分别为 2016 名和 2091 名，显已超出明制定额数每所近 900 人。王毓铨认为按明代之军政制度，除正军以外，每一军户还得出余丁一名，在营生理，佐助正军，供给军装。所以，若加上家庭按每户 5 人计，五开卫的千户所，每所大在 10000 人左右，随着开始派遣的 360 名，至接踵而派遣的其余人数的加入，隆里所逐渐达到了 10000 人的规模，这可能即是此歌谣传唱之依据所在。到了道光时期，隆里所有了确切的户数统计，共 1721 户，依旧按一户 5 人计算，亦接近 9000 人。

因此，其历史记忆而传承下来的歌谣，并非无据。同时亦说明，明代卫所制度在地方运行之时，会根据地方之具体情形，做出政策调整和变通，尤其在边疆地区或少数名族聚集之地，因战争和防守的需要，兵力超过了制度上的额数。另外，还值得提出的是，这些传说之所以在现今隆里所的人群中挥之不去，并非仅是饭后谈资和对其群体历史的缅怀，而是在这种不断重复的诉说中，来表达他们作为卫所官军后裔群体的历史与现实之间的架接，以便沟通过去与现在甚至将来，并籍之以坚守其群体身份的认同和延续。

三、追寻“状元”的轨迹：王昌龄在隆里所人身份坚守中的整合作用

那么，除了民间历史记忆和歌谣传唱之外，隆里所人还有利用了哪些社会符号与机制以坚守并延续卫所官军后裔的之高贵身份呢？很幸运，他们找到了唐代大名鼎鼎的王昌龄（亦称王龙标）作为最主要的社会文化符号，并由明代中期开始，在隆里千户所兴起了追寻和铸造王昌龄遗迹的社会文化运动。然而，王昌龄贬地龙标何处是？成为争论之焦点，主要说法有二：一曰在今湖南黔阳，二曰即今隆里所。稽查明代史籍，最早提出龙标在隆里所之文献系陆应阳（1542 — 1627）的《广舆记》，书中写道：“王昌龄，以江宁丞左迁龙标尉，今龙里司龙标寨，乃唐叙州潭阳郡龙标县也。”紧接着，曹学佺（1574–1646）修《贵州名胜志》时在“龙里长官司条”下注：“《广舆记》云，司境有龙标寨，乃唐叙州潭阳郡龙标县地，王昌龄以江宁丞左迁龙标尉，李白赠之诗云：‘扬花

落尽子规啼，闻道龙标过五溪。我寄愁心与明月，随风直到夜郎西'”。换言之，乾隆年间隆里所人王师泰纂《开泰县志》时，其言之凿凿地说龙标就在隆里所，自有其文献根据，并非如反对者所言，系王师泰大加炒作。更何况，早在崇祯二年（1629）《新建状元桥碑记》就这样写道：

> 万历甲午岁，五城处士王子德高，每业其骛，一日出诗示予曰：'吾友少伯远谪龙标，至今遗冢犹存，欲封墓，为尔诸生福庇，毋堕命'。余即勉任，遂拉孝廉梅子友月等诸士，诣所登临寻冢，上下原埜莫识，攸往□翁大露，灵引以前，禽指以乩笔，果得瘗所，即竖碑封墓。

由此可知，在万历二十二年（1594）年，在隆里千户所，就有“竖碑封墓”之举，王昌龄的衣冠冢已在该地出现。实际上，长于考证舆地的张澍（1776 — 1847），考之龙标甚详，认为王昌年龄贬所，“为今黎平之龙标，非沅州之龙标”。这也是后来龙绍讷（1792—1873）在《亮川集》中说“第龙标在唐本属羁縻之地，所隶甚广……龙里亦在龙标管辖之内。县在黔阳，而尉在龙里，固不得以为疑也”的主要根据。而在《大清一统志》中，亦可知黔阳唐代系龙标县地，黎平唐代亦系龙标县所辖，但在论述黔阳时，只字未提与王昌龄有关之任何讯息，反而说王昌龄贬所即在隆里所。明代中期以后，隆里所又确实存在一系列与王昌龄密切相关的遗迹：龙标寨、龙溪、龙标山、龙标冲、状元祠、状元墓、状元桥、状元阁、状元碑、状元亭、龙标书院等。因此，全盘否认王昌龄的隆里之行，似不可取。当然，本文之旨趣并不在考辨唐代之龙标在隆里所还是黔阳，我们至为在意者，是隆里所中诸多与王昌龄相关的遗迹塑造及隆里所人在追寻“状元”的过程而反映出来的社会文化意义，其重要者有三：

其一，隆里所人构筑与王昌龄有关的遗迹，与其奋力科举和期望保持科考持续兴旺有极大关系。在明代，“军人想要出人头地，惟有读书一途”，虽然“明朝限制了军户止许一人充生员，想要充吏也必须户下有五丁以上方准一名”。但卫所制度自明代中期以后，各种弊端涌现，卫所内部的社会结构已发生了极大变动。而明朝对西南地区“建武兴文”的治理理念，使边境卫所办学以“修文”成为风气。同样，卫所官军后裔经过数代人的积累至成化、弘治之际，逐鹿科考的能力大为提升，科举考试实已成为卫所官军后裔的重要出路和回归主流社会的“捷径”。云贵地区更系如此，据统计显示，明代云贵军籍进士占该地区进士总数的60.45%，计188人，由景泰二年（1451）至崇祯十年（1637）近64科中，计有49科军籍进士全部出自卫所系统，所占比例极高。明代黎平府的进士，多出身于卫所，清代进士亦与卫所多有渊源。晚清朱洪章的自叙就很能说明问题：

洪章之先，本沛国人，明之中叶，始祖以平瑶功封都信侯于五开卫，即今黔之黎平府，遂家焉。九世祖后继以读书，宗族间擢科甲膺仕版者，代不乏人。独章生而猛悍，好勇喜斗。年七岁父授以读，辄逃学逐群儿嬉斗，父尝笞之。年十二力举百觔，心粗胆大，遇事敢为，父以患，延严师教督之，章恒背师习孤矢剑槊刺之技。师侦知，语父曰，是儿天姿英敏，然好武不好文，曷从其性。父曰，吾家世守书香，甚不望其为武。

就隆里千户所而言，也是经过几代人的积累之后，才出现在科举考场中，比如隆庆元年（1567）黎平府开科举人王大臣，即系隆里所西王氏繁衍六代才步入科举的，清代隆里所人张应诏对此记之甚详："其先盱眙人，永乐初，鼻祖贤以百夫长守御五开卫之隆，阅六世，支庶番衍，先生与焉，……渊源家学，攻举子业"。其后的时代里，隆里所有进士2名，举人18名，贡生52名，监生、庠生、生员100余人，于贵州一个边陲千户所而言，这一成绩极为醒目。

隆里所人在追求科举的道路上，引入"状元"王昌龄作为社会文化符号，既强调其开文运的重要性，也籍此激励所中子弟，追求科举事业。首先，他们于万历二十二年（1594）为其"竖碑封墓"，修筑状元墓，并"捐资建祠绘像"，建立状元祠，在"春秋崇祀历三十年"后，至"甲子（天启四年）得登贤书者二，丁卯（天启七年）仍领衣钵……科甲隆隆，茁发伊始，士心愈励……嗣后风气四塞，景运重开。"所谓甲子得登贤书者二，系指董三谟和王心一，丁卯仍领衣钵者，系指陶明刑和陶应瑞，均系举人，董三谟成为"黎平三忠"之一，得入《明史》，激励着一代又一代隆里所人，也逐渐成为凝聚隆里所人的领袖人物之一。其次，在崇祯二年（1629），筑建状元桥，期待"他日中原一面，当不羞称"，以此激励隆里所人，能"媲美于泱泱大国之风"。状元桥此后经过三次规模宏大的重修，撰写的碑记中，无一例外，都认为状元桥的修建，既培育了"育才胜地"，也使隆里所"风气宏开"，保持了隆里所人"科甲益振"的局面。这在隆里所人甚至黎平府知府的眼里，都是“少伯先生之流风雅化，有志者皆则而效之”的结果。第三，与科举关系至为密切者，还是龙标书院的建立。龙标书院的由来，乾隆时期的王师泰述之甚详：

> 仰惟少伯王公，绪密思清，诗颂李唐之白，词醇学粹，科登鸿博之元，玉署高寒，校秘书而燃藜杖，文涛浩渺，令汜水而膏黍留，绣口词妍，应吐金陵王气，乌衣华胄讵嗟曲巷斜阳，乃白雪调高，绝句画旗亭之壁。而《梨花赋》献，寓言逆形陛之聪，词阁仙郎，别乡关而长辞白下。盛唐才子，指秦郡而远赴黔中，射鸭名堂，尉因郊重，翔鸾栖枳以香传。盖获屈惟一时，而龙标遂名千古。随风明月，寄予到达夜郎之西；顺水扁舟，流向泸溪以北。玉壶冰片，朗映清心；春水竹笋，频添野趣。虽承恩江涨，岂不怀归？即罹祸闾邱，亦经载笔。至盛唐书之记言记事，固不遗夫开元天宝之踪。而前明时之封墓建祠，实造端于万历、天启之际。地开文运，桥号“状元”，邱垅岿然，碑碣炳若。幸育才之有地，岂遗韵之无存？此龙标书院之所由。……此龙标书院，根于唐少伯先生，重修于前明梓里先辈。当年鸿胪少卿业为重建，而今日诸君子雅意更新者也。

王师泰系隆里所西王氏后裔，乾隆三十五年（1770）庚寅恩科举人。在此碑文中，他细致地追溯了王昌龄的才子风流及对龙标的影响，并强调了龙标书院与“状元”王昌龄的关联，其意自然很明确，“从此春干秋羽，盛集衣冠”，继续在科举事业中取得更大的成功。而龙标书院，亦藉王昌龄之名，成为黎平府“八大书院”之首，学生多时达110人，隆里所之所以文风鼎盛，人才辈出，其功甚伟。

诚然，科举的成功，并非王昌龄阴荫的结果，然作为隆里人追寻的先贤，王昌龄确实起到了鼓励士子、振奋人心以及在促进文运方面的重要作用。因为民众相信，“望状元遗冢，矩步先型”，才使隆里所“科甲蝉联，南魁北榜，历历堪稽，是隆里实为开邑之光，尤为合所之冠”，同时还希冀其能进一步“程指后学”。这种“曾开隆里之科甲，遂起龙标之景运”的信念坚持，既是隆里所人能保持在科举成绩上不断进步的动力，也是他们得以在历史变迁中坚守身份不变的重要原因。

其二，对王昌龄遗迹的修筑与不断的重修，沟通了隆里所与官方的互动，这一点对于清代的隆里所尤为重要。众所周知，清承明制，明代的卫所制度在清朝初年持续了很长一段时间，就隆里千户所所属五开卫而言，顺治十五年（1658），裁撤卫所指挥千百户，编管为民，五开卫指挥为守备。顺治十六年（1659），废除五开卫经历与新化所吏目。康熙五年（1666），裁撤五开卫在外十所，其地由五开卫直辖。五开卫结构体系被层层剥离，军屯变为民田，军户化为民籍，卫所渐成行政性机构。隆里所在这种社会变动时期及其后，若要保持卫所官军后裔的身份及隆里所不被整合分割，与官方保持互动显得非常重要。而王昌龄在隆里所的种种遗迹，正是沟通隆里所与官府的绝佳媒介。正是籍于王昌龄此一先贤的遗迹规模，地方官员时常前往隆里所拜祭，还为之赋诗立碑，比如："乾隆癸亥，太守蔡公时豫拜墓，为诗吊之，捐资重建祠，贵东观察徐公立御为碑记之"。地方官员与隆里所的互动，使隆里所进一步得到官方的认可和激励，嘉庆二十五年（1820）黎平知府陈熙在《重修状元桥碑》的说辞最能体现：

> 桥建自前明，跨江而立，水势潆洄，山峦耸翠，洵育才胜地。宜其风气宏开，至国朝而科甲益振，非少伯先生之流风雅化，有志者皆则而效之耶？夫徒杠与梁，固守土者，政令之所及。而略非孔道，事非创始，重建奚必记乎？记重建亦奚必郡守为之乎？然余摄篆黎郡，两阅寒暑，咨访内俗之善良，隆里独为开邑各所冠，士乐诗书而敦崇礼义，民勤稼穑而习尚醇和，绝少鼠牙雀角争质讼庭。即桥之重建也，经营之费计六百余金。工兴于孟夏，事竣于仲冬，集事易而成功速。其风厚俗美，亦于斯可徵。吾知虹桥仍旧而气象维新，必有鸿儒硕彦挺生尉起，继少伯先生而鸣人文之盛者矣！余故允其请而乐为之记。

陈熙首先强调了"有志者皆则而效"王昌龄，以致在科甲上取得骄人成绩，并着重解释他何以会撰写碑记之缘由：隆里所"士乐诗书而敦崇礼义，民勤稼穑而习尚醇和，绝少鼠牙雀角争质讼庭"，这均是地方官员至为需要的社会安定景象，而隆里所人积极地参与公益事业，亦系一方父母官极为乐见的。在这种双向的互动中，不仅地方官员有政绩可述，隆里所里的人群，亦籍此拉近了与官方的距离。从隆里所在清代中后期的发展历程来看，其能一直维系从明代继承下来的遗产而不被分割，并保持隆里所城居民日常生活的完整性，使其成为今天能见到的所谓"汉文化孤岛"，这与清代中期以来，地方官员与隆里所人在王昌龄遗迹的维系下频繁互动有着极为密切的关系，因为不管二者以何种理由的往来，其表象均与王昌龄有关，可以说王昌龄成了隆里所人坚守身份不变的护身符。

其三，王昌龄遗迹的大量修筑及十几年、几十年一次的重修，以及状元祠每年春秋两祀，在这种糅合祭祀、仪式、工程合作、刊刻碑铭等方面的公共事务中，使每个隆里人都参与了进来，极大地调动了隆里所人以此而抱团的信念。兹举状元桥的修建为例，其新建与每次重修，均系隆里所人的一次社会大动员，从每次捐资情况即可见一斑，以下是嘉庆十年（1805）重修时的部分捐资名单：

> 真武山捐银三佰伍拾两、江瑶玖拾两、王夏氏陆拾两、王国隆伍拾两、张万选伍拾两、王先荣伍拾两、陈元模肆拾两、王积仁叁拾两、夏有锟叁拾两、王正国叁拾两、张士才贰拾两、杨资敏贰拾两、王方宇贰拾两、李柯拾陆两、姚超前拾伍两、陶光信拾贰两、王家杰拾贰两、王治清拾壹两、王治清拾壹两、陈龙拾两、王家杰拾两、王际售拾两、王之杰拾两、王受大拾两、陈凤池拾两、刘华相捌两、胡用士捌两、王达用陆两、陈万育伍两、长有庚伍两、江秀林伍两、吴壮珍伍两、王连新伍两、长会和伍两、王恩大肆两、陶岐瑞肆两、江超章肆两、胡兆丙肆两、胡兆翌肆两、晏王胡肆两、杨方著肆两、胡超明肆两、龙振梅肆两、江龙郁肆两、胡希敏肆两、江起祥肆两、王师嚷叁两、王廷重叁两、陶公美叁两、王国璜叁两、王智大叁两、江秀俊叁两、王新仁叁两、江起珠叁两、胡明士叁两、陈峻道叁两、王远昌叁两、王世薰叁两、江鳞叁两、王理叁两、王克昌叁两、江广清叁两、张大勇叁两、王行叁两、王际清叁两、胡兆聘叁两、夏文蔚叁两、夏有功叁两、陈峻三叁两、江文熙叁两、龙起凤叁两、龙兆祥叁两、车虑泰叁两、龙观远叁两、杨光玉叁两、杨通虞叁两、范文开叁两、范宏章叁两、范维远叁两、钱大兴叁两。以下 420 人姓名及捐资数目略。

除去真武山系隆里所公共庙宇捐资 350 两最多外，其余近 500 人，涵盖了整个隆里所大家小族，捐银 90 两 1 人、60 两 1 人、50 两 3 人、40 两 1 人、30 两 3 人、20 两 3 人、16 两 1 人、15 两 1 人、12 两 2 人、11 两 2 人、10 两 6 人、8 两 2 人、6 两 1 人、5 两 6 人、

4 两 12 人、3 两 34 人、二两 61 人、一两五钱 95 人、一两 115 人、三钱 92 人、三钱以下 57 人、献木四十四株 1 人。另外，这份名单录于此，并无多大之震撼力，然而，当我们身临其境，摩挲那方高 3.55 米、宽 1.3 米而密密麻麻写满了名字的石碑时，绝然是一种震撼，更不用说当年那种“人心踊跃，不数月而虹梁栋采，焕然耀目”的景象了。这种集体动员的宏大场面，是隆里所人向周边少数民族展示财富和“我族”团结一致的最佳时机，而通过这种大型的社会公益事业和社会活动的广泛参与，正是隆里所人坚守身份的重要策略。

四、互动的边界：隆里所人与土司及周边少数民族的交往

尽管隆里所人世代传唱其系卫所官军后裔的歌谣和引入王昌龄而筑修遗迹以激励所人奋力科举，在坚守其汉人身份方面，起到了重要作用，不至在清代的社会变革中散佚而成为史籍称之为“土著”的人群。但还有另外一个重要的因素，即是隆里所与周边土司及少数民族的交往中，展现出了一条泾渭分明的边界，这条边界的构筑由四个主要方面组成：一是封闭式的婚姻圈；二是与龙里长官司长期的争端；三是与周边少数民族人群交往的策略；四是外迁族人的认祖归宗。

首先，隆里所封闭式的婚姻圈。明代卫所制度中，尤其从正统元年（1436）开始，规定妻子必须同军士赴卫所生活，其目的可能不仅仅“在求军士赴卫后能安居乐业，对原籍不再顾恋”，更重要者也许与戍地女性资源稀缺有密切关系，尤其贵州地区，更系如此，因资源匮乏，苗人“娶妻只育一子，多即淹之，以为无产业给养也。”所以，大量卫所军士的涌入，不可能有充足的女性以待卫所军士前来婚配，因而引发卫所军士“侵夺妻女”的事例时常出现，比如嘉靖四十五年（1566），与隆里千户所临近的新化千户所官军就与潭溪长官司司民发生争婚事件。这也许是前述明初隆里千户所军士就带父母与妻子前来戍边的主要原因之一。而至清代，为防止民人擅入苗地，康熙四十七年（1708）曾禁止“民苗结亲往来”，亦进一步限制了不同人群尤其是汉人与苗人的婚姻缔结。所以，在隆里千户所的婚姻圈里，除了偶与其他卫所有缔结之外，流传着这样的说法：“好女不出江，好牛不过江。南面不翻岩坎桥，西门不翻平水桥，北门不翻三拱桥，东门不翻董家凹”，此亦系隆里所与周边少数民族村落的四至界限。换言之，隆里所的婚姻圈，就是在所城内部进行，于此，新修的《隆里所魏王氏宗谱》亦有这样一段说辞：

由于明王朝残酷的政治压迫和经济剥削，加之民族歧视，使得屯军与当地土著民族之间形成了相当尴尬而复杂的关系。这使得所中先民在相当长的历史时期内与当地各少数民族通婚极为困难。加上隆里所的居民婚配历来主要在汉人中进行，而更多的是在明军的后嗣中互相通婚，同时强调门当户对。而隆里所第一大姓王姓，他们分别来自江南的各省，他们各有自己的脉流。为了婚配，到隆里所后，遂将姓氏分为‘龙王、所王、西王、魏王’四支王姓。这四支王姓又分别居住在隆里所东、西、南三门……这四支王姓，五服分清，虽然同姓，但不同宗，各有自己的宗谱，宗祠、坟山、墓地，可以互相通婚。不过，这也是因为当时婚配上极为有限的地域和人口而形成的某种危机。

王宗勋的历史社会调查也显示："在奉行民族歧视的时代，隆里人固守‘所不连寨，司不通所’制度，从不与城外土司所属各寨通婚，其婚姻大多只限于城内各姓氏以及王姓氏的不同宗支之间进行。"结合隆里所"七十二口井，七十二姓人"的歌谣传唱与之进行分析可知，不同姓氏之间，婚配当然可以畅通无阻。然而，尽管隆里所有"七十二姓人"，但王氏人口众多，加大了内部婚配问题。不过，人类的智慧机智地解决了这一棘手的问题，隆里所析分出了"龙王、所王、西王、魏王"四支同姓不同宗王氏，相互之间自由婚配，这是隆里所封闭式婚姻圈得以形成的最主要原因。这种不与周边少数民族人群通婚的封闭式婚姻圈，保证了隆里所纯系汉人身份的延续。

其次，与龙里长官司长期的争端。在基于不同地域案例的研究中，卫所与土官之关系随着二者不断互动，关系会越来越密切，割舍不断。且常相互勾结，残害乡民，为人诟病。但因"司黔所楚"而"犬牙相制"的分治局面，五开卫、铜鼓卫所辖的千户所与黎平府所辖的长官司，常处于相互防范的紧张局面。比如亮寨长官司所纂的族谱就有训言说："凡我官族，如卫所及生苗不相干之事，不可希图。目前小利，酿成日后隐祸"。而隆里所与其临近的龙里长官司，相互之间"尝有吞并之心，构怨多年"。龙里长官司杨氏，"其先有杨光福者，江西丰城人，明洪武四年以功授长官"，管龙里诸苗寨，辖地 3650 亩，户 144、丁 2164。其驻地洪武间在龙吾寨，后移官团寨，隆庆元年新建并迁地茶寨。乾隆四十六年（1781）杨光裕袭土司职后，迁至今之龙里司地。其驻地多次变更，均与隆里所压挤有关。因此，在二者的思维世界里，均视对方为仇雠。由于史料的限制，并未能详述二者的恩怨情仇，但在民间历史文献里，却多有关二者的故事。影响至大者，有以下几件事情：一是顺治六年郝永忠反乱破所时，隆里所人四出避难，但“奔上者无一生还”，即指龙里司不容之故。二是莲花山坟地争夺案。据乾隆年间龙里长官司的杨通仁秉称，莲花山世代以来，即系龙里司坟山，但“康熙五十九年（1720），隆里所人张德熙恃父（即张应诏）现盐院，欲强葬母于此山”，由此坟山争夺开始，后“又于雍正七年（1729）内，隆里所人陈廷早盗葬一棺，”坟山争夺延绵不断。乾隆二十五年（1760），隆里所籍晚明忠烈董三谟墓在莲花山，为龙吾寨生员“平坟去碑”，再次争夺莲花山。因宣扬忠烈之故，黎平、开县府县两级介入，亦因隆里所与官方互动产生的影响，尤其是王师泰与陈文政的关系，终使隆里所在莲花山坟地有一席之占。三是咸丰六年（1856），龙里司邀集周边其余十一司（三郎、八舟、大牌、潭溪、湖耳、赤溪、曹滴、亮寨、欧阳、新化、中林）寨苗人攻打隆里所，后更阴结清江、台拱（即张秀眉领导苗民发动的社会变乱）苗人破所，所人四散逃亡。通过这些事件的叙述可知，二者虽均系王朝国家治理边疆的代理人，但由于“分治”的统治思想，注定二者的争端始终伴随在历史发展的进程中，很难通过交往而实现“融合”。

再次，与周边少数民族人群交往的策略。隆里所周边，有“暇则挟刀”四出之人群，“军民入其寨，屡被害”，为了防止二者相互仇杀，据闻早在天顺二年（1458），时为靖州参将的李震曾议定章程：“官命三千三，军民命三百三，民命三十三，苗命三两三钱，杀人照例出银完结，此令丕张，苗民始不敢斗杀。”此一杜绝相互仇杀策略的真实性，不得而知，但直到1991年10月28日，隆里所还与周边的鳌市发生群体械斗，2人死亡，10余人伤残。可见隆里所与周边少数民族人群的交往，明清时期基本处于一种紧张的状态之中。而一些民间口述传统，更能生动地表达这种关系，比如在隆里所流传着这样一首歌谣：“千家寨，八百耙，龙吴的苗子吃浮漂”，唱的是隆里所人与周边少数民族人群的紧张关系。具体言之，隆里所人相信，隆里所城筑在平坝中间，形似水上浮漂（故又称浮漂寨），周边的耙寨（亦作扒寨，现称华寨，形似草鱼）和鳌鱼嘴（现称鳌市），都与鱼有关。所谓鱼吃浮漂，隐喻着隆里所系此二寨口中之物。为防范这种风水学上带来的危险，隆里所人筑建形似鱼漏的三拱桥，以收服草鱼（耙寨）和鳌鱼嘴。而耙寨为破除鱼漏，亦在草鱼头两边加修了巨大的吞口状建筑物，形吞整个隆里所。当然，这只是乡村民众的一种叙述，按科学思维而言，可归类入无稽之谈。但正是这类民间意识的存在，使得不同人群在交往中有着强烈防范的心理，并影响到二者的日常生活中，更毋需说，这些卫所戍卒经常勒索他们了。因此，隆里所在明清时期与周边少数民族人群的交往策略尽管多样，但均未能化解这种紧张的交往关系，其根源还在于戍边而产生的社会防范心理使然，而这种防范意识，在其社会历史发展过程中，至清代愈加坚固，甚难破除。

此外，隆里所人外迁族人的认祖归宗。于志嘉曾以族谱资料深入考察过卫所军户与原籍军户之间的关系，认为二者除血缘关系之外，尚多了一层法源依据的权利义务关系，并进一步指出，利益关系的牵扯，促使双方关系的展开常与彼此的经济状况或宗族观念的强弱相呼应。与此不同的是，隆里千户所与原籍之间的联系，不得而知，但其与外迁族人的联系，却可提供一个分析的案例。明代以来的隆里千户所，总计发生过 8 次大规模的社会变乱，所城 3 次被攻陷，分别为洪武三十年（1397），顺治六年（1649）及咸丰六年（1856），外逃人员不在少数。比如洪武三十年的社会变乱之后检点隆里千户所，“止有正军一百五十名，呼为一千户所，其余九百余名，尽皆放去及逃亡者。”另举魏王氏为例，其始迁祖王忠，洪武十八年（1385）入戍隆里千户所，有子三，洪武三十年（1397）所破时，次子王清外逃。接下来外逃者，有第四代王思道，第五代王崇仁、王崇礼、王崇智，第六代王龙忠、王执忠、王承忠，第七代王圣化、王述孔等。其中，第四代次子王思通与三子王思远留所，第五代仅王崇义在所，而王思通两个儿子均外逃（即王崇礼、王崇智），第六代王保忠、王朝忠在所，第七代王述文（无嗣）、王过化、王述尧（无嗣）、王述辛、王建积（无嗣）、王述友在所。可见从明朝初期开始，王氏族人就已经开始形成部分外逃的常态。而根据后来的社会历史调查显示：这些外逃者很多都籍于相邻县的侗族村寨，成为少数民族群体。例如锦屏县地稠村的胡姓有 30 余户，其先祖系咸丰年间自隆里所逃逸迁去，已变为侗族；而逃逸迁去榕江的胡姓、江姓的子孙亦均变为侗族。另据《莲花山集》载，董氏三谟已绝嗣，隆里所已无董氏相延。但榕江县尚有其迁去之后裔，并已为侗族，现仍回隆里祭扫董氏。从隆里所迁至以上地区的各姓氏子孙都变成了侗族，除地稠村的胡氏外，皆说侗语、着侗装、行侗族之风习。但他们仍认定与隆里所的本家是同宗，这些地区胡姓、江姓的侗族长期与隆里所村的宗族之间相互参与婚丧等红白喜事活动，并一起于清明节祭祖扫墓。外迁的族人尽管族属已经改变，但迁出者还留有产业在隆里所。值得注意的是，外迁者会以捐赠产业的形式，重新认祖归宗。比如《隆里龙王家族宗谱》收存的一纸契约文书：

立捐据人：美乐：王荣富（长生）、王荣春（发生）、王荣昌（平生）；隆里：王德清（东生）、王德金（金生）

今凭族人，自愿将美乐小支清明会田及在隆里风水捐入龙王宗祠，其田自捐入后，由宗祠管业，风水自入祠后，任族人择地安葬。至于每年清明拜扫，皆宗族负责，恐口无凭，以此为据。

计开田丘于下：龙舞冲、磨刀坝两丘，约谷二十石；三道桥田一丘，约谷十五石；观音寨一丘，约谷二十石；翟家冲田两丘，约谷十五石。

计开风水如下：马蹄井风水、翟家冲风水、羊古脑风水、北门坡风水。

入祠后按‘梦汝学昌、言朝元培、植德作型、万世为仁之忠’起名。

入祠后我族风水：狮子形，扒寨形，凤形，大撇坡，人形坡，大笋塘，我支均可安葬。

家族凭证人：王应福、王国清、王培学、王植斌、王植基、王植兰、王培重、王植燊

执笔人：王荣昌

民国三十二年癸未二月二十六日

美罗系今锦屏县固本乡美罗村所居王氏族人，系隆里所所王氏二房王直分支，明末清初社会变乱时由隆里所迁徙而来。民国时期，美罗王氏将清明会田及在隆里所之风水地，捐入隆里所龙王氏宗祠，以作族之公产，并立下此入祠凭证，由此归宗。这一事例呈现出来的，不仅仅表现在认祖归宗和族产资源共享上，更重要的是隆里所与外迁人群的再次连接，增加了隆里所人与周边少数民族人群所处的竞争关系中，注入了新的社会活力，此亦为隆里所人长期以来与外迁族人保持密切联系的主要原因。

五、余论

明初在贵州境内设置卫所，成为明王朝嵌入贵州重要的统治力量，其后续予贵州所带来之社会变迁无疑至为重要和影响深远。他们“扎根于少数民族聚居的边远地区”“同当地少数民族的交往中加强了兄弟友谊，促进了风俗、文化等方面的交流。”在这种双向的互动过程中，不仅有少数民族接受了汉族文化而不断构建其华夏世胄身份者，亦有卫所军屯后裔变成了“土著”“土人”“屯堡人”“屯田子”“里民子”“凤头鸡”等不同人

群。然与此不同的是，隆里所在具体的社会历史发展进程中，主要利用口述传统、追寻“状元”王昌龄而奋力科举及与周边少数民族人群交往设置边界等策略，一直坚守着明代卫所官军后裔的身份，究其深层次的原因，与明清王朝“夷”汉分治、军民分治的经边思想有莫大关系。“以贵州建置言之，方其始也，犬牙之相制，土流之兼设，岂曰不善”。尽管这种“犬牙相制，祖宗建立自有深意”，即让军事区与行政区相互牵制，以驾驭地方。但就明初在黔楚边界设置府县属贵州、卫所属湖广的“犬牙相制”格局，明眼人却知道：“五开（卫）属楚，其心未尝一日有黎平（府）。当国初时，苗夷常内侵，四郊多垒，犹与府戮力御苗。孝庙以后，边境无事，军夷皆富，则猜忌转甚。”换言之，这种“犬牙治之”的制度设计，不仅使府卫常常处于被动或主动的纷争之中，亦予不同人群的交往，带来了泾渭分明的边界，埋下争端的祸根。清代雍正以后，完成了卫所并入州县的改革，并于贵州地区进一步实行了更为彻底的统治策略，大规模推行“改土归流”。但从在贵州东部及东南部的具体实施情形来看，乾隆初年不仅保留了为数不少的土司，延续至民国者亦复不少。并沿用了明代的卫所制度的称谓，比如在黔东南苗疆腹地实施“新疆”屯制，古州设置古州左卫和古州右卫，2卫共40个屯堡，2519户屯军。其余如“台拱卫、八寨卫、清江卫、丹江卫、凯里卫”，共计屯堡59个，屯军5536户。尽管清朝恢复前朝的卫所制度，足以证明卫所代管边疆土民的制度是可行的、有益的。但明初以来“夷”汉分治、军民分治的经边思想，在开发贵州边疆的具体实践过程中，明代多采取堵截“夷”汉交往之分治策略，清代更是围追堵截，民苗往来受严格控制。这些措施虽有其产生的复杂背景，并能收一时之效，但绝难长久相安，例如明末以后贵州地区“汉奸”屡现即是著例。因此，明清王朝严格的“夷”汉分治、军民分治之治边策略，“其始虽善”，然其终“乃势隔而不通，法泥而难行”，最终反而严重阻碍了贵州社会发展和民族融合的历史进程。隆里所在历史发展过程中而形成的所谓“汉文化孤岛”以及贵州安顺的“屯堡文化”，正是在此历史背景下而形成的西南少数民族多元形态中的实态之一。可喜的是，随着社会主义中国的建立，贯彻民族平等政策和民族自治，以及给予少数民族的优惠，再加上国家对乡村最底层社会有效管理体系的逐步建立，已使过去隆里人所坚守身份和设置与周边少数民族人群交往的边界的人文生态有了彻底的变动。如今许多隆里所人利用与周边少数民族通婚等策略，争取少数民族身份。这应是国家将过去狭隘之华夏概念所造成的“边缘”，调整为一国族之下整体资源共享体系而带来的最具积极意义的一面。

牧归（2012年）

彭泽良 摄

吹唢呐（2016年） 江滋根 摄

◉ 歌谣

隆里所民间歌谣形式多样，内容广泛，歌词通俗易懂，节奏明快，曲调优美。隆里人有“山歌无假戏无真”的说法。内容有反映生活、时政、历史，也有歌唱家乡，思念亲人，孝顺老人等。内容多数健康活泼，充满乡土生活气息。

根据内容，大致可分为儿歌、情歌、酒令歌、孝歌、唱书5类。近十年来，随着旅游业的发展，经常举办大型活动，于是又新生迎客歌。迎客歌系酒令歌的变种，可归于酒令歌中。因历史上主要为汉族居民，民歌主要是汉语腔调。隆里所城以外的侗族、苗族自然村寨中，也有少数能唱侗族、苗族歌调者，但歌词内容与隆里所汉歌无差异。

除了口头唱的民歌，还有用乐器吹奏的曲调，主要是唢呐调。隆里所老人去世和嫁女有吹唢呐习俗。其曲调有几十种，仅迎亲调即有过街调、进门调、出门调、迎亲调等四十多个调，至今常吹奏的有十多个调。

儿歌 隆里儿歌句子短而精，歌词多为儿童语言，没有曲调，近似说话，多用顶针修辞，押韵易记。

妹姑娘

妹姑娘，嫁到罗里[①]大地方。

---

① 罗里：今黎平县罗里乡，在隆里所西南方约25千米，侗族聚居。

天天吃饭割秧草[①]，晒得眼睛绿昂昂。
没有饭吃，吃杂粮。
没屋坐，坐岩梁。
没菜吃，吃蚱蜢。
没有筷子，撇芭芒[②]。
芭芒快[③]又快，划着妹手出血来。

豇豆花

豇豆花，扁豆花，都是姨娘姊妹家。
端根板凳同妹坐，唱首歌来当杯茶。
吃茶苦，喝酒香。
越吃越思量，思量哪一个？
思量江边丈母娘。
撑船去看丈母娘，
丈母娘不在家，嫂嫂出来打哈哈。
…………

山歌 隆里所情歌多是受周边侗族、苗族村寨影响而形成，在民歌中占很大比例。因多为青年男女晚间在野外游玩（俗称“摇马郎”）时所唱，故也称“山歌”。1950年前，村人每逢寒食节、清明节、浴佛节、端午节、中秋节、重阳节等节日，均举行山歌对唱活动。唱时不分男女老少。歌词格式多数是七字句，一韵到底。也有少数“连八句”（即长短句），是一种连语串句的方言说唱形式。一首歌里有三字句、五字句、七字句、九字句，多者一句有20多个字。

山歌三首

说唱山歌唱起来，唱得葫芦把头抬。
唱得喜鹊呱呱叫，唱得情妹跑过来。

---

① 秧草：嫩叶和青草。旧时，锦屏等地春耕时，常到山上割鲜嫩树叶和青草，撒在田间作为肥料。
② 芭芒：方言，指芭芒秆。
③ 快：方言，意锋利。

大河涨水淹上坡，金花银花顺水梭[①]。
金花银花哥不爱，只爱情妹好山歌。
高坡种荞荞秆空，时时把哥记心中，
好比冬天想烤火，好比六月想凉风。

酒歌 酒歌，也称酒令歌。多为成年妇女在婚嫁、新居、祝寿、三朝等喜庆之日互相敬酒时所唱。歌词几乎都是七字句，内容多数是向对方恭贺、祝愿，也有自谦、劝勉、告诫的话。

客气歌

这杯美酒亮花花，好个贵客到我家。
一来又无好凳坐，二来又无好烟茶。
烟在土中没长出，茶在山上没发芽。
等到哪时运气转，烟是烟来茶是茶。

新婚铺床歌

好日好辰进洞房，吉日吉时来铺床。
箱子柜子上金锁，拿把钥匙开柜箱。
开箱取出黄金枕，开柜拿出红罗帐。
我把牙床铺好了，祝你快快得宝郎。

贺新居歌

酒杯斟酒把歌开，三间大屋好条街。
梭椤宝梁千椿柱，玉石栏杆八宝台。
鲁班师傅来发墨，八洞神仙把扇排。
太白金星看日子，鞭炮连天上梁来。

祝寿歌

酒杯斟酒酒杯清，双手端来敬老人。

① 梭：方言，慢慢移动之意。

人也好来心也好，添福添寿又添孙。
寿比南山久久坐，福如东海宽又深。
这杯酒来敬给你，好似神仙吕洞宾。

孝歌　孝歌多为男子在有丧事的人家所唱。所城里老人去世，停柩在堂，街坊邻居皆来守夜。此时期，善唱孝歌者主动前来唱孝歌，助人们打发时间。晚饭后即开唱。歌者一边唱一边敲鼓打拍子，每唱完四句就连敲几下，缓口气后再接着唱。每唱完一段就用“歌儿暂唱这里止，哪个先生来接腔”启发下一个人唱。歌词内容通常是诉说苦情，劝慰孝家节哀顺变，告诫人们报恩尽孝、团结和睦，或者是讲述古代名人故事和历史故事等。孝歌较长，一段少则数十句，多则上百句。

自从盘古开天地，文明历史五千年，
养育艰辛非易事，知恩报答理当然。
父母恩情真是大，一生劳碌未清闲。
十月怀胎不容易，三年哺乳受熬煎。
小时又愁难长大，儿女越大越要钱。
又愁儿子讨媳妇，又愁女崽办嫁奁。
又愁穿来又愁吃，又愁地来又愁田。
愁得老人心肝碎，愁得老人病多添。
儿女急得团团转，打针吃药到床前。
想吃酸甜忙去煮，想吃鸡蛋忙去煎。
细心照料多安慰，日夜相陪不离边。
哪知人老命到点，一病不起赴黄泉。
亲戚朋友来吊孝，想起老人泪涟涟。

唱书　唱书是隆里所特有的一种说唱形式，类似快板，但快板是说，而唱书既是说也是唱。与一般民歌相比，唱书在歌词和唱腔上都没有民歌那种较固定的格式和要求，表现形式相对灵活。其语言形式多为七言句，可以说是松散的七言诗，也有人称为“唱诗”。句数根据内容而定，可短可长，长的达几百句。其内容多为历史故事或神话人物，如《二十八宿闹昆阳》等，也可以是现实生活。唱书者通过说唱，向听众传承历史故事，或讲述现实生活的道理。

隆里所六十岁以上的老年人大多听过唱书，很多人都会唱几段。

《隆里古城历史》唱词[①]（节选）

各位来宾到此游，龙标古城说起头。
昌龄贬谪龙标县，名胜古迹千古留。
洪武年间来建所，分军下屯拨户头。
千户指挥七百户，都司庄来胡镇抚。
城内三千七百户，城外七千三百六。
三街六巷九院子，方方四门建鼓楼。
街开丁字人兴旺，四门勒马转回头。
外有三拱人不过，内有三拱人不知。
状元祠内回龙阁，龙标书院御书楼。
外玉阁来梓桐阁，十庙八景任君游。
忠臣尽节三阳令，两淮院使张鸿胪。
南胪北榜两魁首，进士举人难表周。
…………

◉ 传说掌故

隆里所有许多传说掌故。大致可分为历史人物轶闻、地方风物传说两类。这些传说掌故，有的有一定事实根据，但在口口相传的过程中，都经过了多次艺术加工。有的则是人们根据山水事物的形态和某种相似，通过想象，加以巧妙构思，变成故事，用以表达人们的某种愿望。

青龙断颈 话说明万历年间（1573—1620），邓子龙平乱三进贵州。其中一次他到龙里巡察，仰见龙里上空有祥光闪烁、彩云缭绕。心中暗想：我已经在这里斩了两大龙脉，第一次刺破“灯盏山”，第二次砍下“将军头”，到底这条龙脉隐藏在哪里，有如此雄厚的神力？于是四处察探。有一天，他在龙里所北边半里处发现一组青山，众峰耸列，拥护着一条主龙，蜿蜒捍卫所城北方。

邓子龙心想，此龙不斩，恐怕龙里还要出大人物，朝廷将来又有不安。邓子龙走

① 作者：王德明，隆里所人，1937 年生，隆里古城文化传承人、木匠掌墨师。

到青龙山前，安排香案，点燃七芯灯，手提阴阳剑，脚踩八卦步，口中念念有词，请来三十六天罡、七十二地煞，吹起螺号，一声令下，挥剑向青龙颈部砍去。只听一声震天巨响，接着倾盆大雨，龙颈断成两截。第二天，邓子龙来到青龙山下察看，只见昨天斩断的山颈又完好无缺地恢复了，吓得他半天说不出话来。他又如头天一样布置作法，再斩龙颈。当晚，邓子龙就睡在青龙山上，仔细观察情况。到半夜三更时分，忽然听到地下传来说话声："不怕戈矛不怕刀，只怕铜钉钉断腰。"天亮后，邓子龙就一边命人挖断龙颈，一边命人在青龙的腰身上钉上七十二颗铜钉。从此以后，青龙山就永远复不起原，隆里的龙脉也就这样被弄断了。

后来，隆里所人为医治好这条青龙，让其恢复神力，在青龙头洪钟山上修建了一座真武寺。

平水架桥 隆里所西边有一座桥，名平水桥，因桥面只略高于河面，看上去与河面相平，故而得名。这座桥始建于明代天顺年间（1457—1464）。此后，多次被洪水冲垮，又数度重修。清道光年间（1821—1850），这座桥又被洪水冲垮了。隆里所热心公益、仗义疏财的江广澜慷慨解囊，使桥得以再次重修。有一个关于江广澜重修平水桥的故事流传至今：

传说当年赵公明财神与文昌帝君相约结伴下凡，赵公摇身变成一个蓬头垢面、衣裤褴褛的道人，文昌化成一身躯佝偻的脏僧人。二神借化缘为名，探察人间善恶。一日，二神行至隆里地方，听到人们称颂江广澜秀才为人宽和，仗义疏财，救济弱者。于是手打檀板，口唱"莲花落"，直登江府化缘。江广澜闻听到门外有人唱歌，急忙走出来笑脸相迎道："二位长老，登临蔽舍，有何良言赐教？在下愿洗耳恭听。"

二神谦逊地对江广澜道："我俩山僧野道，见识粗浅，说'赐教'二字不敢当，不过略懂些阴阳五行罢了。若先生愿听，野老就不妨坦率直言。我俩此来，是想让先生竖德标名。我俩观察贵地山环水绕，实为宝地，唯西面桥梁被水冲垮，既不方便人行，又成风水缺陷，应于原地重修桥梁，一便商贾樵夫通行，二可锁住西面逆沙，保护地方。先生可否情愿解囊破费，重修此桥？"江广澜应声答曰："谨尊二老教导，在下乐意。"

江广澜于是捐出银两，选择吉日，请匠人在原址上动工修建。

黄断杠的由来 隆里古城北边不远的跑马坪附近，有一个叫"黄断杠"的地名。这个地名有一段有趣的来历。

清朝前期，隆里所有一位名叫黄子玉的老人。相传黄子玉精通阴阳八卦、地理风水，他的三个儿子也从他那里学得些地理知识，常给别人择看墓地。黄子玉晚年时，儿子们对他说："父亲你给别人看了大半辈子墓地，如今趁你健在，也给自己找一穴地，以便百年归终后有个安身处。"黄子玉说："我的墓地不用看。我死后，只要你们把灵柩往外抬，抬到哪里杠子断了就在那里安葬。"并嘱咐："到时候看到有马骑人路过，你们就下圹；遇见有头戴铁帽人路过，你们就覆土。"

到了雍正二年（1724）二月初四，黄子玉老人告终了。三个儿子按照他生前嘱咐，请来帮忙抬柩的人都带上锄头等挖坑打井工具。灵柩往北边抬到约五里路的跑马坪附近时，突然抬柩的一根老扛折断了，三个孝子和帮忙的人都说："好，就在这里安葬。"帮忙的人正在紧张地挖墓穴时，有一个陌生人肩扛一副木马[①]路过。孝子不顾墓穴还未挖好，连忙请帮忙人将棺椁下圹。不多久，又有一个陌生人头顶一口大铁锅路过，人们又连忙覆土。安葬地、下圹、覆土三个程序都完全符合黄子玉生前所预言。此后，人们就将这地方称作"黄断杠"。

姑娘冲的由来 隆里所南边不远的地方，有大小两条冲，名叫姑娘冲。传说古时候所城中有一姚姓人家，生有一对双胞胎姐妹，年登十八，貌美聪明。姐妹俩特别爱绣花，不管什么花，只要看一眼就能绣出模样。人称两姐妹为"绣花姑娘"。

某年五月的一天晚上，一家人在院里吃杨梅。姐妹俩问母亲："娘，这杨梅酸酸甜甜的，这么好吃。它肯定是先开花才结果的吧？那花是怎样的呢？"母亲说："杨梅树开花是不容易看见的。听说杨梅树开花是在大年三十夜晚，那时人们都在家里过年，谁去看它开花呢？"姐妹对母亲说："我们百花能画能绣，唯有杨梅树花不见，不能画不会绣，我们非要看个明白不可。"

转眼就到过年。姐妹俩决定去山上看杨梅树花。吃完年夜饭，她俩就带着香纸和画花的用具，背着父母，悄悄地溜出家门，往南门田坝、田冲走去，去那里找开花的杨梅树。可是，俩姐妹在杨梅树冲里窜来窜去，大半夜，都看不到杨梅树开花。姐妹俩想，杨梅花可能是"仙花"，莫不是我俩命中注定看不到杨梅树开花吗？不！就是"仙花"我们也要到阴间去看个究竟。于是，姐妹俩就拿出随身携带的香纸并点燃，分别坐在两

---

① 木马：贵州锦屏地区加工杉木质房屋构件用的工具，由三节木头组成三脚架，两只为一组，将一块厚木板铺在两只木马上，柱、枋、板等木构件均在马上进行加工。

个石头上，面朝西方，用薰烟“上阴”[①] 的办法，去阴间百花园中看杨梅树开花去了。谁知，俩姐妹跳进去后，因无人叫醒转，就再也回不到阳间来了。

家里父母见姐妹俩一夜不归，非常着急。母亲猜测一定是去看杨梅树开花去了，第二天天亮后就四处寻找，找到杨梅树冲，果真见到姐妹俩还在那里跳“跳阴”，但人已经醒不来了。后来人们就把这两条杨梅树冲称为“姑娘冲”。

张应诏巧答康熙皇帝 张应诏为官一生，公正清廉。在任鸿胪寺少卿时，与康熙皇上常有接触。他富有才学，聪明机智，很得皇上赏识。有一天，皇上问他：“张爱卿，你为何这样聪明？”应诏答：“回皇上，臣不知道，只是爹娘生的罢了。”皇上说：“你家住哪里？想必家资万贯吧？”应诏躬身回答：“回皇上，臣家住的是滚地龙。”皇上听了，是疑非疑地打量着他。又问：“爱卿家有什么产业？”应诏从容地回答：“微臣之家，也算恢宏——千柱落脚万匹枋，万盏明灯照中央。七十人砍柴，八十人烧火，吃水半边江（江，隆里方言，同“缸”音）。家中的产业，有两只盐船下江，早去晚回吃淡菜。”

皇上听他一说，先是微笑，忽然又收敛了笑容，板起脸孔说：“但我听说，张爱卿你家那地方非如你所言。对朕说假话，你就不怕犯欺君之罪吗？”

张应诏知道自己这玩笑开得大了些，不由有些紧张了，却又硬着头皮说：“臣哪敢跟皇上开玩笑？句句是真，如有欺瞒，愿受处置。”皇上对他说：“朕准备派人去查访。”张应诏说：“去不得，去不得。去我家要走一条十里长的管院冲，九天九夜都走不通。还要过七十二步水，而且步步水平胸。那里的蚊子有巴掌大，蚂蟥有扁担长。人去人死，马去马亡。不能去，不能去！”皇上听张这么一说，怀疑就更大了。

后来，皇上果然令人到张应诏的家乡查看。查访的人上疏禀报说：“张家哪叫什么‘滚地龙’？就是一个边远的小村叫隆里。他家哪有啥千柱落脚、万盏明灯、七十人砍柴、八十人烧火？就只有七八十岁的老父老母，住在一个毛竹夹围当墙的破屋里。他家哪有什么盐船，只有两只下蛋鸭子。”

皇上听查访人的禀报后，把张应诏召来说：“张应诏你好大的胆子，今有人禀报，你把朕给戏弄了，你今有何话可说？”

张应诏跪道：“皇上圣明，臣如此说实在是不得已的。方今天下，大大小小官员，

---

① 上阴：也称“跳阴”“跳桃园”，系旧时锦屏地区一种民俗活动。其目的是到阴间去与鬼神沟通对话。一般在农历七月初九至十四日之间进行，参加者多系未婚女子，偶有未婚男子参加。

像蚊子一样，争着叮在老百姓身上，拼命吸着他们的膏血。臣说的是自家清贫，不啻就成了同侪的肉刺。其实臣在家读书时，全凭母亲日夜纺织，供做学资，那纺车就是‘滚地龙’；臣家只有年迈的老父老母，都七八十岁了，还在砍柴烧火煮饭，这不是‘七十岁人砍柴、八十岁人烧火’吗？臣离家在外，为君效忠，不能顾及家中。如今家徒四壁，以毛竹围成墙壁，进风漏雨透光，能看到天上的星星，这不是‘万盏明灯点亮、千柱落脚’吗？臣家一贫如洗，连装水吃的都是一个半边的破缸子，岂不就是‘半边缸’？家里吃盐的靠是喂的两只鸭子，它们早出晚回，岂不像盐船下江？不过虽有‘盐船’，家中因无钱买盐，父母却顿顿吃的都是淡菜。这些都是臣自嘲啊。”

皇上听了，龙颜大愧，就准备为张应诏修造一幢府第，还派人到隆里来丈量地基。后因朝廷出了一些事，张家的府第就不了了之了。

王师泰打赌 话说乾隆年间，隆里所西王出了个“神童”王师泰，天赋过人，看书过目不忘。

王师泰从小好读书，常卖考卷集学费。传说乾隆丁卯年（1747），师泰赴京赶考，经岳州时，在一小客栈住了几天。闲暇无事，他便常到附近一家书店看书。他翻了一本又一本，几乎把全店的书都翻看完了，就是不买。那掌柜的有点厌烦他，就说：“先生，你天天到小店来看书，都没有见你买一本。”王师泰说：“我是外地人，游学路过，买了难携带。再说，你店的书都是我读过了的，甚至都背得了。”掌柜听后，认为这人有毛病、讲胡话，说到：“我这么大书店的书你都背得去，我不信。”

“我俩打赌。”掌柜的说，“我抽一本书给你背，若你背得了，我书店的书全归你。若你背不了，就砍掉你两个手指，还要倒头四脚爬出书店去。”双方立下字据后，王师泰有点发愁了，愁的是他尚未看过万年历。王回到客栈后，有点闷闷不乐。店主就问：“先生，今日为何愁眉苦脸？出了什么事？”王师泰就把在书店立契约的事如实告诉店主，并要求主人帮他找一本万年历来看。

数日过去了，背书的约期已到。果然，那书店掌柜真的拿了一本与王师泰看的内容一样的万年历出来。王师泰将那本万年历快速翻了一遍，便从头至尾把书倒背了一通。见师泰背完了大半本万年历，掌柜心想，这下输定了。便说：“先生，不要背了，我输了。”便要履行契约将书店交给师泰。这时，王师泰喜笑颜开地说：“不必，不必。书店给我，我也担不动。我是黎平府人，上京赶考路过这里。我只求名，不求利，书店我不要。今后，凡我黎平府的游客路过此地时，只要你每人赠一部书留念就行了。”

说话间，王师泰看到书店掌柜用的账本因多年陈旧破烂不堪了，便顺手将账簿翻阅过目后，就将它撕烂了。掌柜的大吃一惊：“这下怎么得了，今后我怎么收账？”王师泰不慌不忙地对书店老板说：“不要紧。你叫店工拿笔墨和一本新账本来。”不一会，王师泰就将刚过目的旧账目，一一默写出来。几百个户头，上千两银子的账目，一个不漏。

鸡罩田的由来 鸡罩田，位于隆里所东门外现游客接待中心处，面积约3亩。当年，隆里开科武举人陈敏为人精明、善于经营，为隆里所富室，置有良田千顷。因田多，春耕时往往请数百牛工犁田，皆由其管家安排。有一次，牛工问犁哪丘田，管家答：“东门城外全是老爷家的田，全都犁。”牛工便遵照吩咐将那一片田全犁了。恰巧有一丘田是另一人家的田，被牛工给犁了。这家人不贫不富，知道田被犁后就上门找陈敏理论。他问陈敏是不是想买他的田，陈敏说是误犁了，也没道歉或表示什么。那人就一直念：“我以为您想买我的田哩。不然，你去犁做什么？”陈敏听得不耐烦，于是随口说：“那你开个价吧。”那人见陈敏认真了，掂量很久方才问：“你真想买？”“莫啰唆，开价！”陈敏说。那人说“就按一鸡罩一锭银子吧。”鸡罩为一竹笼，平时用来罩关鸡禽，秋季开田鱼时用来罩捉肥鱼，罩地面积约0.5平方米。每鸡罩要价一锭银子，价高得离谱。但陈敏家里有银子，又是自己有错在先，加上他崇尚武德，从不恃强凌弱。当即二话没说，说买就买了。此后，此田遂得名“鸡罩田”。

东门城楼内（2018 年）　　王宗勋　摄

大事纪略

作为一座有600多年历史的古城，隆里所经历了很多重大事件。这些大事，为隆里人民保留了深长的记忆。

作为一座有600年多历史的古军事城堡，隆里所经历了一系列重大事件。尤其在明、清两朝，经历的规模较大的战事就有七次之多。这些战事，虽然起因各异，但都给隆里军民和周边的少数民族带来了巨大的灾难和沉痛的记忆。进入20世纪后，虽然战火和硝烟离隆里古城逐渐远去，但此后所发生的大事件仍与这座嵌入少数民族地区腹地的“汉人孤岛”有着千丝万缕的联系。

明洪武三十年林宽攻打龙里所

洪武十八年（1385），明朝廷镇压黎平吴勉起义后，在今锦屏和黎平等地建置系列卫所，驻军屯垦，对此地少数民族实施弹压。因不满屯军强占其田园土地，洪武三十年三月，婆洞（今锦屏县启蒙镇）侗民林宽复率众起义，得到附近各土司响应。林宽以龙

启蒙镇便晃村者模寨林宽纪念亭（2011年） 王宗勋 摄

里千户所为最先攻夺的对象。一天清晨，林宽率军数万人将龙里所城围困。当时龙里千户所为一座孤城，无法向外求援。千户吴得、镇抚井孚自知力量薄弱，救兵难到，必死无疑。遂以卵击石，率部冲出城门与林宽军对阵，结果吴得中弩身亡，井孚临阵战死，林宽督军掩杀，60 名守军及所带家属全部死亡。

林宽攻下龙里所后，即退守婆洞，龙里复为官军所据。不久，林宽又率万余人复破龙里城，随后连克平茶、铜鼓、黎平等千户所城。龙里城破后，军户尽死，所城荒废。随后，明廷命湖广指挥齐让统兵 5 万征战林宽，不胜。当年十月，朱元璋命其子楚王朱桢、湘王朱柏以及左都督杨文等率大军 30 万人从沅州（今湖南省芷江县）伐木开道二百里入天柱，然后分道夹击。林宽率部死战，重伤被俘，械送南京处死。次年正月，林宽余部也被杨文镇压下去，未死者悉逃入深山。

◉ 明景泰、天顺年间苗军攻打龙里所

景泰五年（1454），娄罗（今锦屏县钟灵乡地娄村）苗民赛龙率万人起义，自称“总兵官”，分兵攻打龙里所等地。明都督陈友与参政李辂、都指挥汪迪等赴湖耳司防堵，令五开卫指挥戚安、庄荣守新化所。戚安途经洞[illegible]时遭到赛龙督兵突袭，兵败身死。龙里所屯兵悉出战斗。

景泰六年，湖广武岗人蒙能与陈添仔等聚集少数民族民众起义入广西，自称“蒙王”。不久，率数万人围攻龙里所。因龙里城内屯军坚守，不克，遂移兵破亮司、铜鼓、罗团等处。次年又复攻龙里所，五开卫指挥庄荣领兵迎战，在城内拆门板、列木栅御阻，坚守七昼夜。第八日，都指挥汪迪、刘信领兵增援。混战中，刘信阵亡，江迪败走。蒙能军搭梯强攻，两军又相持半月。后五开卫陈友率大军来援，蒙能军败逃。

天顺五年（1461），藕洞（今锦屏县偶里乡）人李添保（又名李太宗）等聚众起事，攻打龙里所城，所兵出城迎战失利，阵亡千户、百户各 1 名。后湖广巡抚王佥和总兵官李震督军前往镇压，李添保兵败被杀。

◉ 明成化十九年龙里所屯兵征战失败

成化十九年（1483）九月，少数民族首领石全州以今锦屏县偶里、绞洞为据点，组

织今天柱县远口至锦屏县平略的清水江沿岸苗、侗民众起义，往北攻打赤溪湳洞长官司属地，波及镇远府。朝廷派右都督李震率军征剿，龙里所奉命派300屯军随征，在白岩塘（今锦屏县境内，三板溪电站坝址处）等清水江沿岸与苗军战斗，最终起义军被剿平，然龙里所屯军亦损失惨重，300人中阵亡228人，仅71人回所。另外，分防龙里所周边密岩、金竹等屯堡的60名兵丁也阵亡50名。

◉ 清顺治六年郝永忠部屠洗龙里城

顺治六年（1649）六月二十一日，南明将领郝永忠[①]兵围龙里城，要求提供粮饷。龙里所城中款首王国栋、江京元、王述尧、郑登元等组织百余人坚守城池，拒向郝提供粮饷。时所中富户陶舜祯、陶舜祥兄弟私下与郝部取得联系，愿意捐输粮饷，要求其勿伤害所民。“通敌”事件暴露后，王国栋等遂将陶氏兄弟二人杀害，并乘郝部不备，冲出城攻入郝营，夺其大旗而归。郝永忠大怒，遂指挥部队攻入城中，鲍、尹、庄三头人战死。郝军在城中肆意杀戮，掳掠一空，致城内尸横遍地，血流漂杵，人口死亡过半，成一片废墟。郝兵杀入时，所民纷纷冲出城，分别向上下两个方向奔逃。沿龙溪往下边阳艾方向逃者，大多得生。沿龙溪往龙里司方向逃者多被截杀，在龙里司死难者被集中掩埋于寨后“响堂”处（传说此后隆里所每有人考中举人、进士，此处则会发出锣鼓之声，故得名“响堂”）。此后五年，龙里所城无人居住，芳草萋萋，兔入雉飞，附近部分绝户田园为附近村寨垦占。顺治十一年（1654），外逃人口有部分陆续返回龙里定居，然后重修城池。经此重创，隆里所人口大减，其姓氏由先前的40余个减至10余个。

◉ 清顺治年间隆里所“军转民”

顺治二年（1645），叛明降清的将领吴三桂率军攻略湘黔毗邻地区。兵近龙里所时，所中已毫无战斗力的军户遂组织出城请降。吴军进城后，遂勒令所内指挥、千户、百户、镇抚等军官将明所授印信上缴并带走。此后，龙里所遂无官府委任官长。而此时，周边侗

① 郝永忠：又名郝摇旗，明末农民军李自成部将。李自成死后，与南明将领何腾蛟等联合抗清。顺治四年（1647）在广西全州大败清军，随后转战湖南及黔东一带，康熙二年（1663）在四川奉节兵败被杀。

族、苗族地区款风盛行。受其影响，所城内自然领袖王国栋等遂自行组织款军借以自卫。

龙里守御千户所有明授官印被收缴之后，其“守御”的职能消失，“指挥”“千户”“百户”等赖以存在的官职和权力也不复存在，所城内军户完全平民化。顺治十五年（1658），朝廷明文裁撤龙里所的千户、百户、镇抚诸官职。随后，隆里人遂将“龙里守御千户所”改为“隆里所”。

◉ 王师泰协纂清乾隆《开泰县志》

乾隆十七年（1752），开泰知县郝大成主持编纂《开泰县志》，县儒学训导陈文政为日常编纂，隆里所青年才俊、贡生王师泰被聘为协纂。该志计分春、夏、秋、冬四大部分，设天文、地理、沿革、城郭、祠祀、丘墓、官署、职官、官师、田赋、所屯、户口、物产、经费、风俗、学校、典礼、制科、贡士、名宦、乡贤、流寓、忠靖、孝友、仙释、烈女、艺文 27 个小部，约 14 万字。该志大量记载隆里所的地理和历史，尤其突出隆里所对唐代流寓诗人王昌龄的追慕，在山川、古迹、沿革、祠祀、丘墓、官师、学校、名宦、流寓、艺文 10 个部分中，有 13 处涉及王昌龄或龙标。此后，该书对王昌龄和龙标的记述，被广泛引用。

清乾隆《开泰县志》（2012 年）　　王宗勋　摄

◉ 清咸丰、同治年间兵燹

咸丰五年（1855），广西太平军余部以及台拱（今贵州省台江县）张秀眉苗兵频繁在黎平府属地区活动。咸丰六年初，龙里长官司联合黎平府属新化、中林、三郎等 11 个长官司攻打隆里。稍后，二月初九，张秀眉部将文三党率队攻入隆里所城，离开时纵火，将城内大部分房屋烧毁。两日后，黎平四知款款首杨三吉复率款兵入城掳掠，又将未烧之房屋烧去大部。同年十月二十八日半夜，张秀眉部经启蒙等地袭击隆里所，所城内练首江广澜等组织团练抵抗，寡不敌众。江广澜、王恩廉、王金贵、姚发荣等全家老小被杀，伤者数百人，村民纷纷外逃避难。这次兵乱，给隆里所带来了巨大的生命及财产损失。战乱平息后，外出避难者一部分回到隆里，也有的留居外地。

1934 年红军长征过隆里

1934 年秋季和冬季，中国工农红军长征两次经过隆里。

第一次是 1934 年 9 月 20 日，任弼时、萧克领导的红六军团由今靖州新厂、平茶一带分南北两路进入贵州黎平、锦屏一带。当天正午，红军部队进驻隆里所。当时，正值秋收大忙，群众多在田坝间收稻谷。因不了解红军，见大队伍进城，于是纷纷往两边山间逃避。红军入城后，立即派人在城里向群众做宣传，劝大家不要跑，并派人出去鸣锣，将逃往两边的群众喊回。晚上，红军宣传队在龙标书院门口搭台演戏，向群众宣传革命主张。当夜，红军多在群众的天井、堂屋里打地铺睡觉。第二天离开时，红军将睡过的地方都打扫干净。

第二次是 1934 年 12 月 14 日，中央红军第九军团在罗炳辉率领下从湖南靖州新厂开进贵州黎平中黄，然后分两路行进，一部经新化所到隆里，并在隆里宿营。红军此次到来，隆里人民不但不响应国民党军队号召外跑，反而奔走相告红军来了，并自动组织，由地方知名人士夏鼎元、胡汝相、陈华胜等带领，敲锣打鼓，挥动写有“欢迎”字样的三角小旗，到城外门前欢迎红军。红军进城后，夏鼎元等还发动群众凑集柴草粮食供应红军。次日，红军取道往婆洞方向前进，隆里民众欢送至状元桥。

电视连续剧《遵义会议》红军长征场景（1995 年）　　杨胜屏　摄

红军长征过隆里时，隆里人称“李大先生”的清末秀才李荣春参加欢迎红军入城的队伍并与红军有接触。红军走时，作诗相赠：

仓惶无计欲何之，正是闻风落胆时。
只道凶残同列寇，哪知仁义胜王师。
谣言猛兽皆虚语，谎称洪水更无稽。
亲眼雷霆天震后，听来尽是赞扬辞。

1942 年隆里乡划归锦屏

1913 年，贵州省国民政府废除前清黎平府，将其地分设黎平、开泰（锦屏）、榕江、下江、永从 5 县，隆里以及相邻的新化乡被划归黎平县。因新划的锦屏县大多为山区，缺少产粮坝区，粮食缺乏。民国中期，锦屏县政府不断向贵州省政府反映，请求将黎平县北部靠近锦屏的隆里、鳌市、新化等产粮乡划给锦屏县，以从根本上解决锦屏县的缺粮问题。1942 年，经锦屏县县长李繁苍和锦屏籍在省工作的杨汝南等人的努力，贵州省政府在认真调研后，将隆里、新化两乡划归锦屏县。锦屏县缺粮问题遂得到一定程度的缓解。

1946 年胡植高等纂《隆里所志》

1946 年，锦屏县政府组织编纂《锦屏县志》，要求各乡镇安排人员根据县志编纂委

胡植高纂《隆里所志》封面　　赵世瑜　摄

员会所拟的提纲要求调查收集资料。隆里小学教师李荣春、金江诰和在中林乡任仓库管理员的胡植高等均被派参与县志资料的调查收集工作。1947 年，由胡植高执笔，将所收集到的有关隆里所的资料集中，纂成《隆里所志》。该志共约 5 万字。参照清乾隆《开泰县志》的体例，分成春、夏、秋、冬四部。其中，春部设舆图、疆域、山脉、河流、关梁、祠祀、古迹、丘墓、寺观、坊表、沿革、城垣、乡公所、卫生所 14 目，夏部设学校、田赋、仓库、职官、名宦、典礼、物产、制科、贡士、书院、教育、军事、祸变、建设、自治、保甲、训练、民族、风俗、宗教、新生活运动、社团、党务等目，秋部设宦迹、乡贤、忠义、孝友、贞节、耆老 6 目，冬部设诗词、铭传序文、歌赋、杂记等目。志稿纂成后，用毛笔小楷抄录保存。此志稿系最早较系统地记录隆里所历史的文献。志稿由胡植高后人珍藏，不轻易示人。

◉ 1992 年撤复隆里乡

1992 年 2 月 17 日，贵州省人民政府批复批准锦屏县撤区并乡镇的方案，该方案以规模偏小缘故，将隆里、新化两乡撤销，隆里乡并入新建的钟灵乡，新化乡并入新建的敦寨镇。文件下达后，立即引起隆里、新化两乡民众的反对，尤其以隆里所村最为强烈。隆里所村民认为，隆里所历史比钟灵悠久，文化比钟灵厚重，自古以来均为军事、政治中心，对合并到钟灵去不能接受。村民于是不断向县、州、省政府反映，要求保留乡，有的甚至扬言不交公粮，不配合计划生育政策。曾一度出现秩序混乱的局面，县政府不得不派警力进入维持。根据两乡民众的强烈要求，为了工作方便，同年 12 月 18 日，贵州省人民政府复批复，同意将隆里、新化两乡分别从钟灵乡和敦寨镇析出，并将乡规格提升为正科级，与其他乡镇相同。

◉ 1995 年电视连续剧《遵义会议》在隆里拍摄

1995 年 9 月 12 日至 10 月 4 日，八集电视连续剧《遵义会议》摄制组将隆里古城选择作为拍摄点之一。摄制组将隆里布置成 1934 年冬的湖南省通道县城。拍摄内容为：红军突破湘江后，中共中央在通道县城召开了有毛泽东等参加的政治局会议。会上，毛泽东提出了红军避开强敌、转兵贵州的主张，并得到了采纳。

该剧由中国电视剧制作中心、贵州省委宣传部和贵州电视剧制作中心联合录制。1995 年 9 月 12 日，包括饰演毛泽东的著名演员古月在内的演员队伍、摄制组成员等 90 多人来到隆里古城。一时间，隆里农舍庭院中、街巷上、田野间，到处都见到“毛泽东”“周恩来”“贺子珍”等人的身影。扮演红军顾问李德的外国友人白先生，将隆里古城景物拍个不停。

隆里乡的干部群众，全力以赴支持摄制组的工作，要房出房，要物出物，要人出人，200 多名民兵扮演当年的红军。拍摄期间，整个隆里古城到处是戴八角帽、穿灰军服的“红军”，仿佛又回到了 60 年前。

《遵义会议》在隆里拍摄（1995 年） 杨胜屏 摄

2004 年隆里古城生态博物馆建成开馆

隆里古城作为保存完好的明代军事城堡，1999 年被列为中国政府与挪威王国政府在贵州合作建设的 4 个生态博物馆之一。

1995 年 4—5 月，中国、挪威两国文化专家组成的议题小组对梭戛、镇山、隆里、堂安等文化社区进行实地考察，为贵州建设生态博物馆进行前期准备。1997 年 10 月 23 日，中国国家主席江泽民和挪威王国哈拉尔五世在北京人民大会堂，出席中国博物馆学会与挪威开发合作署《关于中国贵州梭戛生态博物馆的协议》签字仪式，中挪双方决定合作，在中国建设第一座生态博物馆——中国贵州梭戛生态博物馆。1998 年 10 月 30 日，梭戛生态博物馆开馆。1999 年 3 月，中挪双方达成协议，继续在贵州建设镇山、隆里、堂安 3 个生态博物馆。2002 年 7 月 15 日，镇山布依族生态博物馆开馆。2004 年 10 月 15 日，隆里古城生态博物馆开馆。

隆里古城生态博物馆资料信息中心（2010 年）　　吴展先　供图

隆里古城生态博物馆资料信息中心大门（2018 年）　　王宗勋　摄

隆里是中国、挪威两国在贵州合作创建的4个生态博物馆群中的第3个，梭戛、镇山、堂安分别代表苗族、布依族和侗族的文化背景及不同的民族特征和个性，而隆里古城生态博物馆则作为在黔东南州少数民族聚居地区中不受同化的汉族军事屯堡，系湘黔桂少数民族高度密集地区唯一的“汉族文化”特色馆。

隆里古城生态博物馆资料信息中心是一个信息库，也是一个旅游参观中心，是专家学者研究隆里历史文化的窗口。

2016年首届中国·隆里国际新媒体艺术节举行

2016年10月1—5日，以“黔岭新媒·秘境奂影”为主题的首届中国·隆里国际新媒体艺术节在隆里古城举行。此次活动由黔东南州政府与中国舞台美术学会、湖南广电公司共同举办，由锦屏县人民政府承办。

2016年8月10日，艺术节主办单位在贵阳召开首次新闻发布会。9月13日，又在北京召开新闻发布会，中国舞台美术学会会长曹林、文化部中国艺术科技研究所博士许立勇、德国新媒体艺术家飞苹果等国内外知名艺术家出席，杭州G20峰会文艺演出总制作人沙晓岚也发来视频祝福，并宣布作为该次新媒体艺术节的顾问。会上，贵州省黔

新媒体艺术节晚会现场（2016年） 杨胜屏 摄

东南州人民政府副州长肖明龙致辞，锦屏县人民政府与首批在锦屏落户的部分企业，以及上海戏剧学院创意学院、天津美术学院动画艺术系举行签约仪式。会后，国内各大报纸、网络和广告平台纷纷对新闻发布会进行报道，美国纽约时代广场大屏幕上也对此进行图文并茂的滚动宣传。

艺术节活动主要由展览、论坛和互动3个部分构成，分为艺术院校师生作品、专业院团及艺术家、独立艺术家和高峰论坛四大板块。其活动项目由微型实景剧《黔岭奂影》（分为“边塞皇恩”“古城玫瑰”“稻田论剑”3个部分），“写意中国”——著名画家隆里写生作品展开幕式、艺术节开幕式、系列新媒体艺术秀“古城之魂”“隆里传奇”、光立方、稻田灵音、艺术实验与理论高峰论坛、新媒体艺术创意产业高峰论坛、闭幕式艺术家联谊晚会等组成。

10月1日，在艺术节开幕式上，湖南卫视主持人汪涵和机器人联袂主持，趣味和科技感融为一体。汪涵现场连线分会场，将隆里古城全角度、多维度地展示。新媒体艺术创研基地建筑外墙上布置了10个巨型圆桶，分别由10台DET-SWU1激光工程投影机在圆桶上投影，形成了极具创意与个性、美轮美奂的科技光影秀。

◉ 主要参考文献

1. 嘉靖《湖广图经志书》，日本藏中国罕见地方志丛刊，书目文献出版社，1991 年。

2. 万历《贵州通志》，书目文献出版社，1991 年。

3.〔明〕李贤、彭时等纂修 :《大明一统志》，万历十六年杨刊归仁斋刊本。

4.《明实录》，中央研究院历史语言研究所校印本。

5.〔清〕张廷玉等纂修 :《明史》，中华书局，1974 年。

6.《清实录》(影印本)，中华书局，1985 年。

7. 光绪《黎平府志》，光绪十七年刻本。

8. 乾隆《贵州通志》，乾隆六年刻本。

9. 乾隆《开泰县志》，乾隆十七年缮抄本。

10.〔清〕胡长新校刊 :《三忠合编》，民国庚辰（1940）重印本。

11. 赵尔巽等纂修 :《清史稿》(标点本)，中华书局，1974 年。

12. 民国《贵州通志》，文通书局，1948 年。

13. 胡植高编纂 :《隆里所志》，1948 年抄本。

14.《二十五史·明史》，上海古籍出版社、上海书店，1986 年。

15. 贵州省锦屏县志编纂委员会编 :《锦屏县志》，贵州人民出版社，1995 年。

16. 贵州省锦屏县地方志编纂委员会编 :《锦屏县志（1991—2009）》，方志出版社，2011 年。

17. 隆里乡志编纂委员会编 :《隆里乡志》，2011 年。

18. 江化远编著 :《古城隆里》，中国出版集团现代出版社，2016 年。

19. 王宗勋、张应强主编 :《锦屏文书与清水江地域文化》，中国出版集团、世界图书出版公司，2016 年。

◉ 编纂始末

2016年春，贵州省和黔东南州地方志办公室遵照中国地方志指导小组办公室（以下简称中指办）关于实施“中国名村志文化工程”的指示，要求锦屏县将“中国历史文化名村”和“中国传统村落”——隆里所村作为“名村志”编纂的试点之一。随后，锦屏县政府将《中国名村志丛书·隆里所村志》编纂明确由县史志办公室具体负责。县史志办公室立即发凡起例，制订篇目和资料调查提纲，安排龙道炽专抓此项工作，同时安排力量协助调查收集资料。当年10月，《中国名村志丛书·隆里所村志》形成初稿。同月，中指办在安徽省绩溪县仁里村召开“中国名村志文化工程”启动大会。根据贵州省地方志办公室安排，龙道炽赴会。回来后，根据会议精神和县史志办主任王宗勋等的意见，对志稿进行修改。

根据中指办和省地方志办公室的要求，2017年2月28日，州地方志办公室在锦屏县主持召开《中国名村志丛书·隆里所村志》州、县两级审稿会。根据会上收集到的修改意见，县史志办公室组织力量深入隆里所村进行资料的核实和补充调查收集。隆里乡党委、政府和隆里所村“两委”对此予以积极支持。隆里所籍、锦屏县人大常委会副主任陈元瑞出于对家乡文化事业的支持，多次联络和带领在锦屏工作的隆里所籍人士与县史志办公室工作人员一道，到隆里所村就资料补充调查收集开会研究，布置任务，并亲自入户收集。县史志办公室王宗勋多次到隆里所村进行工作协调和资料调查收集。同年3月上旬，龙道炽赴上海参加“中国名村志文化工程”篇目论证会暨编纂业务培训会。回来后，根据会议精神和有关专家的指导意见，结合州、县审稿会后所收集到的新资料，对志稿进行了第二次较大修改。4月20日，志稿通过贵州省地方志办公室终审。7月中至下旬，志稿呈报中指办，由专家审查。因志稿仍欠成熟，须再作调整。9月下旬，龙道炽工作调动，《隆里所村志》编纂工作由王宗勋接手。2018年1月至3月中旬，按照“名村志”的规范要求以及方志出版社提出的修改意见，王宗勋对《隆里所村志》

的篇目结构进行调整，并多次深入隆里所村补充调查资料和对地理、碑刻等资料认真核实，对整部志稿的文字进行全面修改。

隆里所村是“中国历史文化名村”和“中国传统村落”，文化底蕴深厚。根据“名村志”关于突出“名”和“特”的要求，在《中国名村志丛书·隆里所村志》中，首先重点突出隆里所600多年的军事城堡历史和所形成的“王昌龄现象”，以及玩花脸龙、演汉戏、迎故事等“孤岛文化”，志中的其他类目皆围绕此中心来展开。其次，隆里古城所完整保存的明代特色文化古迹极具开发利用价值，锦屏地方政府近十年来一直致力旅游开发建设。所以，志中的其他类目设置和内容编排上也都向此侧重。其三，隆里所的姓氏众多，宗族文化浓郁，因此志中专设“姓氏宗族”类目加以记述。

《中国名村志丛书·隆里所村志》上限起于元代中期，下限至2016年年底，时间跨度近700年。文字资料主要来源于2011年版《隆里乡志》、北京大学赵世瑜教授提供的民国后期胡植高等纂《隆里所志》、江化远编著2016年由北京现代出版社出版的《古城隆里》；图片资料主要由江滋根、杨胜屏、彭泽良、单洪根、王宗勋、杨秀廷、龙道炽、谭元勇、吴展先、吴永珍等人提供，隆里所村行政区域示意图和隆里所村区位交通示意图由陈良鸿绘制。

对编纂《中国名村志丛书·隆里所村志》，锦屏县人民政府予以高度重视，隆里乡党委、政府和隆里所村党支部、村民委员会以及多数村民予以大力支持。隆里乡党委书记吴小勇、乡政府乡长谢枝清、乡科技宣教文化信息服务中心主任张凯，隆里所村党支部书记王长姣、村民委员会主任王涛、党支部副书记龙运辉，隆里所籍在县工作的陈元瑞、王先琳、江滋根、王植炳和退休回村居住干部江化远、胡万翔，以及前村干部王国滨、寨老王德明等人，为资料搜集做了很多努力，其中陈元瑞、江化远、江滋根付出尤多。锦屏县史志办公室的杨存坚、张继渊、龙立榜、杨红等人也参与了本志的材料收集、核实等工作，并提出了不少宝贵的修改意见。此外，隆里古城管理委员会、县旅游服务中心、县文体广电和旅游局、县民政局、县林业局、县教育局等单位也提供了大量资料。在此，谨表示衷心感谢！

《中国名村志丛书·隆里所村志》编纂历时两年，两任主编。由于经验不足和水平所限，其中缺点错漏在所难免，敬请读者批评指正。

编　者

2018年3月